我
们
一
起
解
决
问
题

后勤管理工作
流程与制度手册

刘仙梅◎编著

人民邮电出版社

北 京

图书在版编目（CIP）数据

后勤管理工作流程与制度手册 / 刘仙梅编著. -- 北京 ： 人民邮电出版社，2021.1
ISBN 978-7-115-55500-7

Ⅰ．①后… Ⅱ．①刘… Ⅲ．①企业管理－行政管理－后勤管理－手册 Ⅳ．①F272.9-62

中国版本图书馆CIP数据核字(2020)第241608号

内 容 提 要

本书以流程和制度为中心，为后勤管理工作的开展构建了一套完善的工作执行和管理体系，为读者进行后勤管理的流程与制度设计提供了实用的参考范本。

本书从后勤管理工作的实际出发，将相关业务划分为15大模块，具体包括办公用品管理、资产设备管理、房产管理、后勤招标采购管理、食堂管理、宿舍管理、车辆管理、动力保障管理、物业服务管理、环境卫生管理、安全管理、党群建设管理、后勤人员管理、信息管理、财务管理等内容，并采用"流程＋制度"的形式，对每一个模块的工作都进行了规范化设计，具有很强的实操性。

本书适合企事业单位、党政机关后勤管理人员、后勤工作人员、管理咨询人士、培训师及高等院校相关专业师生阅读。

◆编　　著　刘仙梅
　责任编辑　黄海娜
　责任印制　彭志环

◆人民邮电出版社出版发行　　北京市丰台区成寿寺路11号
　邮编 100164　电子邮件 315@ptpress.com.cn
　网址 https://www.ptpress.com.cn
　北京天宇星印刷厂印刷

◆开本：787×1092　1/16
　印张：16.5　　　　　　　　　2021年1月第1版
　字数：300千字　　　　　　　2025年8月北京第19次印刷

定　价：69.00元
读者服务热线：（010）81055656　印装质量热线：（010）81055316
反盗版热线：（010）81055315

后勤工作规范化、后勤服务企业化、后勤企业集团化正在成为后勤管理的一种趋势。无论是经营模式的变化，还是管理方式的变化，都离不开规范化。而规范化管理的重点就在于构建一套完善的流程与制度管理体系，并使之得以贯彻执行。

本书围绕后勤工作，将后勤管理事项的执行落实到了具体的流程与制度中，既让后勤人员知道要做什么、该怎样去做，以便于相关企事业单位推进规范化管理；也有助于提升企事业单位的执行力。

本书从后勤管理人员的实际工作出发，以流程和制度为中心，围绕办公用品管理、资产设备管理、房产管理、后勤招标采购管理、食堂管理、宿舍管理、车辆管理、动力保障管理、物业服务管理、环境卫生管理、安全管理、党群建设管理、后勤人员管理、后勤信息管理、后勤财务管理等 15 大业务模块为企事业单位后勤工作的开展构建了一套完善的流程和制度体系。

多年来，我们一直倡导制度化、流程化、标准化、模板化、方案化，并突显实务化，力求从最基础、最实务的层面为企事业单位走向规范化管理提供帮助和解决方案。

本书具有如下特点。

1. 执行流程精细化

本书在梳理后勤管理工作内容的基础上，去粗取精，共提炼了 65 套后勤管理流程，为后勤管理工作的流程化、标准化提供了很好的指导。

2. 管理制度规范化

本书不仅提炼了与后勤事务工作相关的 65 套流程，还提供了与之配套的管理制度，并在部分制度后面添加了该制度落实到位所需用到的工作表单，增强了制度的可执行性，可帮助企事业单位提升执行的效果。

此外，本书内容紧跟时代发展的脉搏，兼顾企业后勤管理、事业单位后勤管理和党政机关后勤管理工作，增补了后勤管理工作中的重点内容，如后勤招标采购管理、党群建设管理等章节，使之更符合当下后勤管理工作的实际。

本书是一本实用性很强的后勤管理工具书，书中提供了大量简单且实用的管理工具，读者可以根据具体情况进行适当修改或重新设计，使之更适合自己的实际工作，从而规范地开展后勤管理工作，提高工作效率。

目录

第 1 章

办公用品管理

1.1 办公用品申购

1.1.1 办公用品申购流程

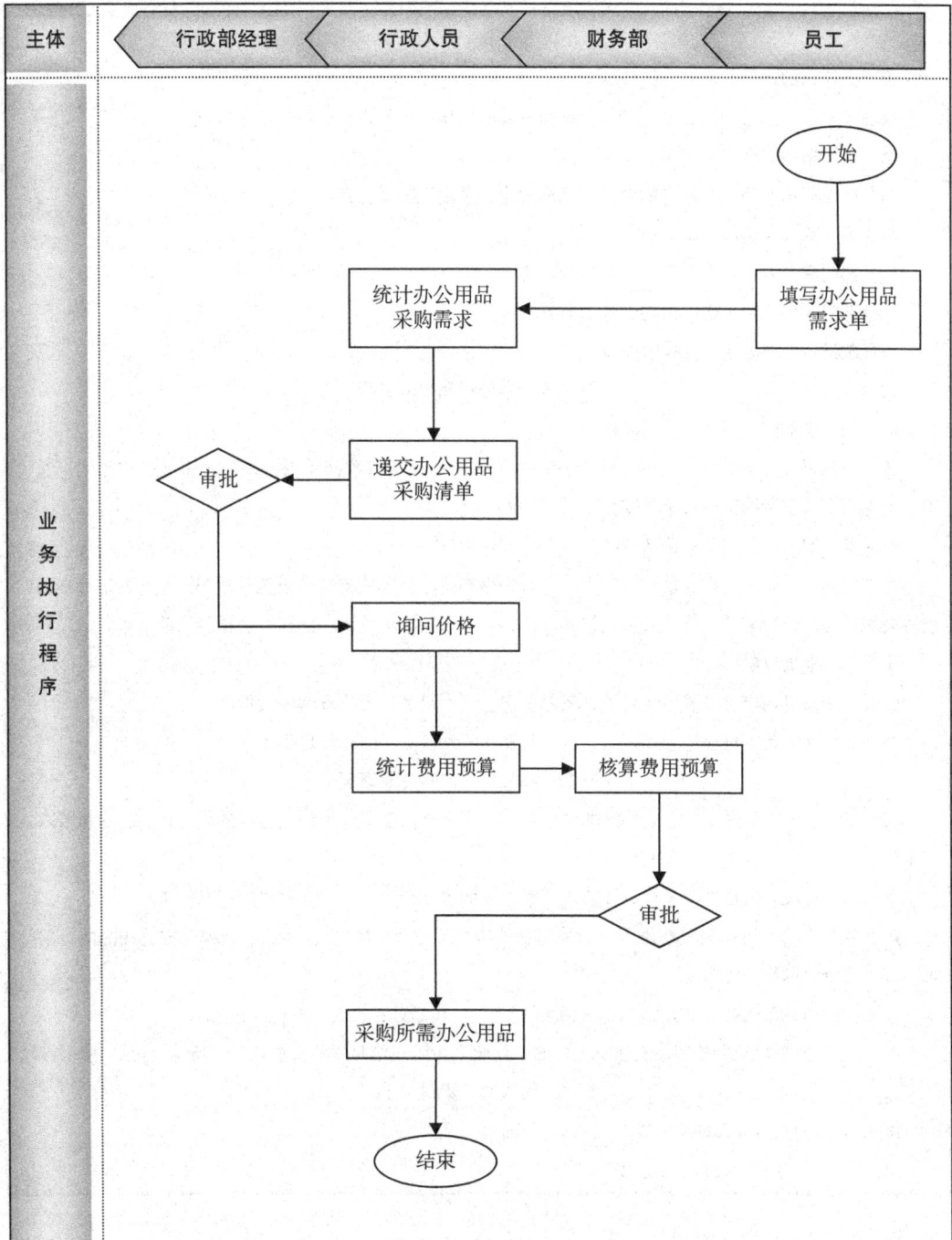

主体	行政部经理	行政人员	财务部	员工

业务执行程序

```
                                                          ┌──────┐
                                                          │ 开始 │
                                                          └──┬───┘
                                                             │
                          ┌──────────┐              ┌────────────┐
                          │统计办公用品│ ◂───────────│填写办公用品 │
                          │ 采购需求  │              │  需求单    │
                          └────┬─────┘              └────────────┘
                               │
                          ┌──────────┐
         ◇审批◇ ◂──────── │递交办公用品│
           │              │ 采购清单  │
           │              └──────────┘
           ▼
      ┌──────────┐
      │ 询问价格  │
      └────┬─────┘
           │
      ┌──────────┐      ┌──────────┐
      │统计费用预算│ ──▸ │核算费用预算│
      └──────────┘      └────┬─────┘
                             │
                          ◇审批◇
           ┌─────────────────┘
           ▼
      ┌──────────────┐
      │采购所需办公用品│
      └──────┬───────┘
             │
         ┌────────┐
         │  结束  │
         └────────┘
```

1.1.2　办公用品申购制度

制度名称	办公用品申购制度	编号	
		版本	

第一章　总则

第1条　目的。

为加强本公司办公用品的申购管理，保障各部门工作的正常运行，特制定本制度。

第2条　适用范围。

本制度对公司办公用品的申购做出了具体规定，适用于公司各部门。

第3条　管理职责与分工。

1.各部门派专人负责本部门办公用品的请购。

2.各部门经理负责本部门请购工作的监督和执行。

3.行政部负责办公用品的采购及发放。

第二章　办公用品申购流程

第4条　各部门填写"办公用品申购单"。

各办公用品使用部门按月填报"办公用品申购单"并交至行政部，由行政部根据办公用品的存量情况、消耗水平和实际情况进行统筹安排、统一采购。

第5条　制定办公用品采购清单。

各部门的"办公用品申购单"于每月____日经由部门经理审核签字后报至行政部，由行政部对各部门的办公用品需求进行统计。行政人员根据各部门办公用品的需求统计，制订办公用品采购清单。

第6条　审批权限。

1.办公用品申购单价在____元以下，或总价在____元以下，由行政部经理批准。

2.办公用品申购单价在____元以上，或总价在____元以上，由总经理批准。

第三章　办公用品申购注意事项

第7条　行政人员在选择办公用品的供应商时，应选择信誉高、产品质量好的供应商，并尽量要求送货上门。

第8条　行政人员在进行采购时要货比三家，采购金额在____元以上时要填写询价单。

第9条　行政人员应根据办公用品的采购事项填写"办公用品采购控制表"，说明办公用品的订购日期、订购数量、单价及供应商。

第10条　大宗采购办公用品时，行政部经理需要对样品进行检验，检验合格后采购员方可购买。

第11条　所采购的办公用品在送货上门时，行政人员需要检验所购买的物品的质量，然后办理入库。

第四章　附则

第12条　公司行政部拥有对本制度的解释权。

第13条　本制度自公布之日起实行。

（续）

附表：办公用品申购单

附表： **办公用品申购单**

申购部门： 申购日期：

项次	品名	规格	单位	用途	请购数量	需求日期	备注
审批	部门经理		行政部经理		财务部经理		总经理

编制日期		审核日期		批准日期	
修改标记		修改处数		修改日期	

1.2 办公用品采购

1.2.1 办公用品采购流程

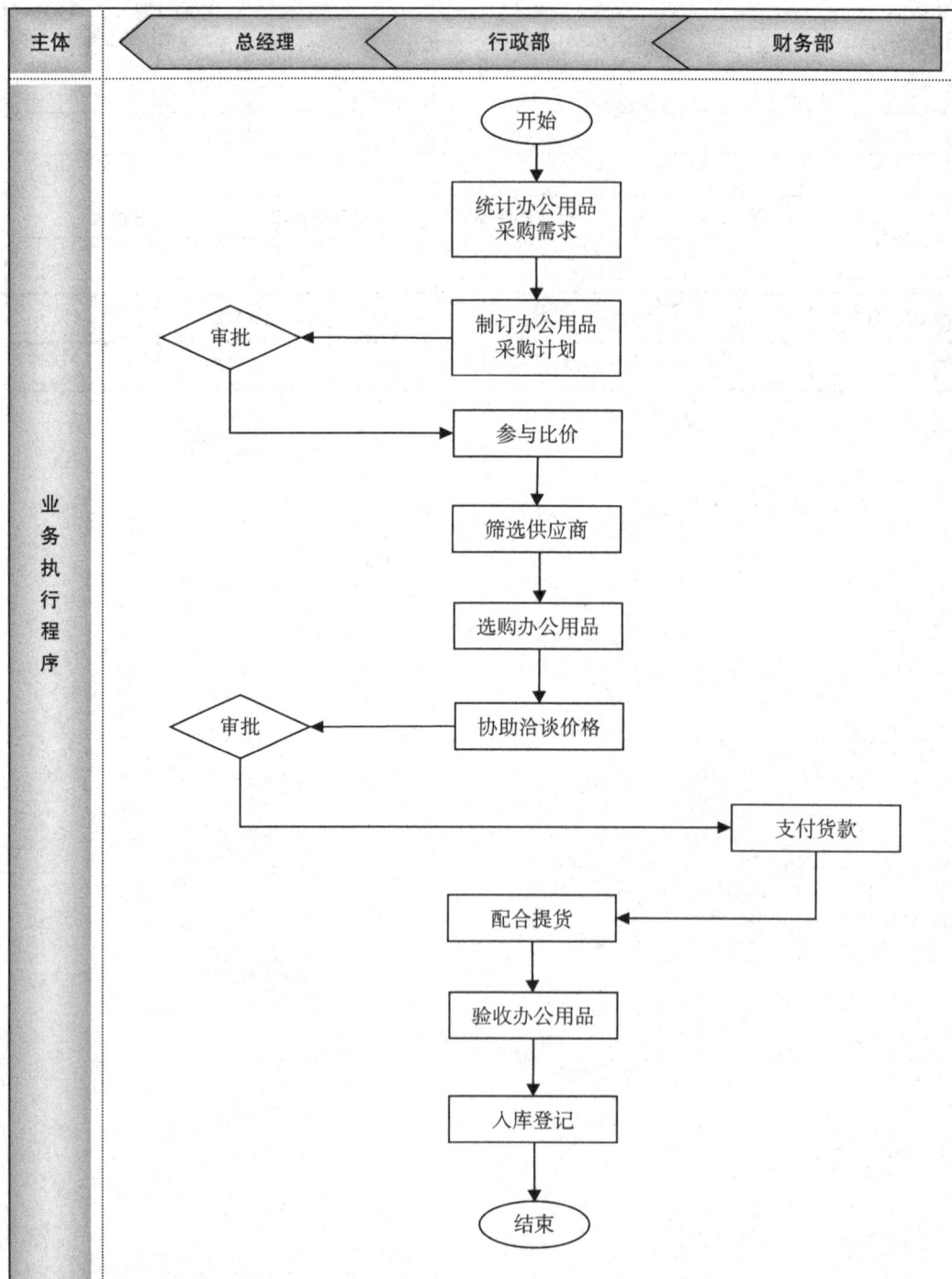

主体	总经理	行政部	财务部

业务执行程序

```
                            开始
                             │
                             ▼
                    ┌─────────────────┐
                    │  统计办公用品    │
                    │  采购需求        │
                    └─────────────────┘
                             │
                             ▼
      ◇审批◇  ◄────  ┌─────────────────┐
                    │  制订办公用品    │
                    │  采购计划        │
                    └─────────────────┘
         │
         │           ┌─────────────────┐
         └─────────► │  参与比价        │
                    └─────────────────┘
                             │
                             ▼
                    ┌─────────────────┐
                    │  筛选供应商      │
                    └─────────────────┘
                             │
                             ▼
                    ┌─────────────────┐
                    │  选购办公用品    │
                    └─────────────────┘
                             │
                             ▼
      ◇审批◇  ◄────  ┌─────────────────┐
                    │  协助洽谈价格    │
                    └─────────────────┘
         │
         │                                    ┌─────────────┐
         └──────────────────────────────────►│  支付货款    │
                                             └─────────────┘
                    ┌─────────────────┐              │
                    │  配合提货        │◄────────────┘
                    └─────────────────┘
                             │
                             ▼
                    ┌─────────────────┐
                    │  验收办公用品    │
                    └─────────────────┘
                             │
                             ▼
                    ┌─────────────────┐
                    │  入库登记        │
                    └─────────────────┘
                             │
                             ▼
                            结束
```

1.2.2 办公用品采购制度

制度名称	办公用品采购制度	编号	
		版本	

第一章 总则

第 1 条 目的。

为加强本公司日常办公用品采购管理的工作，提高办公用品采购管理的计划性和规范性，特制定本制度。

第 2 条 适用范围。

本制度适用于公司所有办公用品的采购管理。

第 3 条 管理职责。

1. 行政部负责本公司办公用品采购计划的统一制订和实施。

2. 财务部负责办公用品采购费用的审核。

3. 总经理负责办公用品采购计划以及采购费用的审批。

第二章 制订采购计划

第 4 条 统计办公用品需求。

1. 每月 28~29 日由行政部组织统计各部门下月的办公用品需求，进行登记并填写"办公用品申购单"。

2. 行政人员统计公司下月办公用品的需求总数，同时对办公用品库存进行清点，填写库存清单。

第 5 条 行政人员根据各部门的办公用品需求和库存量制订下月的采购计划，交由行政主管进行审核。

第 6 条 行政主管将审核通过的下月办公用品采购计划送总经理审批。

第三章 办公用品采购

第 7 条 办公用品由公司行政部统一购买，如有特殊情况，允许各部门在提交办公用品审批单的前提下就近采购。

第 8 条 行政部在购买办公用品时要货比三家，选择其中价格、质量最优者进行购买。

第 9 条 行政部须根据"办公用品申请单"填写"订购进度控制卡"，卡中应写明订购日期、订购数量、单价及物品来源等。

第 10 条 收到采购来的办公用品后，行政部要按"送货单"进行验收，核对品牌、规格、数量和质量，在确认无误后，在"送货单"上加盖印章，然后在"订购进度控制卡"上登记，写明到货日期等信息。

第 11 条 行政部要对照"订货单"与"订购进度控制卡"开具支付票据，经主管签字、盖章，做好登记后由财务部进行结算。

第四章 附则

第 12 条 公司行政部拥有对本制度的解释权。

第 13 条 本制度自公布之日起实行。

（续）

附表 1：办公用品申请单

附表 2：订购进度控制卡

附表 1： 办公用品申请单

编号： 编制日期：

名称	规格	部门	数量	单位	金额

附表 2： 订购进度控制卡

名称	订购日期	订购数量	单价	来源	到货日期

编制日期		审核日期		批准日期	
修改标记		修改处数		修改日期	

1.3 办公用品验收

1.3.1 办公用品验收流程

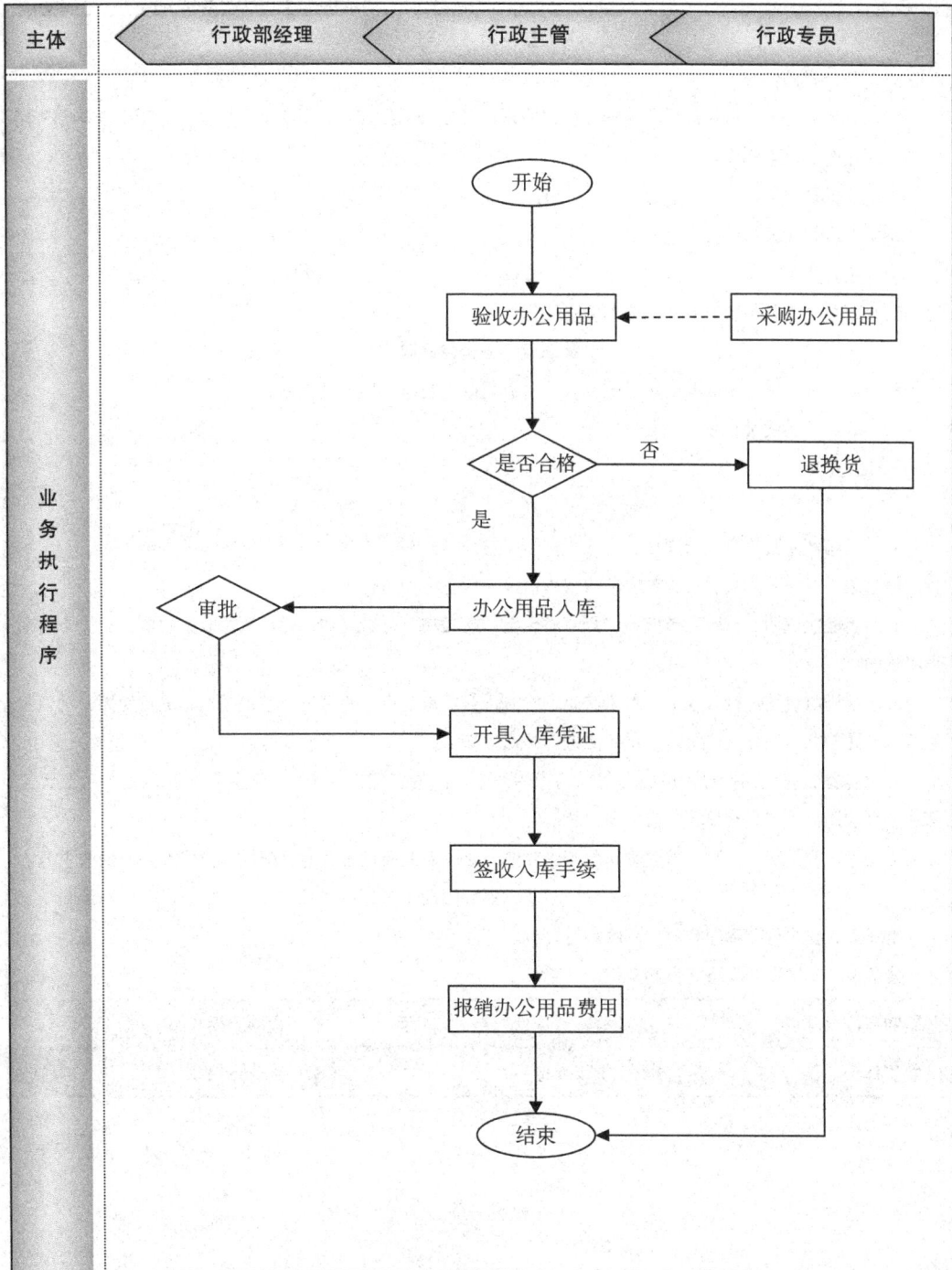

主体	行政部经理	行政主管	行政专员

业务执行程序

```
                              ┌────────┐
                              │  开始  │
                              └────┬───┘
                                   │
        ┌──────────────┐      ┌────▼────────┐      ┌──────────────┐
        │              │      │  验收办公用品 │◂------│  采购办公用品 │
        │              │      └────┬────────┘      └──────────────┘
                                   │
                              ◇是否合格◇────否───────►┌──────────┐
                                   │                  │  退换货  │
                                   是                 └────┬─────┘
                                   │                       │
        ◇审批◇◂──────────────┌────▼────────┐               │
          │                  │ 办公用品入库 │               │
          │                  └─────────────┘               │
          │                                                 │
          └──────────────────►┌─────────────┐              │
                              │ 开具入库凭证 │              │
                              └────┬────────┘              │
                                   │                        │
                              ┌────▼────────┐              │
                              │ 签收入库手续 │              │
                              └────┬────────┘              │
                                   │                        │
                              ┌────▼──────────┐            │
                              │ 报销办公用品费用 │          │
                              └────┬──────────┘            │
                                   │                        │
                              ┌────▼────┐                  │
                              │  结束   │◂─────────────────┘
                              └─────────┘
```

1.3.2　办公用品验收制度

制度名称	办公用品验收制度	编号	
		版本	

第一章　总则

第1条　目的。

为进一步做好办公用品的验收工作，确保所采购的办公用品符合公司的使用标准，杜绝不合格办公用品的入库，特制定本制度。

第2条　适用范围。

本制度适用于公司所有办公用品的验收工作。

第3条　管理职责。

行政部负责本公司所有办公用品的验收工作。

第二章　办公用品验收

第4条　在对采购来的办公用品进行验收时，行政人员应参照以下依据。

1. "××用品质量验收标准"。

2. "送货单"。

3. "订货单"。

4. 其他与产品验收有关的文件。

第5条　对办公用品进行验收时，行政人员应从以下方面进行验收。

1. 品名验收说明。行政人员应将"订货单"与"送货单"进行对照，确认所验收的物资是否为本公司所订购的物资。

2. 数量验收说明。行政人员应对需验收的物资进行数量清点，并将清点结果与订单进行对照，确认数量有无差异；如有差异，应及时与供应商进行协商处理。

3. 包装验收说明。行政人员应对所采购来的办公用品的包装进行查验，确保办公用品的外包装无损坏。若个别用品的包装有损坏，应申请换货。

4. 质量验收说明。行政人员应确认所交验收的办公用品的质量是否能够满足本公司办公使用要求等。

第三章　附则

第6条　公司行政部拥有对本制度的解释权。

第7条　本制度自公布之日起实行。

编制日期		审核日期		批准日期	
修改标记		修改处数		修改日期	

1.4 办公用品领用

1.4.1 办公用品领用流程

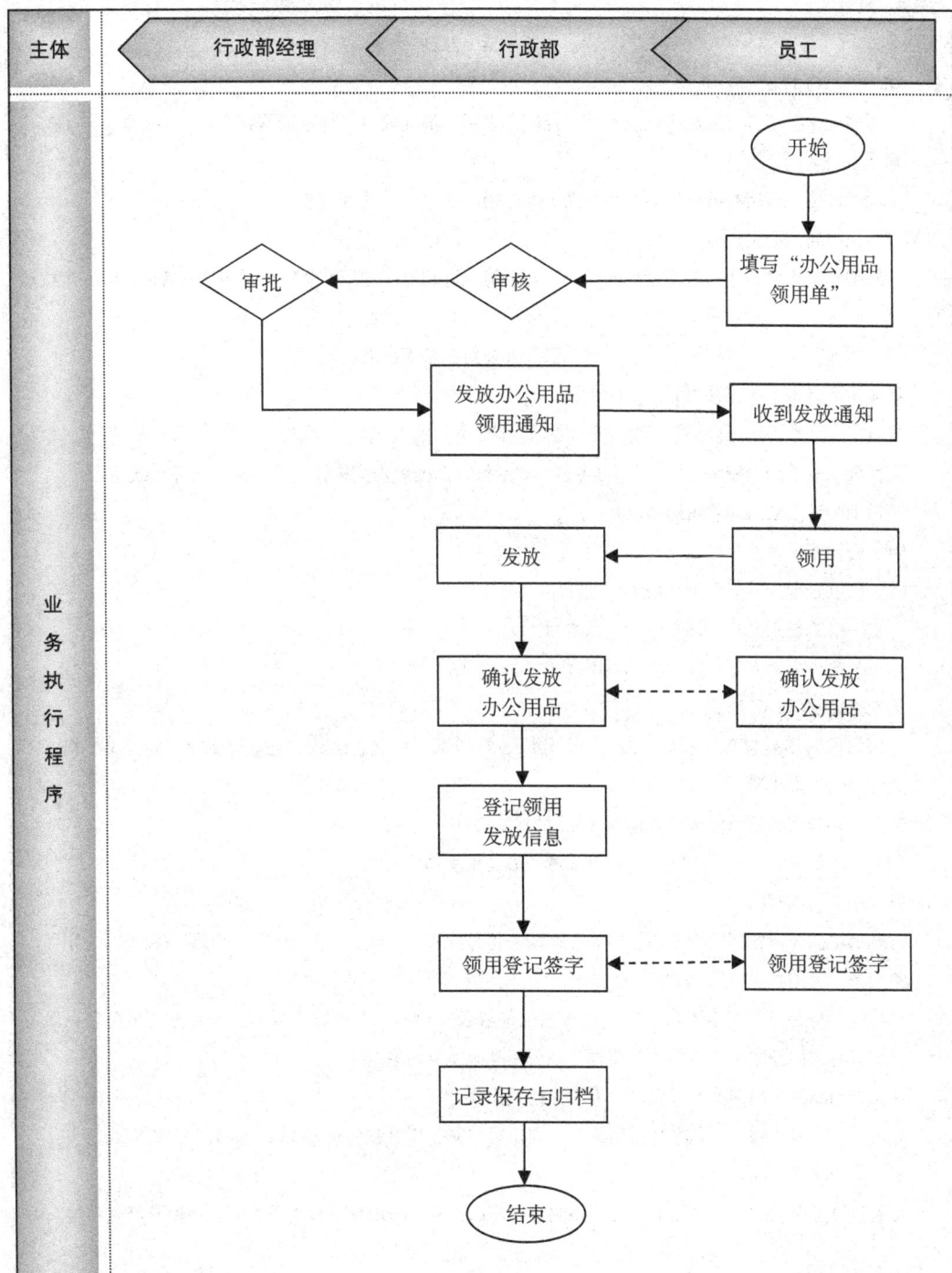

主体	行政部经理	行政部	员工

业务执行程序

开始

填写"办公用品领用单"

审核

审批

发放办公用品领用通知 → 收到发放通知

发放 ← 领用

确认发放办公用品 ⟷ 确认发放办公用品

登记领用发放信息

领用登记签字 ⟷ 领用登记签字

记录保存与归档

结束

1.4.2　办公用品领用制度

制度名称	办公用品领用制度	编号	
		版本	

第一章　总则

第1条　目的。

为了规范本公司办公用品的领用管理，控制办公用品消耗成本，特制定本制度。

第2条　适用范围。

本制度作为公司所有办公用品领用标准，办公用品领用管理的基本依据。

第3条　管理职责。

行政部是公司办公用品领用管理的归口管理部门，行政部应做到办公用品领用统一管理、统一规格型号、统一配发。

第二章　办公用品领用标准

第4条　员工个人办公用品。

1. 员工个人办公用品主要包括签字笔（芯）、圆珠笔（芯）、铅笔、橡皮、文具刀、尺子、墨水、笔记本、双面胶、透明胶、胶水（胶棒）、钉书钉、回形针、信笺纸、大头针、燕尾夹、纸杯、纸篓等。

2. 员工个人办公用品领用标准。

（1）公司领导每人每月按____元领用。

（2）中层管理人员每人每月按____元领用。

（3）一般管理人员每人每月按____元领用。

（4）一般员工每人每月按____元领用。

第5条　部门办公用品。

1. 部门所需用品包括传真纸、复（写）印纸、打印纸、墨盒、硒鼓、光盘、鼠标、办公桌、椅、沙发、文件柜、饮水机等。

2. 部门办公用品领用标准，具体内容见附表。

第三章　办公用品领用规定

第6条　领用时间。

行政部根据公司各部门办公用品的需求计划，每月发放____次，一般情况下为每周一领用办公用品。

第7条　领用办法。

1. 行政部应保证公司各部门所需的办公用品能够及时供应，并根据经过审批的"办公用品领用单"，通知员工或各部门领取办公用品，并填制"办公用品分发通知单"。

2. 办公用品的领用需由本人完成，不得由他人代领。

3. 员工个人或各部门在领取办公用品时，须填写"办公用品领用登记表"，签字后方可领取。

第8条　注意事项。

1. 若是员工个人或部门领用的办公用品的金额超出预算，行政部有权不予办理，经由总经理特批后方可执行。

（续）

2. 属于更换办公用品的情况，员工个人或部门领用人需在领用时将已使用过的物品交至行政部，若无旧品，则新品不得领用。

3. 行政部应于每月____日前协同库房管理人员汇总公司内办公用品的领用情况，并填制"月度部门办公用品领用汇总表"，详细记录各部门办公用品领用的名称、规格、数量、金额、领用人等信息。

4. 若发现无领用人签字的"办公用品领用登记表"但已经出货的，行政部应将此类办公用品的金额计入仓储部经营成本，并上报总经理核准。

第四章　附则

第9条　公司行政部拥有对本制度的解释权。

第10条　本制度自公布之日起实行。

附表：部门办公用品领用标准

附表：
部门办公用品领用标准

部门			日期			
序号	名称	颜色	规格	单价	数量	备注
1	办公桌					
2	办公椅					
3	文件柜					
4	计算机					
5	饮水机					
6	打（复）印机					
…	…					

编制日期		审核日期		批准日期	
修改标记		修改处数		修改日期	

第 2 章

资产设备管理

2.1 办公设备采购

2.1.1 办公设备采购流程

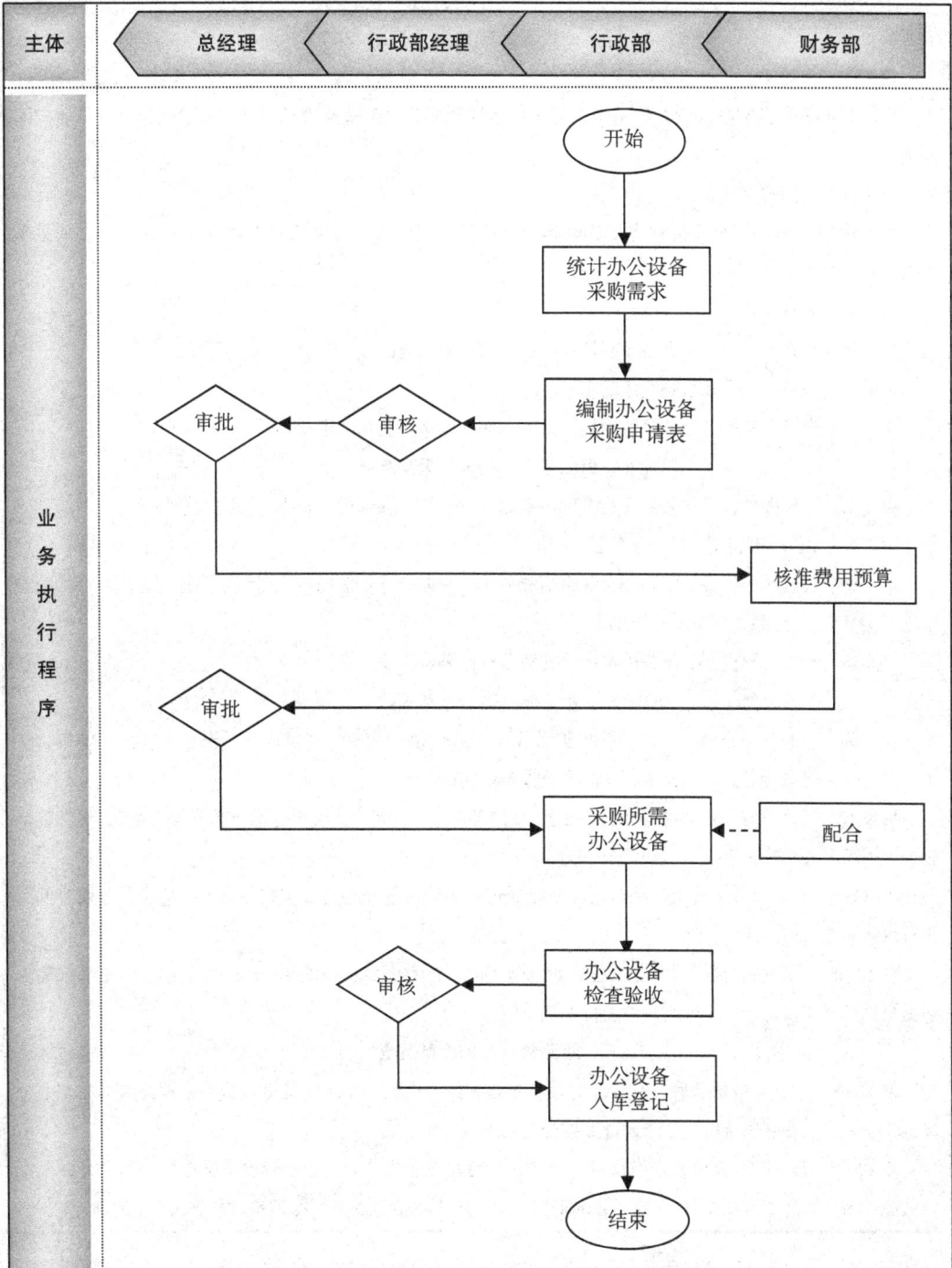

| 主体 | 总经理 | 行政部经理 | 行政部 | 财务部 |

业务执行程序

开始

↓

统计办公设备采购需求

↓

编制办公设备采购申请表 → 审核 → 审批

↓ (审批)

核准费用预算

↓

审批

↓

采购所需办公设备 ⋯⋯ 配合

↓

办公设备检查验收 → 审核

↓

办公设备入库登记

↓

结束

2.1.2　办公设备采购制度

制度名称	办公设备采购制度	编号	
		版本	

第一章　总则

第1条　目的。

为加强本公司日常办公设备的采购管理工作、提高办公设备采购管理的计划性和规范性，特制定本制度。

第2条　适用范围。

本制度适用于包括公司内部电话、电脑、打印机、复印机、传真机等在内的所有办公设备的采购管理。

第3条　管理职责。

1. 行政部负责本公司办公设备采购计划的统一制订和实施。

2. 财务部负责办公设备采购费用的审核。

3. 公司总经理负责办公设备采购计划、采购合同以及采购费用的审批。

第二章　办公设备采购申请

第4条　公司办公设备的采购实行季度性采购计划，公司各部门应根据实际需求于每季度首月____日前填写"办公设备采购申请表"，并交至行政部。

第5条　行政部根据各部门办公设备申请和公司现有办公设备使用情况制订采购计划，填制"办公设备采购审批表"，经财务部审核后报总经理审批。

第6条　行政部根据办公设备采购审批的意见执行采购程序。

第三章　办公设备采购

第7条　行政部应选择超过____家的办公设备供应商进行询价，对供应商的设备、客户、销售、认证、信用等情况进行考察，选择最合适的办公设备供应商。

第8条　办公设备采购的经办人员须根据供应商的情况填制"办公设备询价情况报告表"，经行政部经理审核后，报总经理审批。

第9条　"办公设备询价情况报告表"审批通过后，公司总经理与供应商签订《办公设备采购合同》，由行政部实施采购。

第10条　当公司有部门对办公设备有紧急需求时，行政部可将经该部门经理签字的办公用品采购申请提交总经理审批，审批通过后，可进行单独采购。

第四章　办公设备验收

第11条　办公设备到货后，行政部应安排专业人员对已到的办公设备进行检验，检验人员在"办公设备验收单"上签字确认后，办公设备方可登记入库。

第12条　若采购办公设备采取预付款的方式，行政部应凭"办公设备询价情况报告表"和《办公设备采购合同》填具"借款单"，再经财务部审核、总经理审批通过后方可办理预付款手续。

（续）

第 13 条　若办公设备采取货到付款的方式，行政部应凭"办公设备询价情况报告表""办公设备验收单"《办公设备采购合同》和办公用品购货发票等到财务部办理报销手续。

第五章　办公设备采购注意事项

第 14 条　若需采购的办公设备单价超过＿＿万元，行政部应采取公开招标的形式执行采购计划。

第 15 条　采购人员必须秉公办事，不得在采购办公设备的过程中收受回扣，如有违反，一经发现，公司将严肃处理。

第 16 条　《办公设备采购合同》须对售后服务做出明确约定。办公设备检验不合格的，应及时退货、换货或者进行索赔。

第 17 条　办公设备的使用需供应商进行现场指导的，行政部应负责相关事宜的安排。

第六章　附则

第 18 条　公司行政部拥有对本制度的解释权。

第 19 条　本制度自公布之日起实行。

编制日期		审核日期		批准日期	
修改标记		修改处数		修改日期	

2.2 办公设备维修

2.2.1 办公设备维修流程

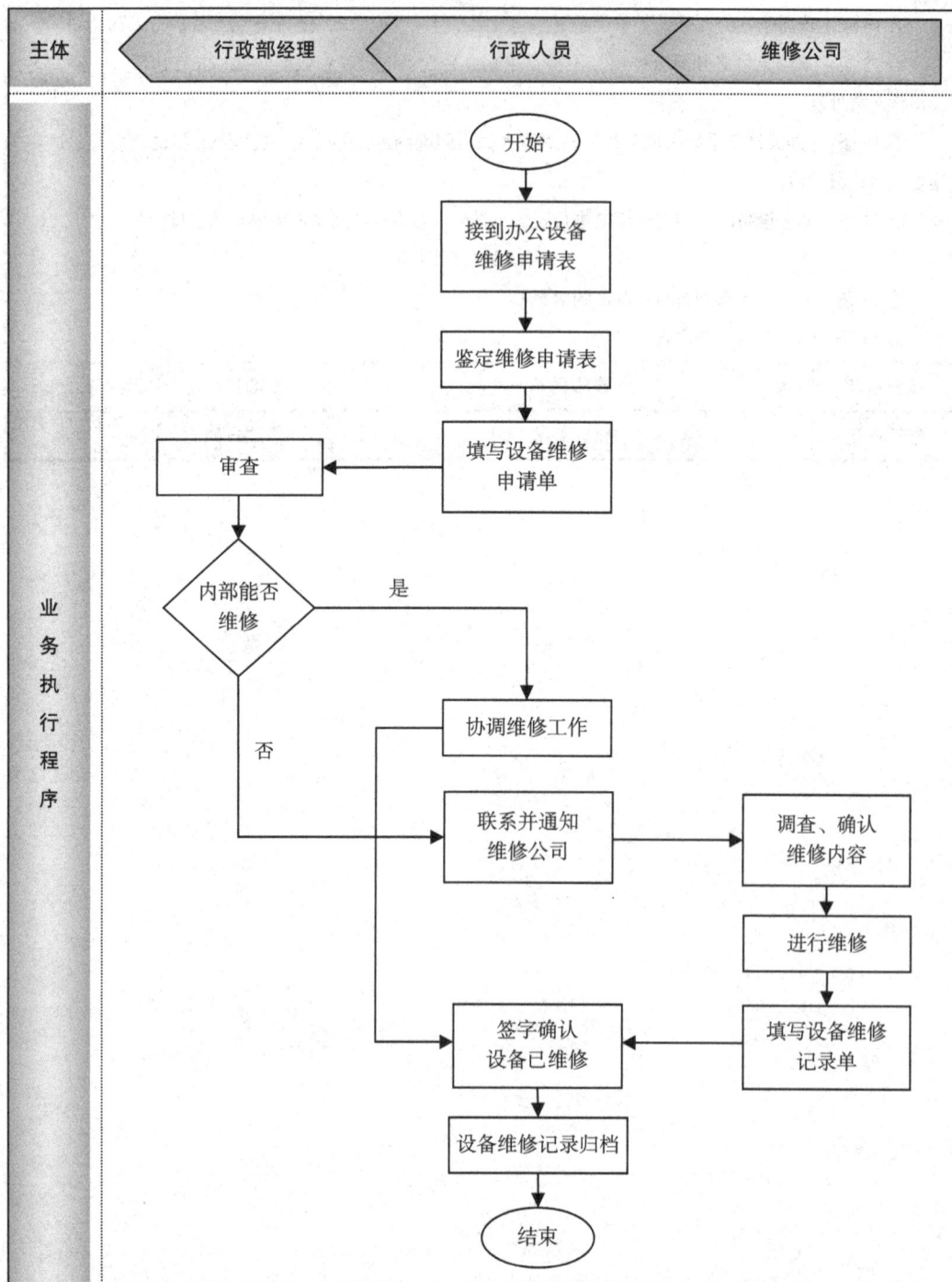

主体	行政部经理	行政人员	维修公司

业务执行程序

开始

↓

接到办公设备维修申请表

↓

鉴定维修申请表

↓

填写设备维修申请单

→ 审查

↓

内部能否维修

是 →

否

协调维修工作

↓

联系并通知维修公司 → 调查、确认维修内容

↓

进行维修

↓

填写设备维修记录单

签字确认设备已维修 ←

↓

设备维修记录归档

↓

结束

2.2.2 办公设备维修制度

制度名称	办公设备维修制度	编号	
		版本	

第一章 总则

第 1 条 目的。

为加强本公司办公设备的维修工作，提高办公设备维修工作的规范性，特制定本制度。

第 2 条 适用范围。

本制度适用于公司办公设备与维修有关的工作。

第二章 办公设备维修

第 3 条 各部门的办公设备由各部门指定专人负责保管。

第 4 条 各部门办公设备发生故障时，要及时报告行政部，禁止私自维修。

第 5 条 行政部接到各部门的报修信息后，须立即指派行政人员对办公设备的故障进行鉴定。

第 6 条 如因操作失误或使用不当造成设备故障，行政人员能够当场处理、不需要维修的，由行政人员当场处理。

第 7 条 若行政人员无法当场处理，需要拆卸、维修，行政人员须填写"设备维修申请单"并报行政部经理审批，严禁擅自拆卸、维修办公设备。

第 8 条 是否维修设备由行政部经理根据公司的实际情况及设备的重要程度进行判断。

1. 行政人员可以修理的设备或不重要的设备，由行政部自行处理。

2. 行政人员修理不了的设备或重要的设备，则须通知供应商或联系专业维修公司进行修理。

第 9 条 办公设备维修好后，行政人员须及时填写"设备维修记录单"，并由办公设备保管人员签字确认。

第 10 条 行政人员须按顺序整理设备维修记录单，并存档备查。

第三章 附则

第 11 条 公司行政部拥有对本制度的解释权。

第 12 条 本制度自公布之日起实行。

编制日期		审核日期		批准日期	
修改标记		修改处数		修改日期	

2.3 办公设备报废

2.3.1 办公设备报废流程

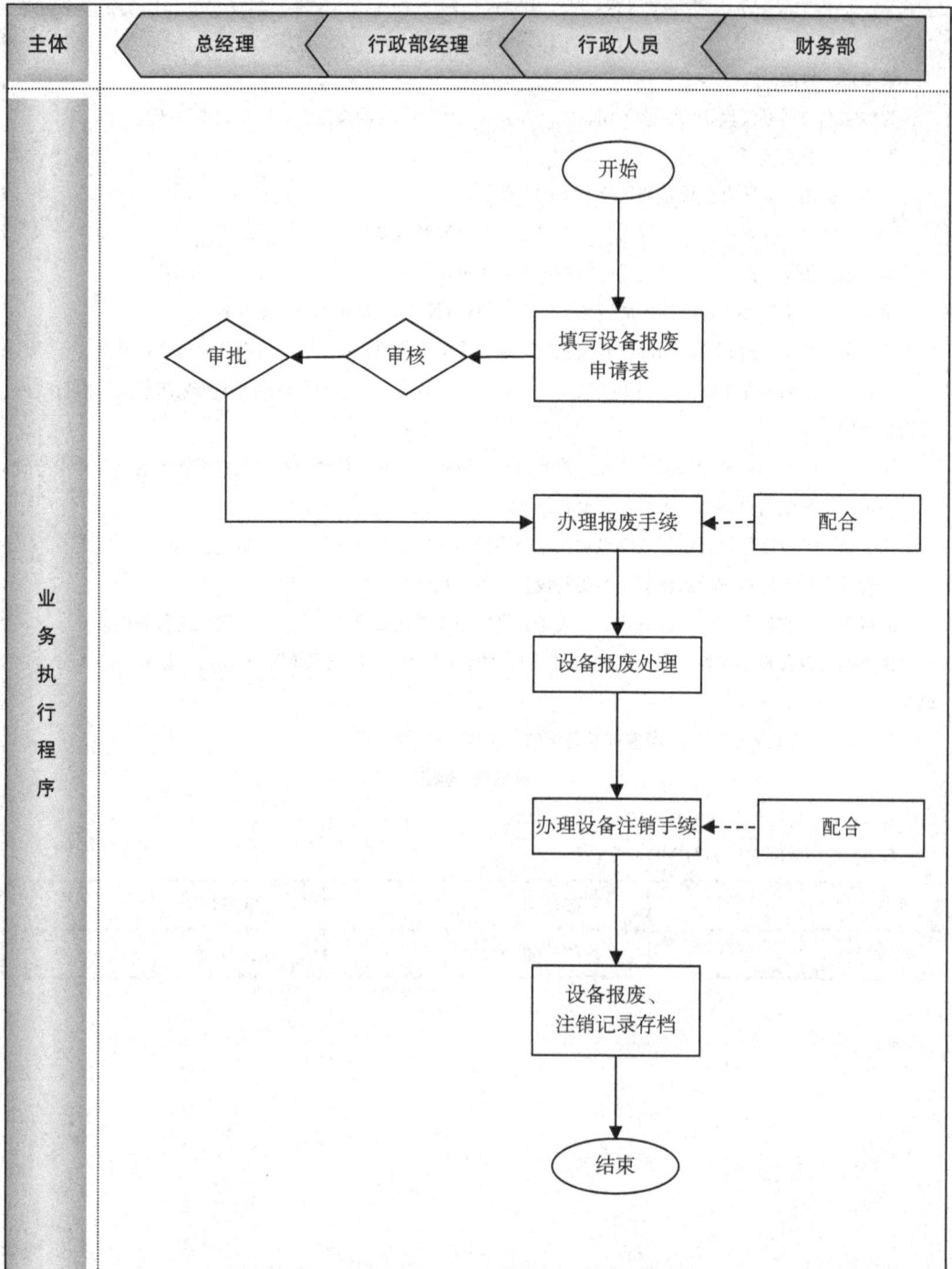

主体	总经理	行政部经理	行政人员	财务部

业务执行程序

```
                                        开始
                                         │
                                         ▼
     审批  ◄──  审核  ◄──           填写设备报废
                                     申请表
      │
      ▼
    办理报废手续  ◄───── 配合
         │
         ▼
    设备报废处理
         │
         ▼
    办理设备注销手续  ◄───── 配合
         │
         ▼
    设备报废、
    注销记录存档
         │
         ▼
       结束
```

2.3.2　办公设备报废制度

制度名称	办公设备报废制度	编号	
		版本	

第一章　总则

第 1 条　目的。

为加强本公司办公设备的报废工作、提高办公设备报废工作的规范性，特制定本制度。

第 2 条　适用范围。

本制度适用于公司与办公设备报废有关的工作。

第 3 条　管理职责。

1. 行政部负责本公司办公设备报废的实施。

2. 财务部配合行政部进行办公设备报废的执行。

3. 公司总经理负责办公设备报废处理的审批。

第二章　办公设备报废申请

第 4 条　凡符合下述条件之一的设备，可申请报废。

1. 设备超过规定的使用年限，主体结构陈旧，主要部件已磨损破坏，精度低劣，已达不到最低的工艺要求，无修理价值或不能调出的。

2. 使用年限未到但不能迁移，因建筑物改建或工艺布置改变必须拆毁的。

3. 因事故或意外安全等原因，使设备遭受严重损坏、无修复价值的。

4. 腐蚀过甚，绝缘老化，耗能超过国家规定标准，无修复价值或继续使用易发生危险的。

5. 自制非标准设备经生产验证和技术鉴定不能使用且无法修复、改装和调出利用的。

第 5 条　凡需要报废的办公设备，先由使用部门提出申请报告，由行政部组织有关人员进行认真鉴定认可后填写"办公设备报废申请单"。

第三章　办公设备报废处理

第 6 条　行政部接到设备报废信息时，须及时派出人员鉴定设备是否要报废。

第 7 条　行政人员确定设备报废后，需填写设备报废申请单并由设备保管人员或设备使用人员签字确认。

第 8 条　设备报废申请单上需要详细说明报废的原因，之后交行政部经理、总经理审批。

第 9 条　行政部经理、总经理的审批权限可参照《办公设备购买制度》中的相关条款来执行。

第 10 条　经相关人员审批后，由行政部相关人员负责处理报废设备，财务部负责做会计处理。

第 11 条　行政人员在完成报废设备处理工作后，需及时核销报废的设备并登录"报废设备表"，将其存档备查。

第 12 条　报废设备的处理办法。

1. 因自然损耗原因报废的，设备使用部门无责任，可填写请购计划并转交行政部，由行政部负责购买。

（续）

2.因人为原因造成报废的，处理如下。

（1）设备价值在1000元以下的，由当事人全部承担。

（2）设备价值在1000元以上、10 000元以下的，由当事人承担70%。

（3）设备价值超过10 000元的，由总经理办公会议研究决定。

第四章　附则

第13条　公司行政部拥有对本制度的解释权。

第14条　本制度自公布之日起实行。

编制日期		审核日期		批准日期	
修改标记		修改处数		修改日期	

2.4 知识产权管理

2.4.1 知识产权管理流程

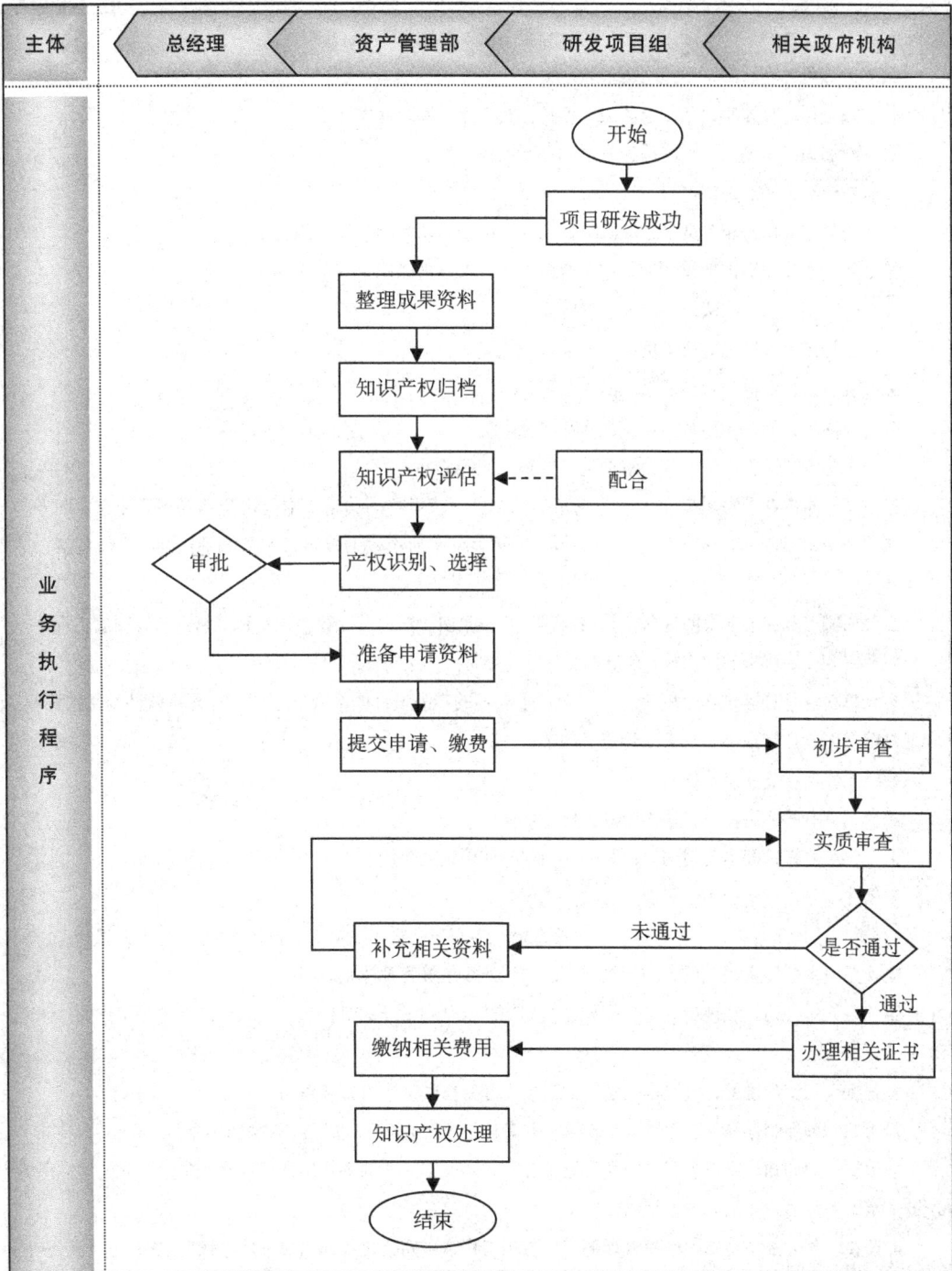

主体	总经理	资产管理部	研发项目组	相关政府机构

业务执行程序

```
                                    ( 开始 )
                                       │
                                  ┌──────────┐
                                  │ 项目研发成功 │
                                  └──────────┘
                                       │
               ┌──────────┐
               │ 整理成果资料 │
               └──────────┘
                    │
               ┌──────────┐
               │ 知识产权归档 │
               └──────────┘
                    │
               ┌──────────┐        ┌──────┐
               │ 知识产权评估 │◂╌╌╌╌│ 配合 │
               └──────────┘        └──────┘
                    │
     ◇审批◇◂──┌──────────────┐
               │ 产权识别、选择 │
               └──────────────┘
                    │
               ┌──────────────┐
               │ 准备申请资料 │
               └──────────────┘
                    │
               ┌──────────────┐        ┌──────────┐
               │ 提交申请、缴费 │──────▸│ 初步审查 │
               └──────────────┘        └──────────┘
                                            │
                                       ┌──────────┐
                                       │ 实质审查 │
                                       └──────────┘
                                            │
          ┌──────────────┐   未通过    ◇是否通过◇
          │ 补充相关资料 │◂──────────
          └──────────────┘              │ 通过
                                         │
          ┌──────────────┐        ┌──────────────┐
          │ 缴纳相关费用 │◂──────│ 办理相关证书 │
          └──────────────┘        └──────────────┘
                 │
          ┌──────────────┐
          │ 知识产权处理 │
          └──────────────┘
                 │
             ( 结束 )
```

2.4.2 知识产权管理办法

制度名称	知识产权管理办法	编号	
		版本	

第一章 总则

第1条 目的。

1. 增强公司的整体实力和竞争能力，促进公司持续、稳定地发展。

2. 不断加强技术创新，提高员工发明和创造的积极性。

3. 有效保护公司的知识产权。

4. 明确界定公司与相关员工之间的权益关系，维护公司和相关员工的利益。

第2条 本公司知识产权管理工作应遵循以下五项基本原则。

1. 符合我国知识产权法律、法规的规定。

2. 符合知识产权管理的科学规律。

3. 符合公司科技进步和经济发展的客观需要。

4. 符合国际交流、合作及国际惯例的共同准则。

5. 尊重他人的知识产权，合理维护自身的知识产权。

第3条 本办法所称的知识产权是指依据法律规定或者合同约定，本公司全部或部分拥有的职务科技成果、职务商业秘密、职务作品和其他智力成果及信息所产生的精神权利与经济权利，具体包括以下七类。

1. 公司实施和完成的发明创造（包括发明、实用新型、外观设计等）的专利申请权和专利权。

2. 非专利技术成果的使用权、转让权。

3. 计算机软件和其他作品的著作权，包括本公司的产品设计图纸及其说明、计算机软件及文档资料、集成电路布图设计、摄影、录像、规范汇编等。

4. 技术秘密和商业经营秘密。

5. 公司享有的注册商标、使用中的商标专用权。

6. 单位名称权，即本公司的单位名称使用权与许可他人使用权。

7. 依法由公司享有的其他知识产权。

第二章 组织与职责

第4条 本公司采用公司总经理领导下的知识产权三级管理体系。

第5条 本公司总经理作为直接领导公司知识产权管理工作的责任人，其知识产权管理工作的具体职责如下。

1. 根据公司实际情况，批准本公司知识产权管理工作的基本方针和策略。

2. 组织和领导制定知识产权管理工作规划和具体措施，完善公司的知识产权保护制度。

3. 根据公司的知识产权状况、公司发展状况，并结合本公司的中长期发展战略，制定符合公司实际情况的、富有潜力的公司知识产权战略。

4. 监督、督促本公司知识产权管理部门的各项工作，协调公司各部门知识产权管理工作。

（续）

5. 审核知识产权管理工作的年度计划，并将其纳入本公司的年度管理计划。

6. 对在研究开发、技术创新和知识产权保护与管理工作中有突出贡献的人员予以奖励，对违反公司知识产权制度、造成公司知识产权财产损失的人员给予相应的处分。

7. 领导本公司对外进行有关知识产权保护与管理的交流与合作。

8. 为公司的技术引进、知识产权输出做决策。

第6条　本公司资产管理部下设知识产权管理处，负责知识产权的管理工作，其具体职责如下。

1. 制定知识产权各类管理规定，协调知识产权管理工作，划分各岗位的管理范围与职责，指导、监督、检查公司相关职能部门的知识产权管理工作。

2. 审核业务部门的申请，组织和建立知识产权档案管理。

3. 代表本公司负责知识产权的申请等对外工作。

4. 代表本公司负责知识产权纠纷处理、诉讼等对外工作。

5. 参与签订或审核涉及本专业知识产权内容的各类合同、协议，建立知识产权合同档案。

6. 组织宣传和学习有关知识产权的法律知识，并交流经验。

第7条　公司各职能部门或机构，如研发部（包括产品、项目研究组）、生产部、市场营销部（包括具体产品区域销售特约经销商）及部件生产分公司，主要负责本职工作范围内知识产权的产生、运用、维护和管理工作，自觉维护知识产权。

第三章　知识产权管理工作的主要任务

第8条　在研究和开发过程中，知识产权管理工作主要包括以下五个方面的内容。

1. 在从事研究与开发活动之前，知识产权管理处和研究开发人员之间应以一定的方式明确知识产权的相应关系，如管理责任、权利的归属、知识产权保密事项等。

2. 建立并执行研究与开发活动过程记录的管理制度，详尽记载与知识产权有关的活动内容并编号归档。

3. 建立审查研究与开发活动及其成果产出是否侵害他人知识产权或公司知识产权，是否为他人所侵害的检验管理制度。

4. 建立知识产权方面的资料、档案、记录和其他相关信息材料由专人负责保管的管理制度。

5. 在研究与开发活动结束后，应要求，研究和开发部门项目负责人把本项目的研究开发成果完整、准确、客观、及时地以书面形式向知识产权管理处、总经理汇报，并提交研究开发过程中所使用的重要技术资料，建立相关技术档案，实施加密管理。

第9条　在委托或合作开发活动中，知识产权管理工作主要包括以下三个方面的内容。

1. 严格依照《中华人民共和国合同法》及其他法律法规的有关规定，通过合同明确委托开发和合作开发关系中的技术成果归属关系。本办法中的技术成果应包括以下三个方面。

（1）作为开发目的的技术成果。

（2）非目的性的技术成果，如相关技术成果、中间技术成果和部分技术成果。

（3）委托关系结束后，由哪方继续开发后续技术。

2. 当技术成果为双方共有时，必须在技术合同中明确共有方式，并对共有技术成果的进一步开发或合作方式进行约定。

（续）

3. 在本公司与外公司建立委托开发或合作开发关系时，知识产权管理处应联合法务部对涉及本公司重大知识产权成果的条款进行分析、审查。

第 10 条　在职务技术成果与非职务技术成果归属的问题上，知识产权管理工作主要包括以下三个方面的内容。

1. 对本公司的职务技术成果与非职务技术成果的认定，应严格遵照国家有关知识产权法律、法规的规定处理。

2. 对本公司的职务技术成果，应由知识产权管理处与研发部门联合管理。

3. 对本公司的非职务技术成果，应由知识产权管理处负责建立相关的成果登记制度。

第 11 条　在知识产权纠纷处理过程中，知识产权管理工作主要包括以下两个方面的内容。

1. 配合法务部对外代表企业法人处理知识产权调解、仲裁与诉讼事务，包括收集与诉讼相关的证据、提供与诉讼相关的资料、处理与诉讼相关的事务。

2. 配合法务部、人力资源部对内处理公司与员工之间发生的知识产权纠纷。

第 12 条　在知识产权文件档案管理与保密方面，知识产权管理工作主要包括以下三个方面的内容。

1. 会同人力资源部建立严格的档案管理与保密制度，并建立知识产权专门文档。

2. 对相关部门提交的工作活动记录、科研资料、获奖证书、专利文件、合同书、商标文件、科研论文、设计图、软件文档等文件进行备份归档管理。

3. 会同人力资源部建立文件档案密级制度、文件档案查阅流通制度、文件档案签收保管制度。

第 13 条　在对商标权的管理方面，知识产权管理工作主要包括以下七个方面的内容。

1. 依照本公司商标工作计划和商标战略方案，明确制定具体实施步骤。

2. 对公司产品与服务进行商标注册事项的论证。

3. 会同市场营销部制订本公司的品牌营销计划。

4. 负责商标注册及其续展事宜。

5. 负责保管商标注册证书及相关文件。

6. 负责填报与缴纳商标权相关规费的申请表。

7. 负责对商标信息进行收集、分析、预测，在发现本公司商标权益遭到侵权时，及时建议法务部做出相应处理。

第 14 条　在计算机软件及其他作品的著作权管理方面，知识产权管理工作主要包括以下六个方面的内容。

1. 依照本公司计算机软件及其他作品的著作权管理工作计划和版权战略方案，明确制定具体实施步骤。

2. 在不影响正常科研工作、不损害公司技术权益、不违反有关保密规定的前提下，会同研发部对在研发过程中形成的科技论文、工程设计及产品设计图纸和计算机程序等作品，进行是否发表及发表方式的论证。

3. 负责职务作品的登记工作，并负责向国家计算机软件著作权登记管理机关提出著作权登记申请。

4. 负责管理著作权证书及相关文件。

5. 负责填报与缴纳著作权相关规费的申请表。

（续）

6. 对著作权信息进行收集、分析、预测，在发现本公司商标权益遭到侵权时，及时建议知识产权总部做出相应处理。

第四章 知识产权管理一般规定

第 15 条 专利是知识产权中的重要内容，在专利管理中涉及的具体问题，根据国家和本公司的专利管理规定执行。

第 16 条 研发项目按项目合同约定或计划任务书的规定完成后，项目负责人应及时完成以下任务。

1. 向研发项目主管部门报告，将全部实验报告、实验记录、图纸、声像、手稿等原始技术资料加以收集和整理，交资产管理部归档。

2. 提出申请专利的必要性和可行性。对可申请专利的项目要及时办理申请事项，对不宜申请专利的技术秘密应采取相应的保密措施。

对于应申请专利而未申请从而给本公司造成经济损失者，要追究直接责任者和公司有关责任人的责任，包括在研发过程中已具备申请专利条件者。

第 17 条 严格执行技术档案的相关制度与规定，包括档案密级制定、借阅程序等，对涉及本公司技术秘密和商业秘密的科技档案应采取限制阅读的措施。

第 18 条 对本公司的技术秘密和商业秘密，应严格执行国家和本公司的有关规定，签订保密协议。

第 19 条 在与其他公司进行委托研究、委托开发，或合作研究、合作开发时，必须订立书面合同，合同中必须有关于知识产权保护的条款。

第 20 条 订立技术合同（包括技术开发、技术转让、技术咨询、技术服务等合同）必须严格遵守国家和本公司关于技术合同管理的相关规定，明确约定科技成果有关权益的分配等。任何个人未经同意，不得以公司的名义对外签订技术合同。

第五章 知识产权管理奖惩规定

第 21 条 对于在知识产权形成、保护、管理及科技成果转化工作中有突出贡献的，或有效制止侵权、维护公司知识产权合法权益成绩显著的人员，公司将依据国家和自身的具体规定，给予发放奖金、提职、提级、职称评定等物质和精神方面的奖励。

第 22 条 属于本公司的技术成果在实施或转让后的收益，按国家和本公司的有关规定进行分配。该项职务科技成果的发明人、设计人可按规定提取酬金。

第 23 条 对于违反本办法，剽窃、篡改、非法占有或者以其他方式侵犯本公司知识产权的，或造成公司知识产权被侵犯的人员，由资产管理部依据规定追究其经济责任。构成犯罪的，资产管理部应及时向司法机关报案。

第六章 附则

第 24 条 本办法在执行过程中如有与国家法律法规相抵触的情况，以国家法律法规为准。

第 25 条 本办法由资产管理部负责制定、修订与解释。

第 26 条 本办法报公司总经理审批后，自下发之日起执行。

编制日期		审核日期		批准日期	
修改标记		修改处数		修改日期	

2.5 资产保值增值管理

2.5.1 资产保值增值管理流程

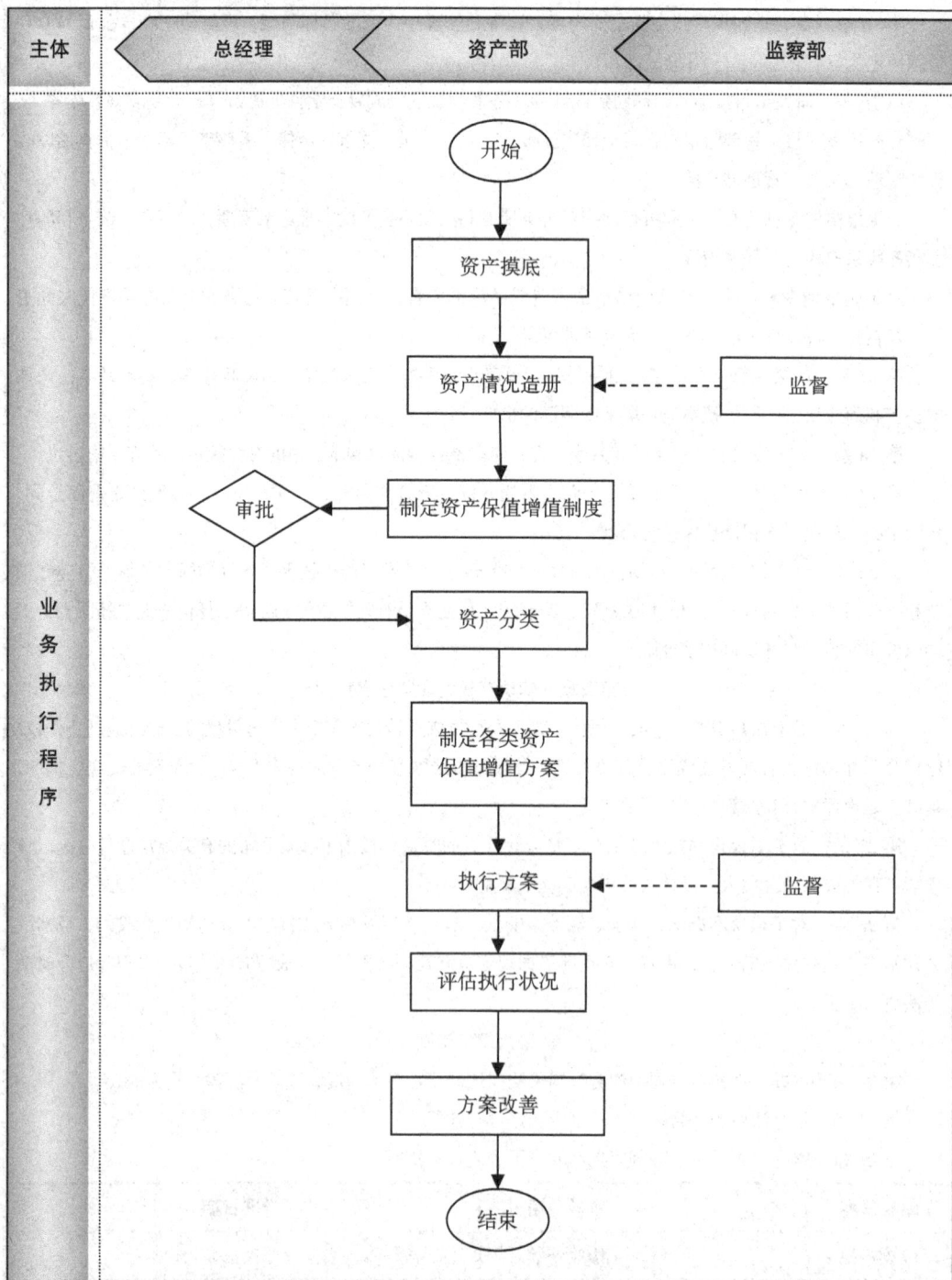

主体	总经理	资产部	监察部

业务执行程序

```
                    ┌─────────┐
                    │  开始   │
                    └────┬────┘
                         │
                    ┌────┴────┐
                    │ 资产摸底 │
                    └────┬────┘
                         │
                    ┌────┴──────┐         ┌─────────┐
                    │ 资产情况造册 │◀───────│  监督   │
                    └────┬──────┘         └─────────┘
                         │
         ┌────┐     ┌────┴────────────┐
         │审批 │◀────│ 制定资产保值增值制度 │
         └──┬─┘     └─────────────────┘
            │
            │        ┌─────────┐
            └───────▶│ 资产分类 │
                     └────┬────┘
                          │
                    ┌─────┴──────┐
                    │  制定各类资产 │
                    │  保值增值方案 │
                    └─────┬──────┘
                          │
                    ┌─────┴────┐         ┌─────────┐
                    │ 执行方案  │◀────────│  监督   │
                    └─────┬────┘         └─────────┘
                          │
                    ┌─────┴─────┐
                    │ 评估执行状况 │
                    └─────┬─────┘
                          │
                    ┌─────┴────┐
                    │ 方案改善  │
                    └─────┬────┘
                          │
                    ┌─────┴────┐
                    │  结束    │
                    └──────────┘
```

2.5.2 资产保值增值管理制度

制度名称	资产保值增值管理制度	编号	
		版本	

第一章　总则

第 1 条　目的。

为加强公司资产管理，做好公司资产的保值增值工作，提高资产利用率，特制定本制度。

第 2 条　管理范围。

公司资产主要包括固定资产和无形资产。固定资产包括公司的房屋及建筑物、设备、仪表、办公家具、电器设备等。

第二章　固定资产管理

第 3 条　固定资产保管人员的规定。各使用部门设固定资产保管人员 1 名（可兼职），负责所在部门的固定资产相关事宜，配合固定资产管理员的相关工作。固定资产管理员汇总各部门的固定资产保管人员名单并交至财务部。

第 4 条　固定资产的编号与登记。固定资产取得后，由固定资产管理员会同财务部依类别及会计科目进行编号，并设固定资产台账，填制固定资产登记卡，财务部定期检查固定资产情况。土地、房屋及建筑物等不动产取得所有权后，由财务部统一办理产权登记，转记入"房屋、土地登记卡"。

第 5 条　固定资产的日常使用与维护。使用部门须依照固定资产使用规范和说明书进行操作，定期检查固定资产的使用情况，发现问题要及时报修解决，固定资产管理员为相关固定资产办理投保手续并定期进行保养。

第 6 条　固定资产的盘点与检查。固定资产管理员应会同财务部每年对固定资产盘点一次，使用部门对于盘盈或盘亏须说明原因并上报，同时应依增置或减损的规定进行处理。

第 7 条　固定资产的闲置转让。管理固定资产的管理员每季度须整理经营上认为无利用价值的闲置固定资产，填具"闲置固定资产明细表"，拟定处理意见后报总经理审批，经审批后由财务部会同采购部进行招商比价后，选择转让单位，并做相关的会计处理。

第 8 条　固定资产的出租与外借。对于公司固定资产的出租或外借业务，固定资产管理员提出申请，由财务部审核后报总经理审批。固定资产的出租与外借必须签订相应的合同或协议，合同或协议的签订须遵循国家规定和公司的合同管理制度。

第 9 条　固定资产的报废管理。除房屋及建筑物以外的、超过使用期限的固定资产及确已失去效能或因自然灾害、意外事故等原因致损而无法修复的固定资产，由公司各使用部门根据报损原因提出报废申请，编制《固定资产处置申请单》，经固定资产管理员审核后，确实无法修复使用的，报公司总经理审批同意后，作报废处理。对于报废固定资产中确实不能再使用的固定资产，由固定资产管理员提出处理意见，报请总经理审批后，按废旧物资处理，处理价格须报总经理审批。

第 10 条　固定资产的减损处理。固定资产因报废减损，须办理减损手续。使用部门填写《固定资产减损单》并注明减损原因，送财务部审核，财务部检查与固定资产相关的凭证并签字后报公司总经理审批。财务部做相关会计处理，固定资产管理员登记《固定资产登记卡》，通知仓库管理员签收废品。减损

（续）

资产因体积巨大必须就地处理或拆除时，则经公司总经理审批后委托相关部门办理。经提供抵押借款的固定资产如发生减损、出租或外借时，财务部应事先备函写明抵押编号及资产名称、数量，办理相应固定资产的增减变更手续。

第三章　无形资产管理

第 11 条　责任分配。

1. 资产部负责建立无形资产台账，负责无形资产购置、验收、处置工作的执行和手续的办理，定期对无形资产使用情况进行检查，负责与土地使用权、商标权和著作权相关业务的办理。

2. 财务部负责核算无形资产价值，组织进行无形资产盘点，建立与无形资产相关的凭证并编制报表，审核并办理无形资产新增、处置与转移等的财务手续及核算。

3. 研发部负责与专利技术和非专利技术相关业务的办理。

第 12 条　外购无形资产的验收。

1. 无形资产的外购，要符合公司的发展规划，并经过充分的论证和严格的审批，避免重复、盲目引进。

2. 公司外购无形资产，必须取得无形资产所有权的有效证明文件，仔细审核有关合同、协议等法律文件，必要时应听取专业人员或法律顾问的意见。

3. 公司购入或者以支付土地出让金的方式取得的土地使用权，必须取得土地使用权的有效证明文件。除已经确认为投资性房地产外，在尚未开发或建造自用项目前，公司应当根据合同协议、土地使用权证办理无形资产的验收手续。

4. 公司对投资者投入、接受捐赠、债务重组、政府补助、公司合并、非货币性资产交换、外公司无偿划拨转入以及其他方式取得的无形资产均应办理相应的验收手续。

第 13 条　自制无形资产的验收

1. 自创无形资产研发完成后，由项目负责人向相关管理部门提出验收申请。

2. 财务部依据研发部门提供的"项目验收报告"、相关验收单据进行相应的账务处理，将研究过程中的支出计入当期损益，并将开发过程中满足与《企业会计准则》相关要求的支出确认为无形资产成本。

3. 公司自行开发的无形资产，应由研发部、资产部、使用部门共同填制"无形资产移交使用验收单"，移交使用部门使用。

4. 自行开发或研制的项目应依法及时申请并办理注册登记手续，明确产权关系。

第 14 条　无形资产的日常管理。

1. 凡使用公司的无形资产，必须向资产部提出申请，按照相关的授权审批程序申请审批，通过并签署有关协议后方可使用相关无形资产。

2. 资产部在收到使用单位或部门的申请以后，与归口管理部及其他相关部门共同对申请进行查证，并提出审核意见，审核后报总经理审批。

3. 通过审批的单位或部门持审批后的申请书到资产部签订与使用和保密等相关的协议。

4. 资产部会同财务部等相关部门，在协商的基础上，共同确定无形资产使用的收费标准，对无形资产使用单位或部门征收合理的费用。

（续）

第 15 条　无形资产处理。

1. 对拟出售或投资转出的无形资产，应由有关部门或人员提出处置申请，列明该项无形资产的原价、预计使用年限、已使用年限、预计出售价格或转让价格等，报经公司授权部门或人员批准后办理出售或转让手续。

2. 无形资产处置涉及产权变更的，资产部会同归口管理部门组织进行无形资产技术鉴定，督促相关人员及时办理无形资产的产权确认手续。

3. 公司出租、出借无形资产，应由资产部会同财务部按规定报经批准后予以办理，并签订合同协议，对无形资产出租、出借期间所发生的维护保全、税费、租金、归还期限等相关事项进行约定。

4. 无形资产的内部调拨，应填制《无形资产内部调拨单》，明确无形资产名称、编号、调拨时间等，送资产部和财务部审核。由行政部提出处理意见，报总经理审核批准后调拨或转让。

第四章　附则

第 16 条　本管理制度即日起生效并执行。

编制日期		审核日期		批准日期	
修改标记		修改处数		修改日期	

第 3 章

房产管理

3.1 房产出租管理

3.1.1 房产出租管理流程

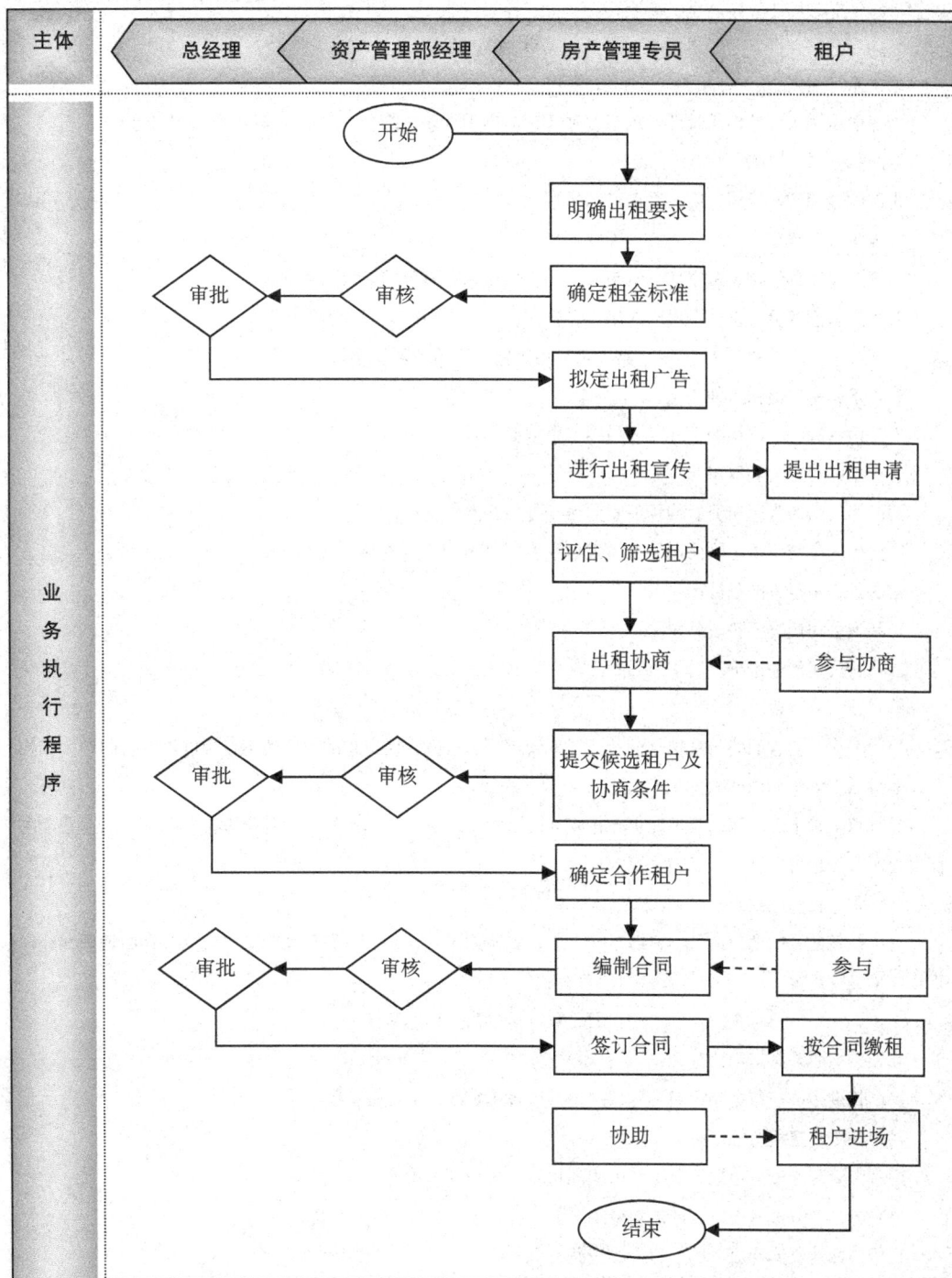

主体	总经理	资产管理部经理	房产管理专员	租户

业务执行程序

```
                              开始
                               │
                               ▼
                          明确出租要求
                               │
                               ▼
   审批  ◄──  审核  ◄──     确定租金标准
    │                          
    │                          ▼
    └──────────────────►  拟定出租广告
                               │
                               ▼
                          进行出租宣传  ──►  提出出租申请
                               │                 │
                               ▼                 │
                          评估、筛选租户  ◄───────┘
                               │
                               ▼
                          出租协商  ◄----  参与协商
                               │
                               ▼
   审批  ◄──  审核  ◄──   提交候选租户及
    │                      协商条件
    │                          
    └──────────────────►  确定合作租户
                               │
                               ▼
   审批  ◄──  审核  ◄──     编制合同  ◄----  参与
    │                          
    └──────────────────►  签订合同  ──►  按合同缴租
                                             │
                                             ▼
                          协助  ----►    租户进场
                                             │
                               结束  ◄───────┘
```

3.1.2 房产出租管理制度

制度名称	房产出租管理制度	编号	
		版本	

第一章 总则

第1条 目的。

为加强后勤房产的出租管理、规范后勤房产的出租程序，结合本公司的实际情况，特制定本制度。

第2条 适用范围。

本制度适用于本公司空闲后勤房产的出租工作。

第3条 职责分工。

1.资产管理部经理、总经理负责与后勤房产出租相关事项的审核和审批。

2.房产管理专员负责后勤房产的出租、租户进场、出租档案管理等工作。

第二章 后勤房产出租条件与要求

第4条 房产出租条件。

本公司后勤房产出租的条件主要包括三个方面，具体如下。

1.出租的房产为闲置房产。

2.出租的房产为公司经营的预期收益小于外租收益的房产。

3.出租的房产不得影响公司的总体规划和有损公司的经济效益。

第5条 承租方的条件。

1.品牌公司优于一般公司。

2.一般公司优于个人。

第6条 租金要求。

1.后勤房产应有明确的月租金标准，房产管理专员应保证所出租的房产的租金标准不低于同地段相当条件的市场平均租金。

2.月租金确定后，房产管理专员不得随意降低租金标准；确因市场发生变化需要下调标准的，必须书面报公司总经理批准。

第7条 租赁期限。

房产租赁的合同期限最长不得超过____年，如需超过____年，房产管理专员应将其报资产管理部经理审核、总经理审批。

第三章 后勤房产出租程序

第8条 明确房产经营范围。

房产管理专员应依据公司商场区域规划，合理确定房产的经营范围。

第9条 确定租金标准。

1.房产管理专员应根据后勤房产出租的租金、税费要求确定租金标准。

2.租金标准可参照周边房产的租金水平。

3.租金标准要体现出本单位自身的一些特点。

（续）

4. 如有租金减免政策，要提前公示并说明条件。

第 10 条　拟定出租广告。

房产管理专员应根据房产出租条件与要求，拟定出租广告，出租广告应包括出租条件、价格范围、起租时间等信息。

第 11 条　进行出租宣传。

房产管理专员可采用户外广告、网上广告等形式进行出租宣传。

第 12 条　提出出租申请。

有租赁意向的租户需填写公司"房产租赁申请表"，提出租赁申请。

第 13 条　租户评估、筛选。

房产管理专员应根据出租条件、要求及意向租户的租赁申请，对意向租户进行评估筛选，并确定候选租户。

第 14 条　出租协商。

1. 房产管理专员应与候选租户进行洽谈，以达成合作协议。

2. 洽谈内容至少应包括房产出租价格、租赁期限、起租时间、租赁要求、使用要求、安全要求、养护要求和租金支付方式等。

3. 房产管理专员应将达成协议的租户的资料报资产管理部经理审核、报总经理审批，确定待合作的租户。

第 15 条　编制与签订出租合同。

1. 房产管理专员应按照公司合同管理规定编制《房产租赁合同》，并将其报资产管理部经理审核，并报总经理审批。

2. 房产管理专员应与租户签订《房产租赁合同》，并收取租户的租金。

3. 租户如有不同的意见要及时提出，以便及时修改相关租赁合同。

第 16 条　租户进场。

1. 租户进场前，房产管理专员应对租户信息进行登记。

2. 房产管理专员应协助租户做好相关服务工作。

3. 房产管理专员应将公司的相关管理制度和房产安全管理要求告知租户，使其按事先规定的内容开展经营活动。

4. 租户在经营过程中如果有什么问题，可及时联系房产管理专员。

第 17 条　出租资料保管。

1. 房产管理专员应对租户的营业执照复印件、法人身份证件等资料进行收集、整理并归档。

2. 房产管理专员应对出租合同进行保管，保证合同资料的齐全与完好。

3. 房产管理专员不得泄露合同规定的保密信息。

第四章　附则

第 18 条　本制度由资产管理部负责制定，其解释权、修订权亦归资产管理部所有。

第 19 条　本制度自颁布之日起生效。

编制日期		审核日期		批准日期	
修改标记		修改处数		修改日期	

3.2　公用房管理

3.2.1　公用房管理流程

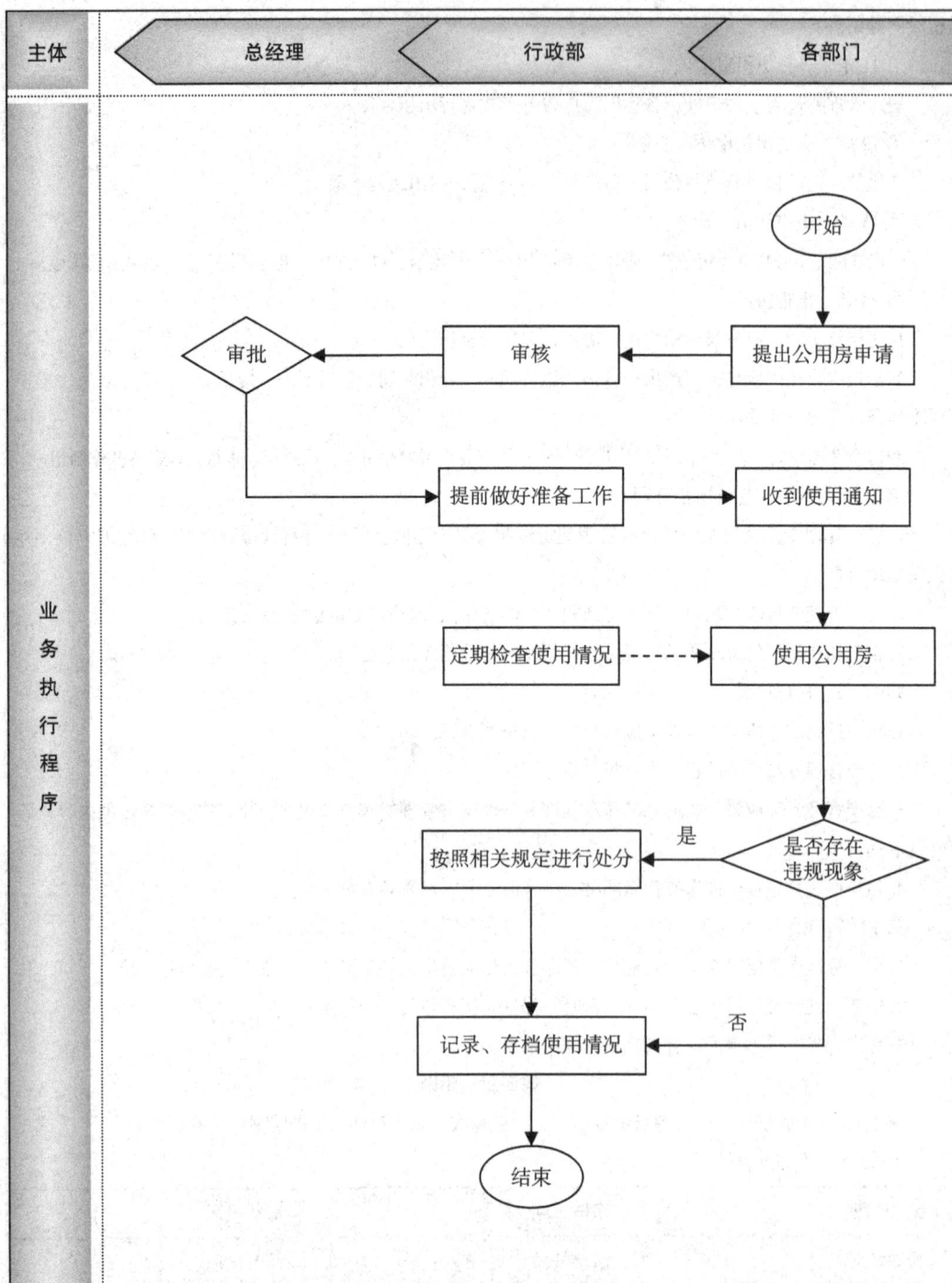

主体	总经理	行政部	各部门

业务执行程序

```
                                              ┌────────┐
                                              │  开始  │
                                              └────────┘
                                                   │
                                                   ▼
   ◇审批◇ ◄──── ┌──────┐ ◄──── ┌──────────┐
                 │ 审核 │        │提出公用房申请│
                 └──────┘        └──────────┘
      │
      ▼
   ┌──────────────┐      ┌──────────────┐
   │ 提前做好准备工作 │ ───► │ 收到使用通知 │
   └──────────────┘      └──────────────┘
                                  │
                                  ▼
   ┌──────────────┐      ┌──────────────┐
   │定期检查使用情况│-----►│  使用公用房  │
   └──────────────┘      └──────────────┘
                                  │
                                  ▼
                            是 ◇是否存在◇
   ┌────────────────┐ ◄──── ◇违规现象◇
   │按照相关规定进行处分│
   └────────────────┘
            │                     │否
            ▼                     ▼
   ┌────────────────┐      
   │记录、存档使用情况│ ◄────────
   └────────────────┘
            │
            ▼
       ┌────────┐
       │  结束  │
       └────────┘
```

3.2.2　公用房管理制度

制度名称	公用房管理制度	编号	
		版本	

第一章　总则

第1条　目的。

为加强公司资产管理、规范公用房管理行为、合理配置和有效使用公用房屋资源、保证公司发展，结合公司实际情况，特制定本制度。

第2条　管理范围。

公司资产管理范围内的房屋管理。

第3条　原则。

有利于公司各项事业发展；职责分明、管理规范；确保房屋资产的完整性和安全性。

第二章　公用房管理细则

第4条　公用房分类。

1. 公共服务用房：会议室、档案室、文印室、资料室、收发室、计算机房、活动室、储藏室、卫生间、后勤人员用房等。

2. 设备用房：配电室、水泵房、电梯机房、制冷机房、通信机房等。

3. 附属用房：食堂、车库、消防设施等。

第5条　公用房应合理确定门厅、走廊、电梯厅等的面积，提高使用率。

第6条　公用房建筑耐久年限不应低于二级（50~100年），安全等级不应低于二级，防火应符合国家有关防火规范。

第7条　装修标准。

1. 公用房的建筑装修应遵循简朴庄重、经济适用的原则，并体现公司形象和公司文化。装修材料应因地制宜、就地取材，一般不得使用进口装修材料。

2. 外部装修一般采用普通装修，主要入口部位可适当采用中级装修。外门窗应按节能指标要求采用密封和保温、隔热性能好的材料。

3. 内部装修采取分区装修，门厅、电梯厅、接待室、重要会议室等部位可采用中级装修。

第8条　室内环境与建筑设备。

1. 办公室、会议室应采用直接采光，门厅、会议室可采用节能装饰灯具。

2. 通信与计算机网络设施应满足办公自动化的要求，根据办公自动化及安全、保密、消防管理等要求综合布线、预留接口。

3. 公用房应进行建筑节能测评和基建达标验收，达不到相关标准的，不得竣工验收。

第9条　行政部负责公用房的监督和检查工作。

第10条　各部门按照公司固定资产管理办法等相关规定使用、管理公用房。

（续）

第 11 条　公司员工都有爱护公用房的义务，要确保各类楼房内公用设施和公用场所的完整性，严禁随意拆除、封闭或者挪作他用。

第 12 条　对于违反规定的员工，公司将视情节给予相应的处罚。

第三章　附则

第 13 条　本制度由行政部制定并解释、补充。

第 14 条　本管理制度即日起生效并执行。

编制日期		审核日期		批准日期	
修改标记		修改处数		修改日期	

3.3 房产竣工验收管理

3.3.1 房产竣工验收管理流程

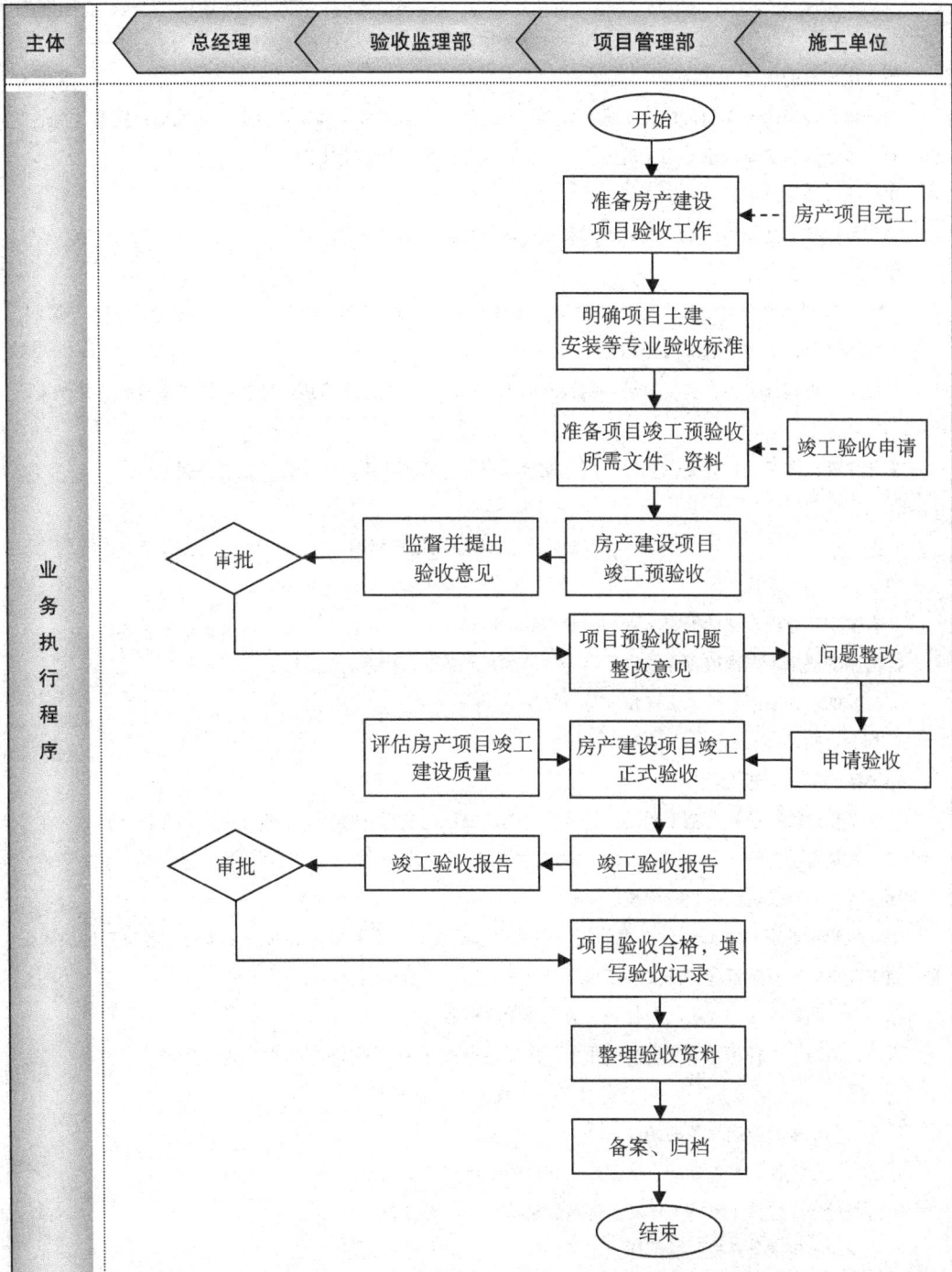

主体	总经理	验收监理部	项目管理部	施工单位

业务执行程序

开始

准备房产建设项目验收工作 ◂---- 房产项目完工

明确项目土建、安装等专业验收标准

准备项目竣工预验收所需文件、资料 ◂---- 竣工验收申请

监督并提出验收意见 — 房产建设项目竣工预验收

审批

项目预验收问题整改意见 → 问题整改

评估房产项目竣工建设质量 — 房产建设项目竣工正式验收 ← 申请验收

竣工验收报告 — 竣工验收报告

审批

项目验收合格，填写验收记录

整理验收资料

备案、归档

结束

3.3.2 房产竣工验收管理制度

制度名称	房产竣工验收管理制度	编号	
		版本	

第一章 总则

第1条 目的。

为严格管理房产工程项目建设质量、规范房产建设竣工验收范围和验收活动、确保工程质量、满足设计要求，根据国家法律法规的相关规定，结合公司实际情况，特制定本制度。

第2条 适用范围。

本制度适用于公司房产工程项目竣工验收的全部相关事项。

第3条 责任权限。

1. 项目管理部负责组织和参与单位工程、分部工程、分项工程的竣工验收工作，代表公司参与验收，必要时应组织公司其他有关部门参加。

2. 以项目管理部为主，负责组织并主持单项工程的竣工验收，负责组织项目的竣工综合验收并代表公司参与验收。

3. 相关部门在其职责业务范围内参与、配合项目管理部的竣工验收工作，准备并提供所需的文件、资料和记录。

第二章 竣工验收依据与标准

第4条 验收依据。

1. 有关房产建设工作的国家主管部门批准的文件。

2. 适用的法规，国家或行业的技术标准、规范和质量评定标准。

3. 有效的设计图纸、设计文件及变更通知单。

4. 相关合同。

第5条 明确土建工程验收的标准。

土建工程验收按照设计施工图纸、技术说明书验收规范进行验收，工程质量必须符合各项要求，在工程内容上按规定全部施工完毕，建筑物、构筑物周围2米以内场地平整，无障碍物，道路及下水道畅通。

第6条 明确安装工程验收标准。

安装工程验收必须按照设计要求的施工项目内容、技术质量要求及验收规范进行，各道工序保质保量。施工完毕，工程项目应全部安装结束并符合安装技术质量要求。

第7条 明确人防、消防、电梯等专业工程验收标准。

人防、消防、电梯等专业工程在验收前，需满足有关政府主管部门的验收条件和标准。

第三章 竣工预验收管理

第8条 工程验收应具备的条件。

1. 已按设计文件、相关标准、法规要求和合同规定完成交验的工程。

2. 已通过房产建设工程施工单位所进行的自检且符合规定。

3. 涉及验收应准备或提供的图样、记录、证件，交验方已备齐。

（续）

第9条 工程竣工预验收申请。

1. 施工单位已按合同内容完成施工任务，各类专项验收已完成。

2. 施工单位向项目管理部申请单位工程竣工验收，提交竣工报告。

第10条 竣工预验收应提报的文件、资料。

1. 根据竣工验收的类别、竣工验收的资料，由施工单位和公司项目管理部分别收集、整理、汇总，报竣工验收组织或主持部门。竣工综合验收应提交的文件、资料，由公司行政部负责汇总后报项目管理部门。

2. 提报的文件和资料应完整、齐全、清晰、装订规范，并办理了文件交接手续。

3. 竣工综合验收应提报的文件、资料应符合房产所在城市的竣工综合验收管理办法规定的内容和项目所在地建设行政主管部门的规定。

4. 单项工程、单位工程、分部工程和分项工程竣工验收资料，均应符合相关的规定要求。

第11条 竣工资料审查标准。

1. 完整性：指应提报的资料是否完整、齐全。

2. 规范性：指所用记录表格、填写及采用的计量单位是否规范。

3. 符合性：指是否符合验收依据的规定和要求。

4. 有效性：指是否与实际相符。

第12条 竣工资料审查流程。

1. 审阅：对于记录审查中发现的不当、遗漏、错误，应要求提交方进行说明、补充、更正。

2. 验证：必要时可进行测量、现场观察、重新计算以进行验证。

3. 校对：将设计图纸、设计文件和其他相关资料进行相互间的校对，以判断其正确性。

第13条 制定验收计划。

验收计划应包括验收阶段和收尾阶段的全部工作，应明确下列事项。

1. 预计进行的日期。

2. 工作内容。

3. 依据的标准或要求。

4. 执行单位。

第14条 执行预验收。

1. 项目管理部会同施工单位和监理单位，根据国家规定的验收标准、工程质量目标等，对工程进行预验收。

2. 参加工程项目竣工验收的各方应对竣工的工程进行现场检查验收，并逐一检查工程资料所列内容是否全部完成。

3. 举行各方参加的现场验收会议。

4. 施工单位负责人应介绍工程概况、施工情况、自检情况及竣工情况，并出示竣工资料。

5. 监理单位应通报在工程监理过程中出现的主要问题，发表竣工验收意见。

6. 项目管理部根据在检查中所发现的问题，对施工单位提出限期整改的处理意见。

（续）

7. 项目管理部及监理单位讨论工程正式验收是否合格，监理单位当场宣布验收结果并提出整改意见。

8. 施工单位整改后经项目管理部和监理单位验收合格后，提出整改意见。

9. 监理单位出具预验收评估报告。

第四章　正式竣工验收管理

第 15 条　项目竣工综合验收应具备的条件。

1. 开发项目的所有工程已按标准的项目规划和有关专业管理及设计要求全部建成，并满足使用要求。

2. 开发项目涉及的消防、煤气、人防、绿化及其他公共配套设施、市政公用基础设施等单项工程全部验收合格，且验收资料齐全。

3. 开发项目建筑物的平面位置、立面造型、装修色调等符合已被批准的规划设计的要求。

4. 单项工程、单位工程、分部工程及分项工程均已通过验收并符合规定，且验收资料齐全。

5. 施工机具、临时建筑、建筑余土垃圾、剩余构件已全部拆除且清运完毕，达到"场清地平"。

6. 如有拆迁居民，则已全部合理安置。

第 16 条　正式竣工验收申请。

1. 项目管理部和监理单位审查竣工资料无误后，报通过并报送质监部门。

2. 项目管理部向质监部门申请正式竣工验收并通知勘察、设计等相关部门。

第 17 条　执行正式竣工验收。

1. 五方责任主体及质监部门共同参加竣工验收。

2. 施工单位对工程施工过程进行汇报。

3. 监理单位出具评估报告。

4. 设计单位对工程进行评估。

5. 公司项目管理部向各方汇报工程全过程监控情况。

6. 各方提出整改意见，做竣工验收记录，五方责任主体签章。

第 18 条　工程整改。

公司项目管理部应督促施工单位对竣工验收提出的问题进行整改，并对整改结果进行检查，直至达到要求为止。

整改完毕，验收合格后，竣工验收记录报公司总部备案。

第五章　竣工验收后工作

第 19 条　施工现场清理。

公司项目管理部督促施工单位拆除临时建筑、设施，撤离施工机械和设备、材料、配件。

第 20 条　工程移交。

施工单位应向项目管理部移交竣工验收合格的工程，办理移交手续；同时由项目管理部向物业部办理移交。

第六章　工程竣工资料管理

第 21 条　竣工资料编制管理。

1. 工程竣工资料的编制与管理应做到完整化、准确化、规范化、标准化、系统化。

（续）

2. 凡合同、协议、签证、启动验收交接书等文件均应为正本归档，不得用副本或复印件归档。

3. 施工技术记录、工程签证单、试运记录、试验单、设计变更单等表式和数据均应用合格的书写材料书写。

4. 验收签证单中的各方人员必须签全名，不能以盖章或复印代替签名。

5. 调试措施、方案和报告等均应为油印件或激光打印机打印件，不能用复印件或普通色打印件，以保证字迹的耐久性。

6. 竣工验收所用的记录表格和证书的格式应符合项目开发所在地及相关法规、标准、规范的统一要求。

第 22 条 竣工资料归档管理。

1. 工程竣工资料归档、分类、组卷、编目、卷皮规格及其制作材料的质量应符合公司档案管理的规定。

2. 施工单位、设计单位、监理单位应严格按照国家档案管理的规定，及时收集、整理从项目筹划到竣工验收各环节的文件资料，建立完整的建设项目档案，并在项目竣工验收后，按规定完成立卷、存档工作。

3. 主送和抄送本单位的文件材料均应以红头文件归档，不能用复印件。

第 23 条 重要竣工资料的管理。

1. 重大质量事故处理、重要设备缺陷处理、重要会议及涉外工作，除文字材料，要求尽量收集声像材料并永久存放、归档。

2. 大型、综合性及工期较长的建设项目，其文件材料的收集、整理、审核，应按基建管理程序，与工程建设进程同步进行。

3. 单位、单项工程的相关竣工验收资料，应在验收后由主持验收部门收集、整理后向公司档案管理部交档。

4. 分部、分项工程的相关竣工验收资料，应在单项、单位工程竣工验收后，由主持验收的部门交工程所属的部门汇总，整理后集中向公司档案部交档。

第七章 附则

第 24 条 本制度需经总经理审批并签字确认，修改时亦同。

第 25 条 本制度自印发之日起执行。

编制日期		审核日期		批准日期	
修改标记		修改处数		修改日期	

3.4 活动场地管理

3.4.1 活动场地管理流程

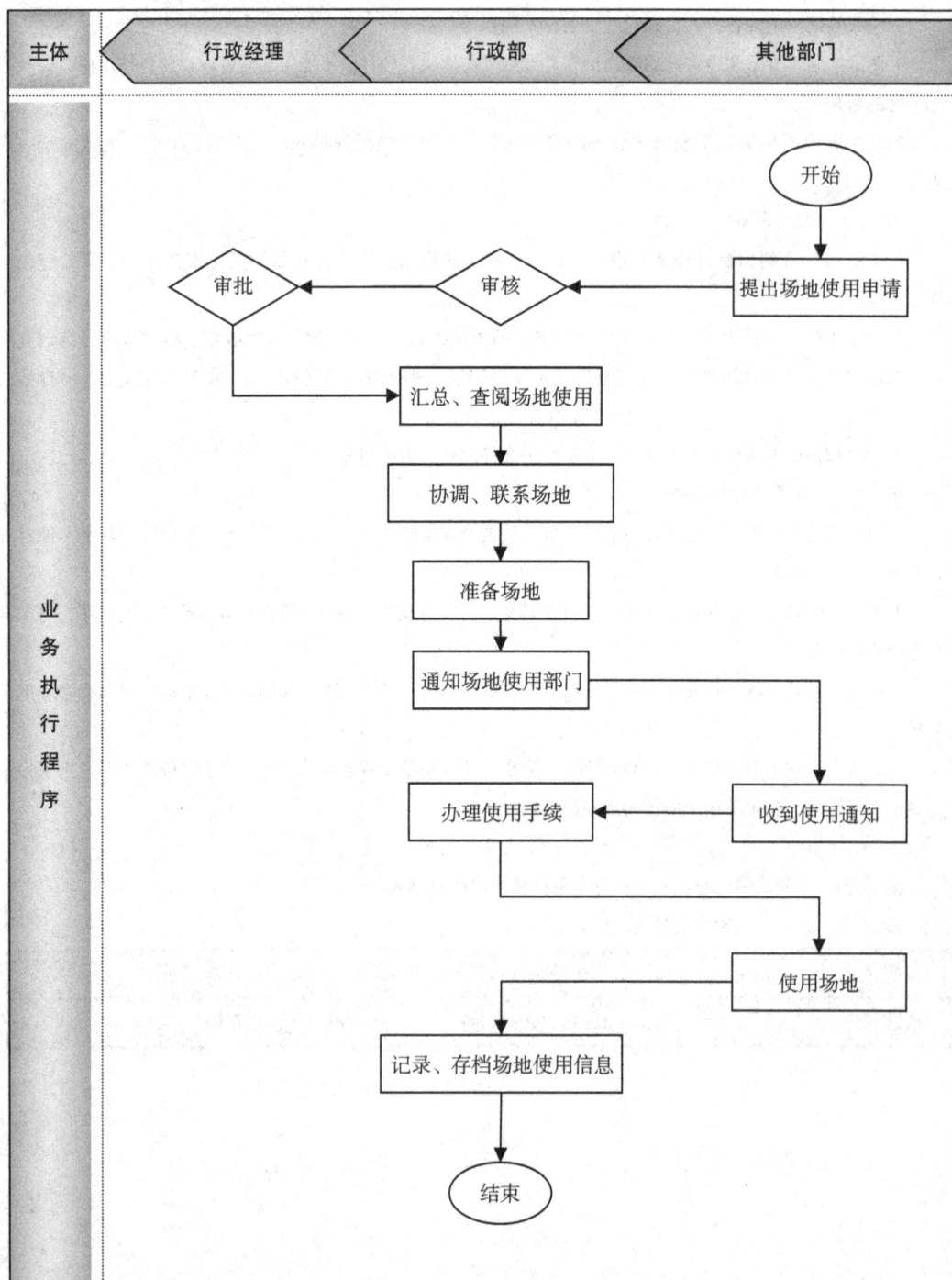

主体	行政经理	行政部	其他部门

业务执行程序

```
                                                        开始
                                                         │
                                                         ▼
   审批 ◄──── 审核 ◄──────────────────────── 提出场地使用申请
    │
    │
    ▼
           汇总、查阅场地使用
                  │
                  ▼
           协调、联系场地
                  │
                  ▼
            准备场地
                  │
                  ▼
         通知场地使用部门 ──────────────────────┐
                                               │
                                               ▼
   办理使用手续 ◄──────────────────────── 收到使用通知
        │
        │
        │                                      ▼
        │                                   使用场地
        ▼
   记录、存档场地使用信息
        │
        ▼
       结束
```

3.4.2 活动场地管理制度

制度名称	活动场地管理制度	编号	
		版本	

第一章 总则

第 1 条 目的。

为加强公司公共活动场地管理，合理配置和有效使用活动场地，特制定本制度。

第 2 条 管理范围。

公司区域范围内的活动场地。

第二章 活动场地使用标准

第 3 条 使用场地申请。

1. 审核各职能部门所提交的公共场地使用申请表。

2. 审核内容包括申请表填写的规范性、申请人、申请事由、申请的场地、场地使用时间等。

第 4 条 准备场地。

1. 汇总通过审批的场地使用申请及各场地的使用时间。

2. 查阅已登记的场地使用安排表，选出使用时间有冲突的场地使用申请。

3. 对于使用公司内部场地的，如无冲突，则给予安排；如有冲突，则进行协调。

4. 对于使用公司外部场地的，行政部联系相应的场地单位。

5. 对要使用的场地进行准备，检查场地的相应设备等。

第 5 条 使用场地。

1. 办理场地使用手续，在场地使用登记表上进行登记。

2. 登记内容包括场地名称、使用日期、使用部门、设备等。

第 6 条 记录场地使用信息。

1. 记录场地归还时间、场地设备损坏情况，在使用公司外部的场地时，还应记录场地租金等信息。

2. 将记录归档保存，以备查。

第三章 活动场地使用管理

第 7 条 活动场地使用管理考核标准。

1. 审核要及时，对上交的场地使用申请要及时审核、处理，审核出错次数尽量为 0 次。

2. 场地使用汇总、查阅准确率要达到 100%。

3. 场地协调要有效，经过协调后，部门间场地的使用能够得到解决，联系场地的工作要按时完成。

4. 场地使用手续的办理需及时，要及时办理场地使用手续。

5. 场地的使用信息记录要做到准确无误。

第 8 条 场地安全、消防和卫生管理。

1. 进入活动场地的人员应注意随身携带的物品，不得带违规物品入内，要保证场地内的安全和设施的完好。

（续）

2.进入活动场地的人员应自觉保持环境整洁，不得随意丢弃果皮、纸屑或其他杂物，做到文明用场。

3.活动场地的工作人员在活动以后应及时清场，严禁闲杂人员无故滞留场内。

4.场地内的消防装置、设备应定期检查，已经损坏和有故障的要及时更换。场地内的设施在使用时要符合操作常规，不得随意使用和搬动。

5.使用部门及员工应熟悉场地内的疏散通道情况并保证其畅通，要熟悉所配置的消防器材和使用方法。

第9条　活动场地使用人须爱护场内设施，在使用过程中若有东西损坏，相关使用人员或部门须照价赔偿，同时行政部门应进行通报。

第四章　附则

第10条　对违反制度的行为，公司要根据情节的严重程度予以不同的处罚。

第11条　本管理制度即日起生效并执行。

编制日期		审核日期		批准日期	
修改标记		修改处数		修改日期	

第 4 章

后勤招标采购管理

4.1 后勤招标工作管理

4.1.1 后勤招标工作管理流程

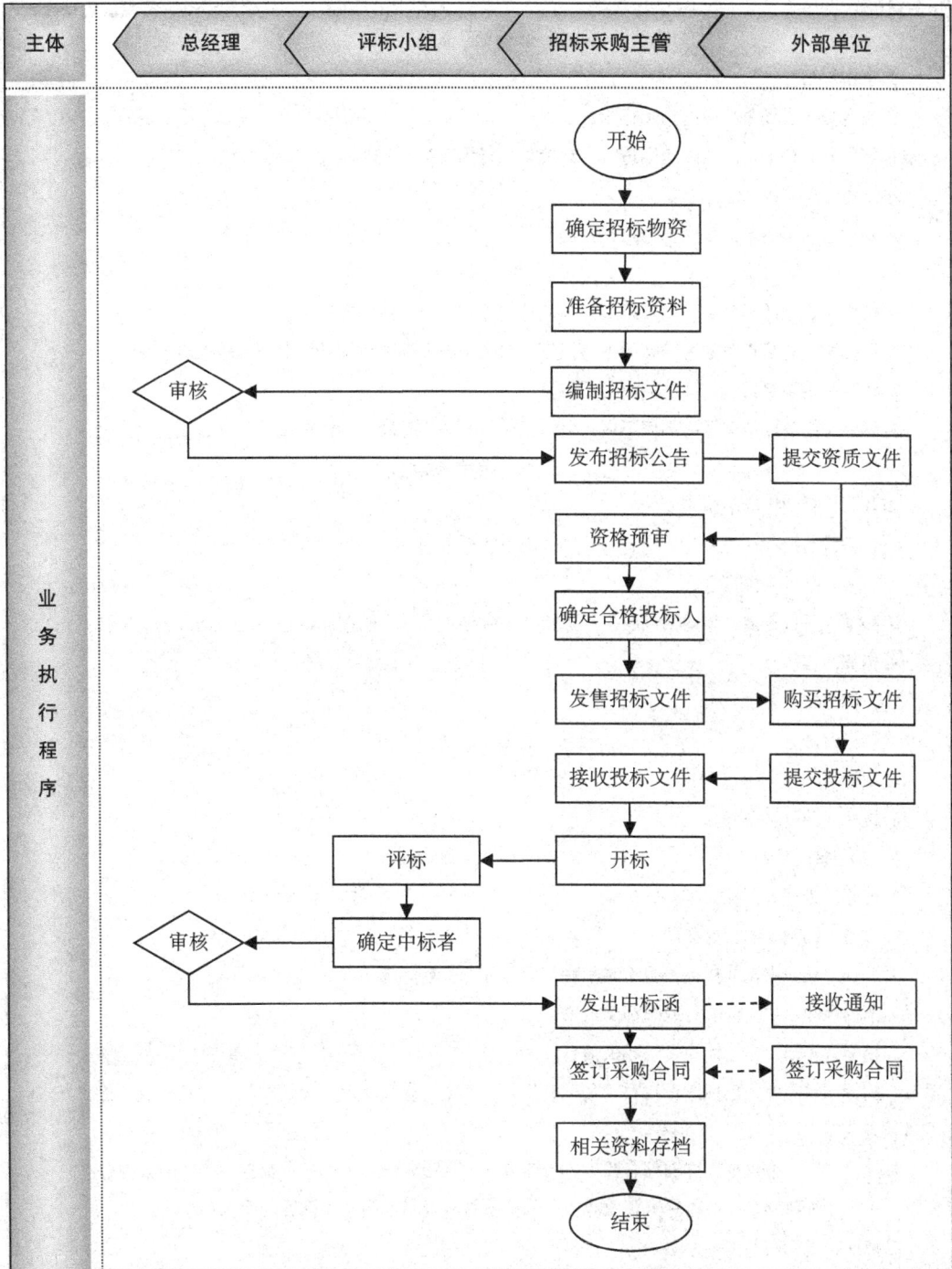

主体	总经理	评标小组	招标采购主管	外部单位

业务执行程序

开始

确定招标物资

准备招标资料

编制招标文件 → 审核

发布招标公告 → 提交资质文件

资格预审

确定合格投标人

发售招标文件 → 购买招标文件

接收投标文件 ← 提交投标文件

评标 ← 开标

确定中标者 → 审核

发出中标函 ⇢ 接收通知

签订采购合同 ⇠⇢ 签订采购合同

相关资料存档

结束

4.1.2　后勤招标工作管理制度

制度名称	后勤招标工作管理制度	编号	
		版本	

第一章　总则

第1条　目的。

为规范公司后勤采购中的招标行为，确保本单位后勤物料采购价格合理、质量上乘，保证采购招标工作能本着公开、公平、公正的原则进行，杜绝舞弊行为，特制定本制度。

第2条　适用范围。

本制度适用于本单位后勤采购招标管理工作。

第3条　职责分工。

公司组织成立评标小组，负责采购招标的管理工作，其具体职责如下。

1. 评标小组的组长由主管采购的副总担任，组员由采购部、后勤部、财务部等人员担任。

2. 评标小组制定具体、统一的评标标准。

3. 评标小组各成员应做到不偏不倚，一切以单位利益为基准，不得徇私舞弊，否则将严肃处理。

第二章　招标准备管理

第4条　采购招标限额。

公司采购后勤物料总采购额达到_____元时必须招标采购。

第5条　采购招标报告。

采购部人员负责编制采购招标报告并提交相关领导审批。采购招标报告一般包括以下七项基本内容。

1. 招标内容。

2. 招标方式。

3. 招标管理分工。

4. 招标目标。

5. 投标人的资格条件。

6. 招标具体流程。

7. 评标的依据及开标安排。

第6条　编制采购招标文件。

采购部应根据审批的招标报告编制采购招标文件，其具体包括以下内容。

1. 招标通知：指招标公告或招标邀请书。

2. 招标人须知：指招标项目的相关信息。

3. 招标项目简介：包括招标物料的名称、规格、数量、质量要求、交货时间、交货地点、验收方式以及付款方式等。

4. 投标规定：指投标文件的编写要求、密封方式、发送方式、发送份数及投标有效期等内容。

5. 投标人资料要求：指投标人资质或资信的证明材料及对证明文件内容的要求。

6. 标底：指标底的确定办法。

（续）

7. 评标与中标：指评标的标准、方式及中标的原则。

8. 递交投标文件：指投标文件的递送方式、地点及截止时间，以及与投标人进行联系的人名、地址、电话、邮箱等。

9. 投标保证金：包括投标保证金的金额、缴纳方式及处理程序等。

10. 开标：包括开标的时间安排与地点安排。

11. 采购合同：指一旦中标，所签的采购合同的具体内容。

第 7 条　供应商资格预审。

采购部人员应在发售招标文件前搜集市场上的供应商信息，并在采购部内部进行资格预审，将预审合格的供应商编制成册。

第 8 条　发布招标信息。

采购部人员编制好的招标文件经主管副总、法律顾问及总经理审批后，向外正式发布招标信息，向预审合格的供应商发售招标文件，并根据招标文件的规定在规定日期内受理供应商的投标。

第三章　招标实施管理

第 9 条　开标。

1. 公司的采购招标一律采用公开的开标方式。

2. 开标的时间、地点按照招标文件中的规定确定，不得随意变动，确因客观原因需要变动时，应及时通知各投标单位。

3. 开标前要确认投标供应商的身份。

4. 开标前需要检查投标书的密封情况，如果无密封或有明显打开过的痕迹，那么此次招标作废，同时要求各供应商重新投标。

5. 开标时应宣布供应商的名称、投标的总金额、有无折扣等相关内容。

6. 开标后，不允许投标人改变其投标内容。

第 10 条　评标。

1. 采购招标时的评标由公司组建的评标小组全权负责。

2. 评标小组经过对投标文件的鉴定与分析、比价与议价，推荐合适的供应商，并编制评标报告。

第 11 条　定标。

1. 总经理召开办公会议，从评标小组推荐的供应商中选择中标的供应商。

2. 采购部向中标的供应商发送中标通知书，并将招标结果通知所有的投标单位。

3. 采购部应与中标供应商积极联系，进行谈判，签订书面采购合同。

第四章　附则

第 12 条　本制度由采购部制定，其解释权、修订权归采购部。

第 13 条　本制度经总经理办公会议审议后，自下发之日起执行。

编制日期		审核日期		批准日期	
修改标记		修改处数		修改日期	

4.2 开标工作管理

4.2.1 开标工作管理流程

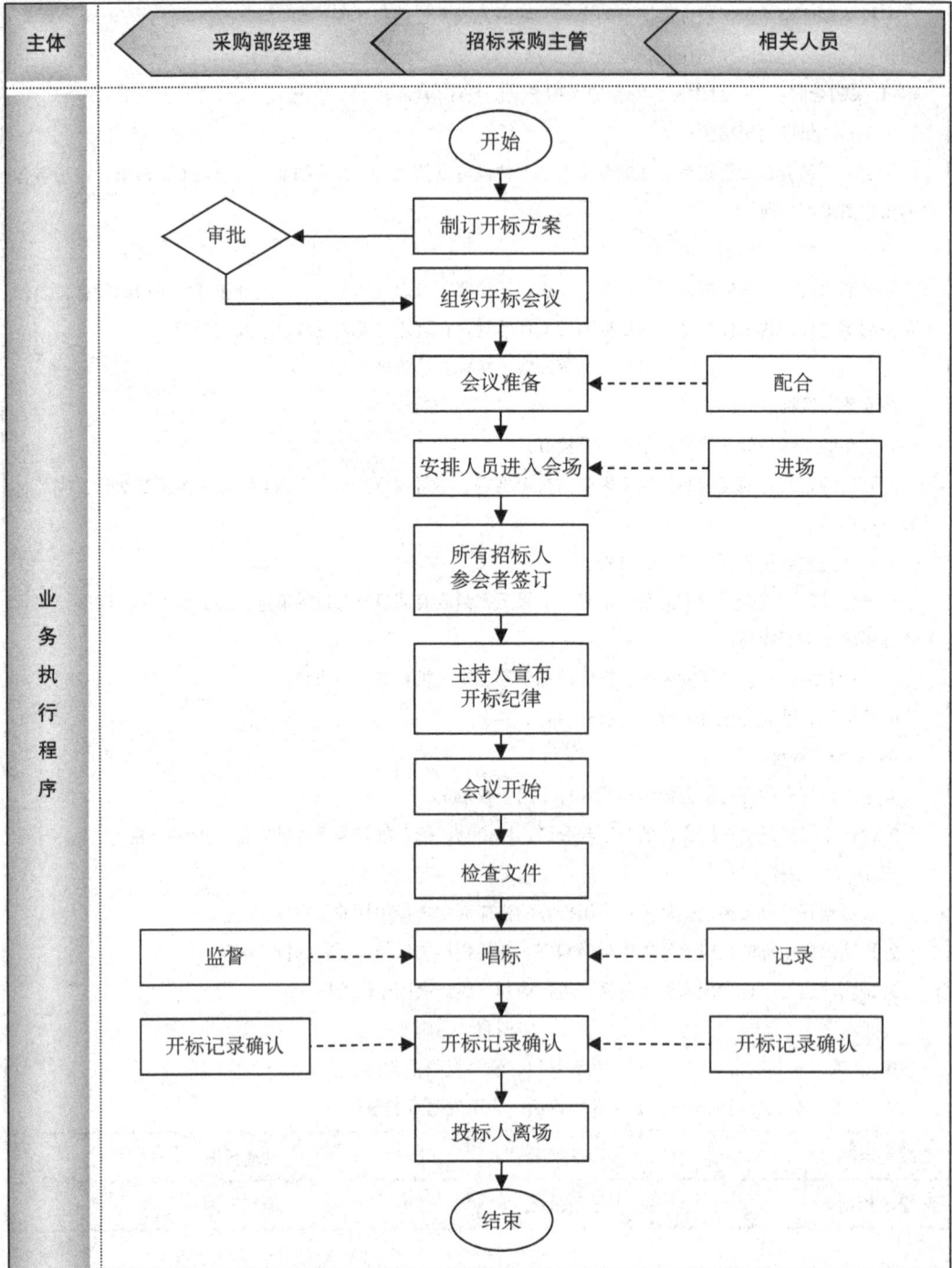

主体	采购部经理	招标采购主管	相关人员

业务执行程序

```
                          开始
                           │
                           ▼
    审批 ◄───────────  制订开标方案
     │
     │
     └──────────►   组织开标会议
                           │
                           ▼
                       会议准备  ◄─────────  配合
                           │
                           ▼
                   安排人员进入会场 ◄───────  进场
                           │
                           ▼
                     所有招标人
                     参会者签订
                           │
                           ▼
                     主持人宣布
                     开标纪律
                           │
                           ▼
                       会议开始
                           │
                           ▼
                       检查文件
                           │
    监督 ─────────►      唱标      ◄─────────  记录
                           │
                           ▼
  开标记录确认 ─────►  开标记录确认  ◄───────  开标记录确认
                           │
                           ▼
                     投标人离场
                           │
                           ▼
                         结束
```

4.2.2　开标工作管理制度

制度名称	开标工作管理制度	编号	
		版本	

第1条　目的。

为了规范公司开标工作，确保开标工作更加优化、效率更高，特制定本制度。

第2条　适用范围。

适用于本单位招标管理中的开标工作。

第3条　参与开标人员。

开标由采购部主持，在招标文件规定的时间、地点，以及评标专家组、公司相关部门、招标工作领导小组、全体投标单位和相关政府部门工作人员的参加下公开进行。

第4条　开标工作流程。

1.开标时，由全体投标单位或推举代表检查投标文件的密封情况。

2.招标工作领导小组组长宣布评标原则、办法和程序，启封投标文件，并当众宣读投标文件的主要内容。

3.对投标文件的内容有疑义的，投标单位可当众进行解释说明。

4.招标工作领导小组成员对开标的全过程进行记录，并存档备查。

第5条　发生下列情况之一的，投标文件无效。

1.投标文件未密封。

2.投标文件未按招标文件要求编制或者文字不清、内容不全、弄虚作假。

3.投标文件未加盖单位公章和法定代表人印章。

4.投标文件逾期送交。

第6条　开标前，若在招标文件发售后，需对原招标文件做变更或补充，或发现有影响采购公正性的不正当行为，或接到投标方的质疑和投诉，或变更、取消采购计划时，招标人可推迟开标时间，并以书面方式通知投标人并向其道歉。

第7条　开标时，由投标人或其推选的代表以公开的方式检查投标文件的密封情况，确认无误后，由工作人员拆封并宣读投标人名称、投标价格及投标文件的其他主要内容。

第8条　在开标过程中，招标人若对投标文件中的内容有疑问，可要求投标人做出简要的解释，但是问题不能超出投标文件内容的范围，或者改变原有的投标文件内容。

第9条　开标过程中，相关负责人要做好开标记录，主要记录项目的名称、招标号、投标人的名称及报价、截止后收到标书的处理情况等。

第10条　本制度报公司总经理审批后执行。

第11条　本制度自公布之日起执行。

编制日期		审核日期		批准日期	
修改标记		修改处数		修改日期	

4.3 评标工作管理

4.3.1 评标工作管理流程

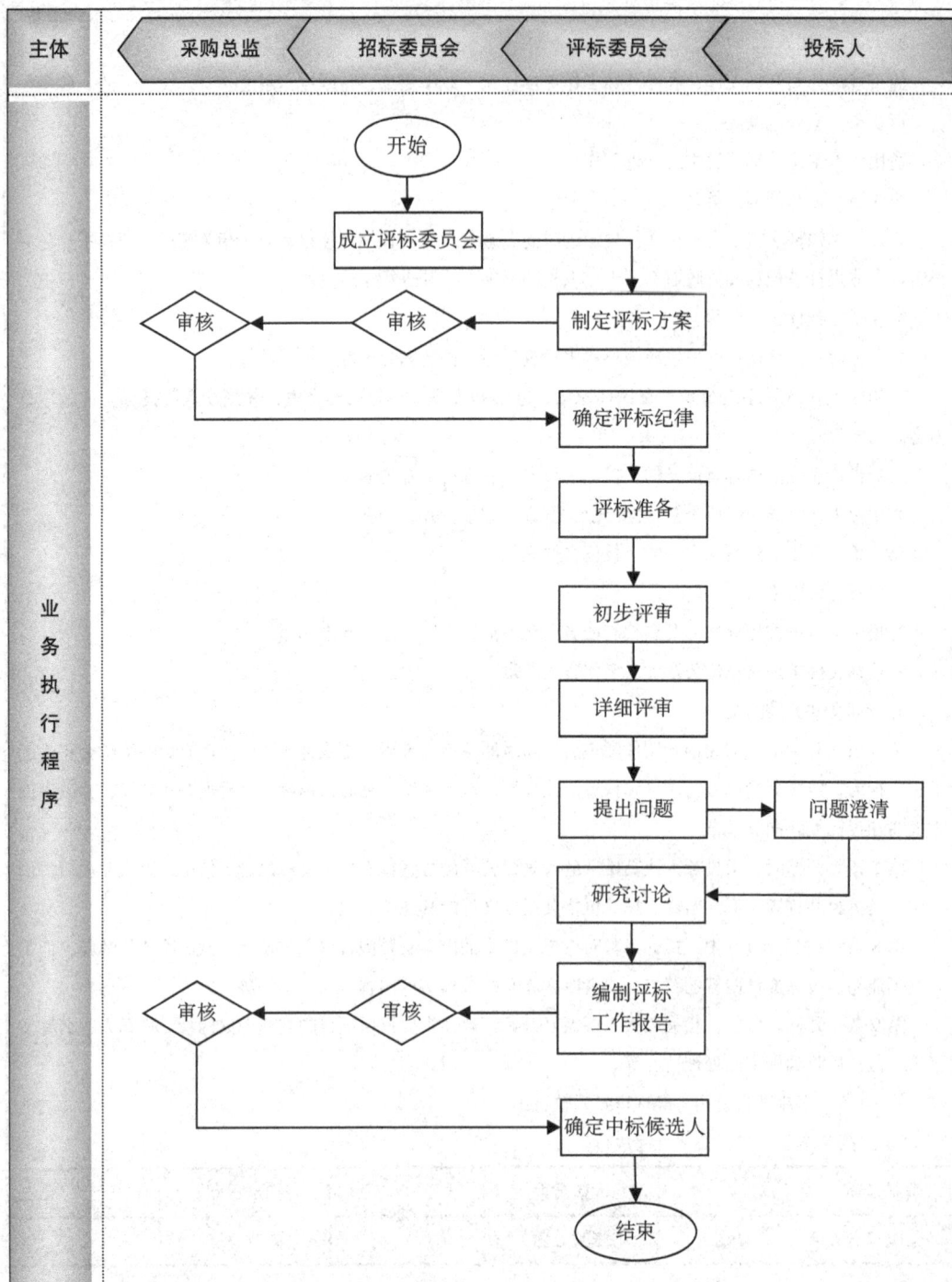

主体	采购总监	招标委员会	评标委员会	投标人

业务执行程序

```
                        ┌──────────┐
                        │   开始    │
                        └────┬─────┘
                             ↓
                    ┌─────────────────┐
                    │  成立评标委员会   │────────┐
                    └─────────────────┘         │
                                                 ↓
   ┌────────┐      ┌────────┐      ┌──────────────┐
   │  审核   │←─────│  审核   │←─────│  制定评标方案  │
   └───┬────┘      └────────┘      └──────────────┘
       │
       │           ┌──────────────┐
       └──────────→│  确定评标纪律  │
                   └──────┬───────┘
                          ↓
                   ┌──────────────┐
                   │   评标准备     │
                   └──────┬───────┘
                          ↓
                   ┌──────────────┐
                   │   初步评审     │
                   └──────┬───────┘
                          ↓
                   ┌──────────────┐
                   │   详细评审     │
                   └──────┬───────┘
                          ↓
                   ┌──────────┐      ┌──────────┐
                   │  提出问题  │─────→│  问题澄清  │
                   └──────────┘      └─────┬────┘
                                            │
                   ┌──────────┐             │
                   │  研究讨论  │←───────────┘
                   └─────┬────┘
                         ↓
   ┌────────┐      ┌────────┐      ┌──────────────┐
   │  审核   │←─────│  审核   │←─────│  编制评标工作报告 │
   └───┬────┘      └────────┘      └──────────────┘
       │
       │           ┌────────────────┐
       └──────────→│  确定中标候选人   │
                   └──────┬─────────┘
                          ↓
                     ┌──────────┐
                     │   结束    │
                     └──────────┘
```

4.3.2 评标工作管理制度

制度名称	评标工作管理制度	编号	
		版本	

第一章 总则

第 1 条 目的。

为了规范公司评标工作，使评标工作更优化、效率更高，特制定本制度。

第 2 条 适用范围。

适用于本单位招标管理中的评标工作。

第二章 评标过程管理

第 3 条 组建评标委员会。

应成立评标委员会，根据招标文件中确定的标准和方法，对每个投标人的标书进行评价和比较。评标委员会由招标人的代表和有关技术、经济、法律等方面的专家组成。

第 4 条 评标专家可实行动态管理，每次招标从专家库中随机抽选相关专业的专家参加评标。专业性比较强的招标项目可邀请公司外的专家参加。

第 5 条 开标仪式结束后，由采购单位或招标代理机构召集评标委员会，向评标委员会移交投标人递交的投标文件。

第 6 条 与投标方有利害关系的人员不得参与评标工作，评标成员名单在开标前应当保密。

第 7 条 评标委员会应当按照招标文件的规定独立进行评标。

第 8 条 评标应以方案可行、质量可靠、技术先进、报价合理和售后服务优良等为依据进行综合评价，采取无记名投票方式确定评标结果。

第 9 条 评标委员会对所有投标文件进行审查，不符合招标文件基本条件的确定为无效投标。

第 10 条 评标委员会可要求投标人对投标文件中含义不明确的地方进行必要的澄清，但澄清范围不得超过投标文件记载的范围或改变投标文件的实质性内容。

第 11 条 评标委员会按照招标文件的规定和评标标准、办法对投标文件进行综合评审和比较。

第 12 条 一般情况下，招标采购的评标方法包括最低标价法与综合评标法，评标委员会根据具体情况选择合适的评标方法，如最低标价法和综合评标法以保证公司的采购利益。

第 13 条 评标结束后，需要评标委员会及时撰写评标报告，列明招标项目的概况、招标方式、招标人、招标范围、招标过程、开标会议记录、评标依据以及投标人的投标概况等，以便确定中标候选人。

第 14 条 评标委员会经评审，认为所有投标都不符合招标文件要求的，可以否决所有投标。

第 15 条 进行招标的项目的所有投标依法被否决的，采购单位或招标代理机构应当依照相关法律、法规规定重新招标。

第三章 附则

第 16 条 本制度报公司总经理审批后执行。

第 17 条 本制度自公布之日起执行。

编制日期		审核日期		批准日期	
修改标记		修改处数		修改日期	

4.4 定标工作管理

4.4.1 定标工作管理流程

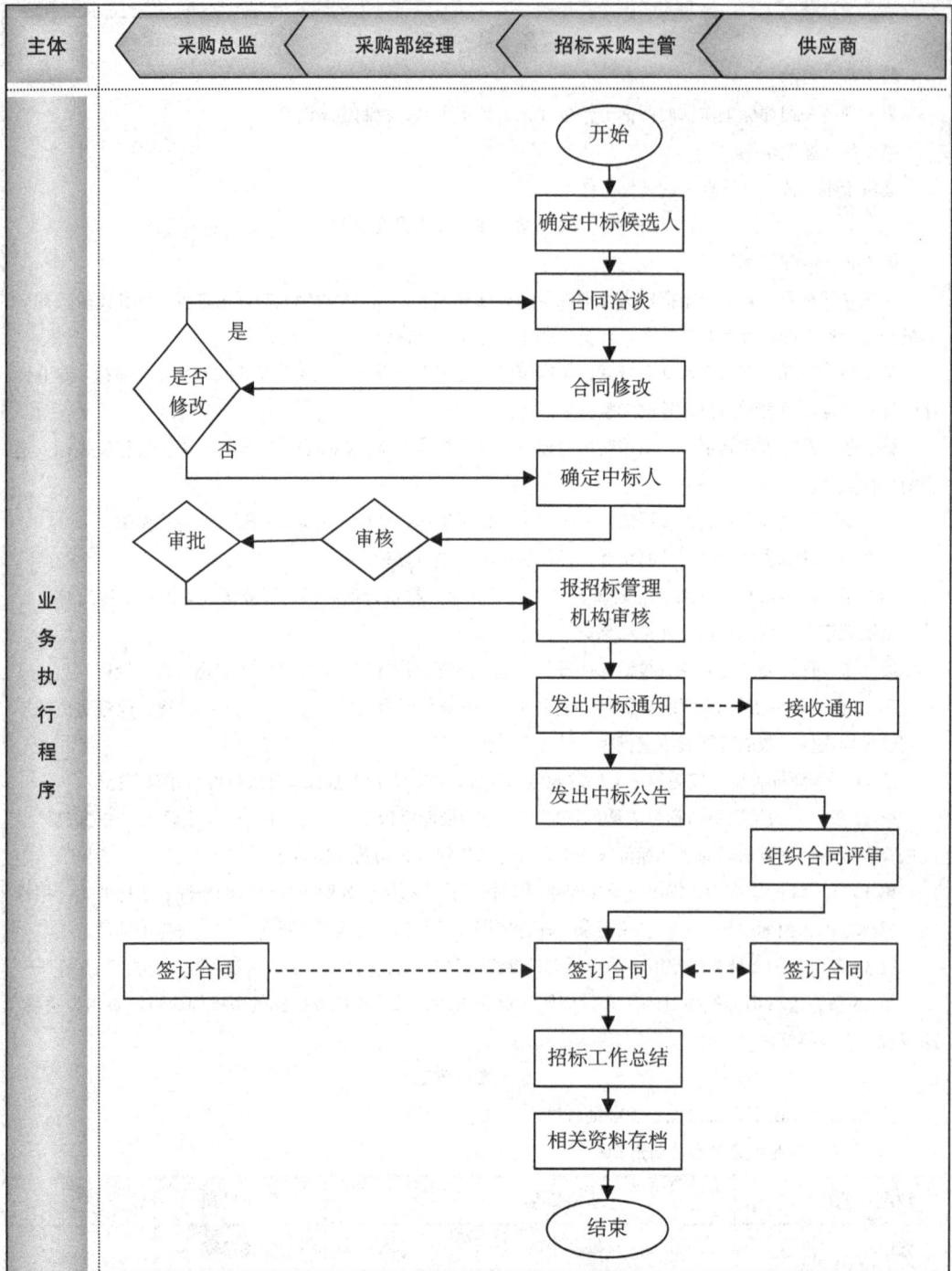

主体	采购总监	采购部经理	招标采购主管	供应商

业务执行程序

```
                                      ┌──────┐
                                      │  开始  │
                                      └──┬───┘
                                         ▼
                                  ┌────────────┐
                                  │ 确定中标候选人 │
                                  └──────┬─────┘
                                         ▼
                  ┌───────────────►┌──────────┐
                  │          是     │  合同洽谈  │
              ┌───┴───┐            └──────┬───┘
              │ 是否  │◄──────────── ┌──────────┐
              │ 修改  │              │  合同修改  │
              └───┬───┘            └──────────┘
                  │          否
                  └───────────────►┌──────────┐
                                  │  确定中标人  │
                                  └──────┬───┘
     ┌──────┐       ┌──────┐            │
     │ 审批 │◄──────│ 审核 │◄───────────┘
     └───┬──┘       └──────┘
         │                    ┌──────────────┐
         └───────────────────►│ 报招标管理    │
                              │ 机构审核      │
                              └──────┬───────┘
                                     ▼
                              ┌──────────┐       ┌──────────┐
                              │ 发出中标通知 │----►│  接收通知  │
                              └──────┬───┘       └──────────┘
                                     ▼
                              ┌──────────┐
                              │ 发出中标公告 │
                              └──────┬───┘       ┌──────────┐
                                     │           │ 组织合同评审 │
                                     │           └──────┬───┘
                                     ▼                  │
   ┌──────────┐              ┌──────────┐       ┌──────────┐
   │  签订合同  │◄---------- │  签订合同  │◄------│  签订合同  │
   └──────────┘              └──────┬───┘       └──────────┘
                                     ▼
                              ┌──────────┐
                              │ 招标工作总结 │
                              └──────┬───┘
                                     ▼
                              ┌──────────┐
                              │ 相关资料存档 │
                              └──────┬───┘
                                     ▼
                                 ┌──────┐
                                 │  结束  │
                                 └──────┘
```

4.4.2 定标工作管理办法

制度名称	定标工作管理办法	编号	
		版本	

第一章 总则

第 1 条 目的。

为规范公司后勤招标采购工作中的定标活动，根据相关法律法规的规定，结合公司后勤工作的实际情况，特制定本制度。

第 2 条 适用范围。

本办法适用于公司所有招标采购活动中的定标管理工作。

第 3 条 原则。

1. 保密原则。在开标之后、发"中标通知书"之前，凡参与本次招标的相关工作人员，不得向投标人或其他无关人员透露定标结果。

2. 公正原则。相关工作人员应公正客观地对各投标人进行审查，不得与任何投标人及其利害关系人进行私下接触，不得收受相关人员提供的财务或其他好处。

第二章 定标管理

第 4 条 组建评标工作组。

1. 后勤采购部门负责评标工作组的组建及监督工作。

2. 评标工作组由招标人代表以及有关技术、经济方面的专家组成，成员人数为 5 人以上的单数，其中技术、经济等方面的专家不得少于成员总数的三分之二。

3. 与投标单位有直接经济利益关系的人员不得参加评标工作组。

第 5 条 评标工作组对投标申请人的以下情况初次审查。

1. 投标申请人的资质情况。

2. 投标申请人的信誉情况。

3. 投标申请人近期的财务状况。

4. 投标申请人同类项目的经验。

第 6 条 在不损坏或影响任何投标人的相对排序的前提下，对于投标文件中不构成实质性偏差的不一致或不规则，评标工作组可以接受。

第 7 条 评标工作组应对投标申请人实质上没有响应招标文件要求的投标进行拒绝。

第 8 条 评标工作根据初审情况确定投标人，并对投标人递交的投标文件进行评审。

第 9 条 评标工作组根据招标文件中的评标标准对投标人递交的投标文件进行打分，并提供评标结果报告。

第 10 条 评标工作组根据评标结果，确定实质上响应招标文件且排名靠前的投标人为中标候选人。

第 11 条 后勤采购单位按照招标文件规定的定标原则，在规定时间内从评标工作组中标候选人中确定中标人。

（续）

第12条 后勤采购单位应当在招标文件规定的时间内定标，在确定中标后应将中标结果书面通知所有投标人，并退还未中标投标人的保证金。

第13条 后勤采购单位对评标工作组的评标结果进行审查。

第14条 中标人应当按照中标通知书的规定，并依据招标文件的规定与后勤采购单位签订合同。

第三章 附则

第15条 本办法由公司后勤采购部制定，解释权、修改权归后勤采购部。

第16条 本办法自发布之日起执行。

编制日期		审核日期		批准日期	
修改标记		修改处数		修改日期	

第 5 章

食堂管理

—

5.1 食堂设备管理

5.1.1 食堂设备管理流程

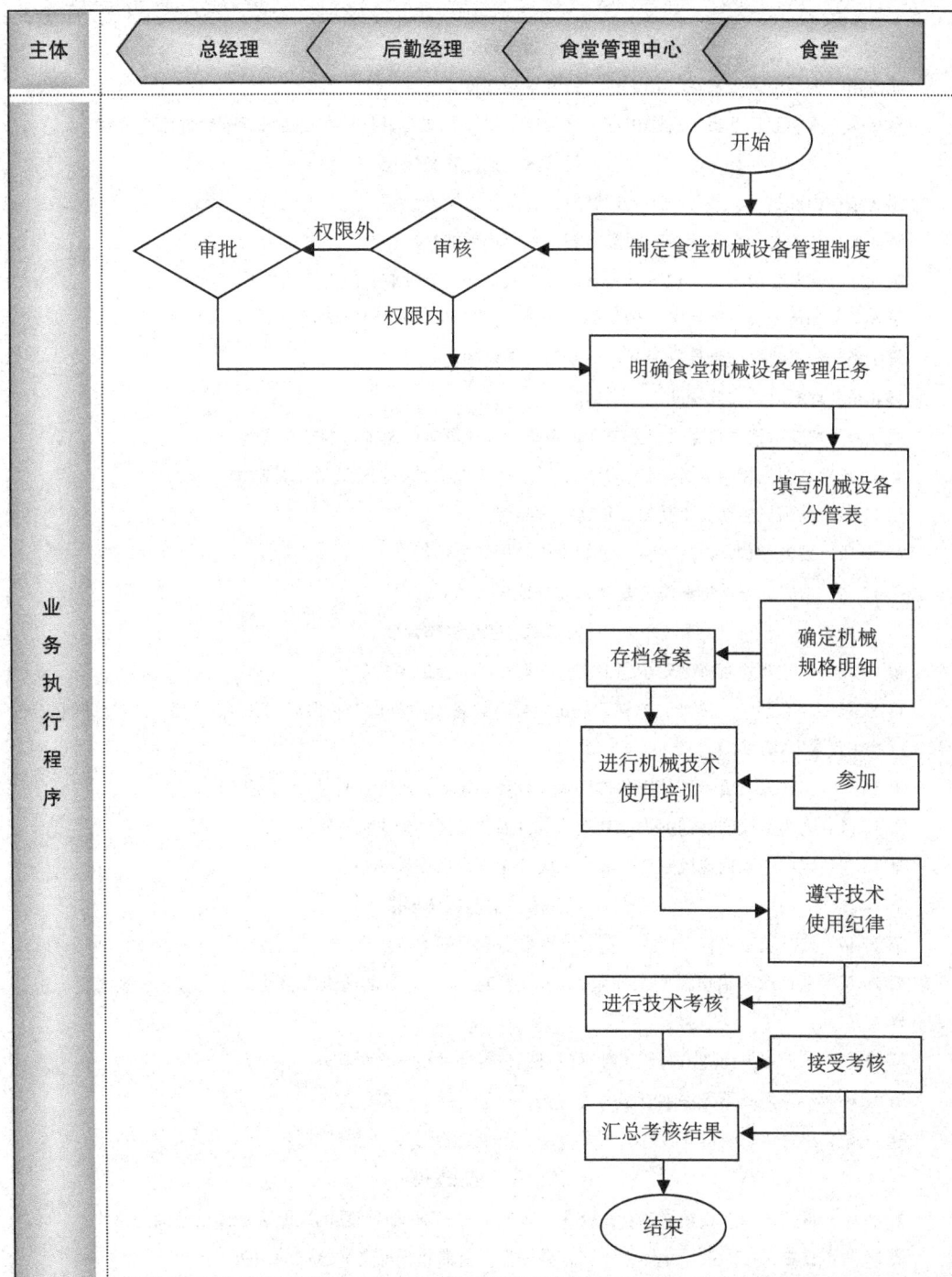

主体	总经理	后勤经理	食堂管理中心	食堂

业务执行程序

开始

制定食堂机械设备管理制度

审核 → 权限外 → 审批

审核 → 权限内

明确食堂机械设备管理任务

填写机械设备分管表

确定机械规格明细

存档备案

进行机械技术使用培训 ← 参加

遵守技术使用纪律

进行技术考核

接受考核

汇总考核结果

结束

5.1.2 员工食堂管理规定

规定名称	员工食堂管理规定	编号	
		版本	

第一章　总则

第1条　为规范员工食堂管理工作，特制定本制度。

第2条　本制度包括员工就餐规定、食堂安全操作、文明服务和食堂值班管理等方面的内容。

第二章　员工就餐规定

第3条　内部员工就餐时需穿公司制服，凭员工卡刷卡就餐。

第4条　员工必须在规定的时间段就餐，不得提前或推迟。

第5条　取餐前请自觉领取餐具一份，外来人员请自觉领取一次性卫生餐具。

第6条　如员工有特殊情况，请与部门领导和食堂管理中心取得联系。

第7条　员工要养成勤俭的习惯，不要浪费粮食和食品。

第8条　取餐时请自觉排队，不要插队。

第9条　取餐时请尽快通过，不要左挑右拣，以免影响后面排队的员工就餐。

第10条　就餐人员请自觉维护公共卫生秩序，不要把骨头、菜渣等随处乱扔。

第11条　员工只能在食堂就餐，不得将食品带出食堂。

第12条　要爱护食堂内的餐具及公共设施，损坏要赔偿。

第13条　就餐完毕请迅速离开食堂，以加快餐位的周转。

第三章　安全操作管理

第14条　食堂要切实搞好安全保卫工作，避免不必要的损失。

第15条　食堂油炉、油灶、电梯、加工电器等设备要注意检查和保养，如发现问题，应立即组织维修，严禁非正常操作。

第16条　工作人员要合理使用各种设施、设备和用具，不能违规使用和强行工作。

第17条　人为造成的财物损失，在批评教育后，还需视损失大小酌情赔偿。

第18条　因操作不慎造成安全事故者，责任全部由操作者承担。

第四章　文明服务要求

第19条　食堂员工要礼貌待人，提供文明服务、优质服务。

第20条　窗口服务人员需穿工作服，戴发帽和工牌号，要做到仪表整洁，在售饭菜时要态度和蔼、服务热情。

第21条　不得以任何理由与职工吵闹或打架，一经发现，除罚款外，情节严重者立即辞退。

第22条　员工之间不得争吵、嬉闹或打架，一经发现将严肃处理。

第23条　出售饭菜要价格合理，买卖公平，不走"后门"，不搞特殊。

第五章　值班管理

第24条　食堂工作人员必须持有在所在地区的卫生防疫部门办理的健康证和岗位培训合格证。

第25条　食堂工作人员每年体检一次，做好疾病传播和细菌交叉感染的预防工作。

（续）

第 26 条　凡患有痢疾、肝炎、伤寒、活动性肺结核、渗出性皮肤病以及其他有碍食品卫生的疾病的人员，不得参加接触直接入口食品的制售及食品洗涤工作。	

第 26 条　凡患有痢疾、肝炎、伤寒、活动性肺结核、渗出性皮肤病以及其他有碍食品卫生的疾病的人员，不得参加接触直接入口食品的制售及食品洗涤工作。

第 27 条　食堂工作人员无健康证不得上岗，否则将予以经济处罚，责令关闭食堂，并追究相关领导的责任。

第 28 条　食堂工作人员在操作时必须穿戴好工作服、发帽，保持清洁整齐，做到文明操作，不赤膊，不光脚，禁止随地吐痰。

第 29 条　食堂工作人员要搞好个人卫生，坚持做到"四勤"（勤理发、勤洗澡、勤换衣、勤剪指甲）。

第六章　附则

第 30 条　本规定由食堂管理中心拟定，经后勤经理、总经理批准后实施。

第 31 条　本规定自颁布之日起实施。

编制日期		审核日期		批准日期	
修改标记		修改处数		修改日期	

5.2 食堂卫生管理

5.2.1 食堂卫生管理流程

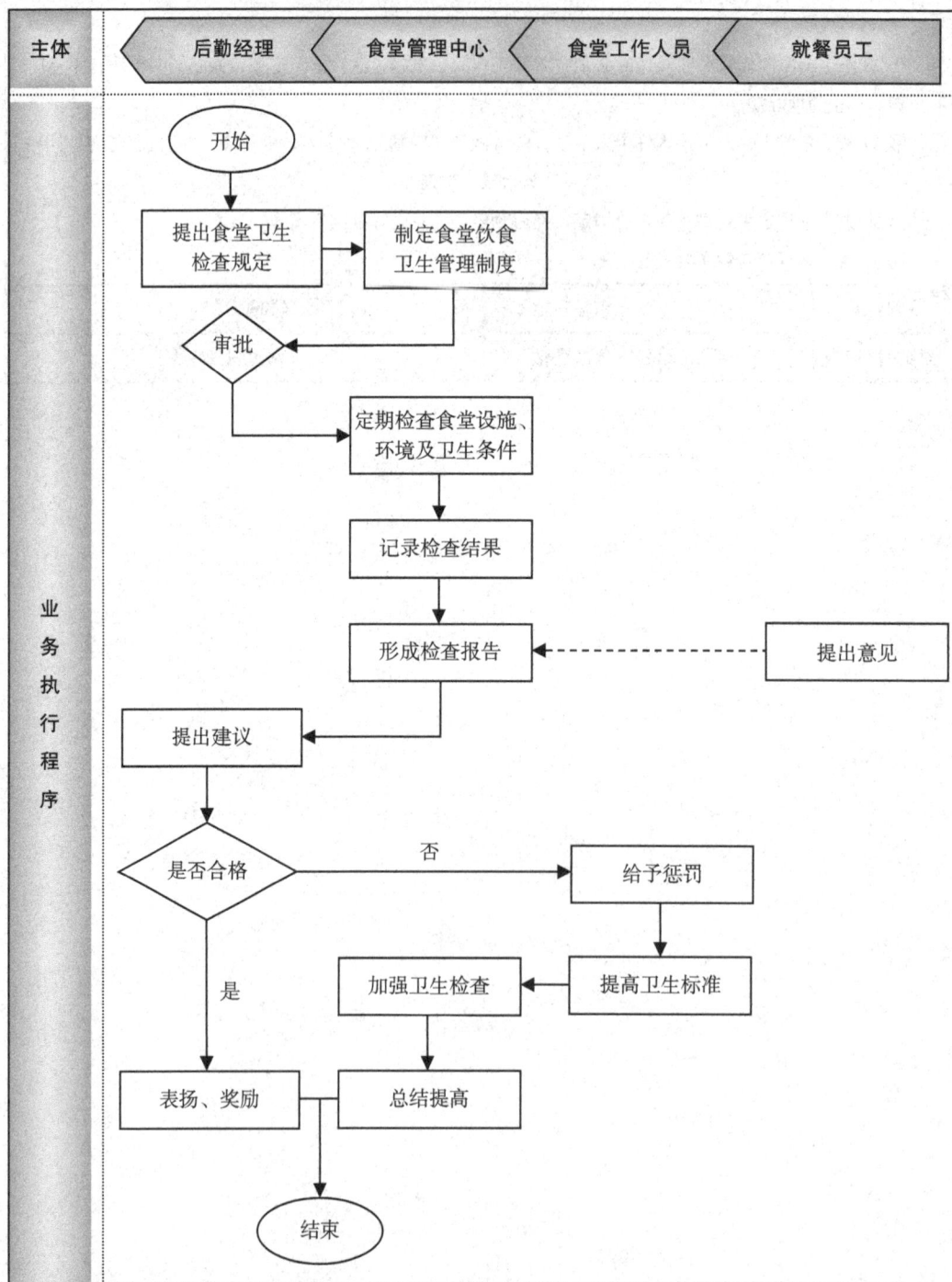

主体	后勤经理	食堂管理中心	食堂工作人员	就餐员工

业务执行程序

开始

提出食堂卫生检查规定 → 制定食堂饮食卫生管理制度

审批

定期检查食堂设施、环境及卫生条件

记录检查结果

形成检查报告 ← 提出意见

提出建议

是否合格
否 → 给予惩罚
是

给予惩罚 → 提高卫生标准 → 加强卫生检查

表扬、奖励

总结提高

结束

5.2.2　食堂卫生管理规定

规定名称	食堂卫生管理规定	编号	
		版本	

第一章　总则

第 1 条　为加强员工食堂的卫生管理，确保员工饮食卫生，特制定本制度。

第 2 条　本制度适用于与食堂卫生相关的工作和人员。

第二章　食品采购卫生要求

第 3 条　采购外地食品时，应向供货单位索取县级以上食品卫生监督机构开具的检验合格单或检验单。

第 4 条　必要时可请当地食品卫生监督机构进行复验。

第 5 条　采购食品使用的车辆、容器要清洁卫生，要做到生熟分开，防尘、防蝇、防雨、防晒。

第 6 条　不得采购腐败变质、霉变、生虫、有异味或《食品卫生法》中禁止生产的食品。

第三章　食品储存保管卫生要求

第 7 条　食品不得接触有毒物、不洁物。

第 8 条　储存食品时要隔墙、离地，要注意做到通风、防潮、防虫、防鼠。有条件的项目应配冰箱。主副食品、原料、半成品、成品要分开存放。

第 9 条　盛放酱油、盐等副食调料的容器要达到"物见本色"的要求，须加盖存放，以保证清洁卫生。

第 10 条　禁止用铝制品、非食用性塑料制品盛放熟菜。

第四章　制作过程卫生要求

第 11 条　用于制作食品的原料要新鲜、卫生，不购买腐败变质的食品，各种食品要烧熟、煮透，以免发生食物中毒事件。

第 12 条　在制作过程中，刀、墩、案板、盆、碗及其他盛器、筐、水池、抹布和冰箱等要严格做到"生熟分开"，售饭时要通过工具来销售直接入口的食品。

第 13 条　未经过卫生监督管理部门批准，食堂禁止供应生吃凉拌菜，以防止肠道传染疾病。剩饭、剩菜要回锅彻底加热再食。

第 14 条　共用食具要洗净消毒，应有餐具洗涤、消毒设备。

第 15 条　盛放丢弃食物的桶（缸）必须有盖，并及时清运。

第五章　附则

第 16 条　本规定由食堂管理中心拟定，经后勤经理批准后实施。

第 17 条　本规定自颁布之日起实施。

编制日期		审核日期		批准日期	
修改标记		修改处数		修改日期	

5.3 食堂原料管理

5.3.1 食堂原料管理流程

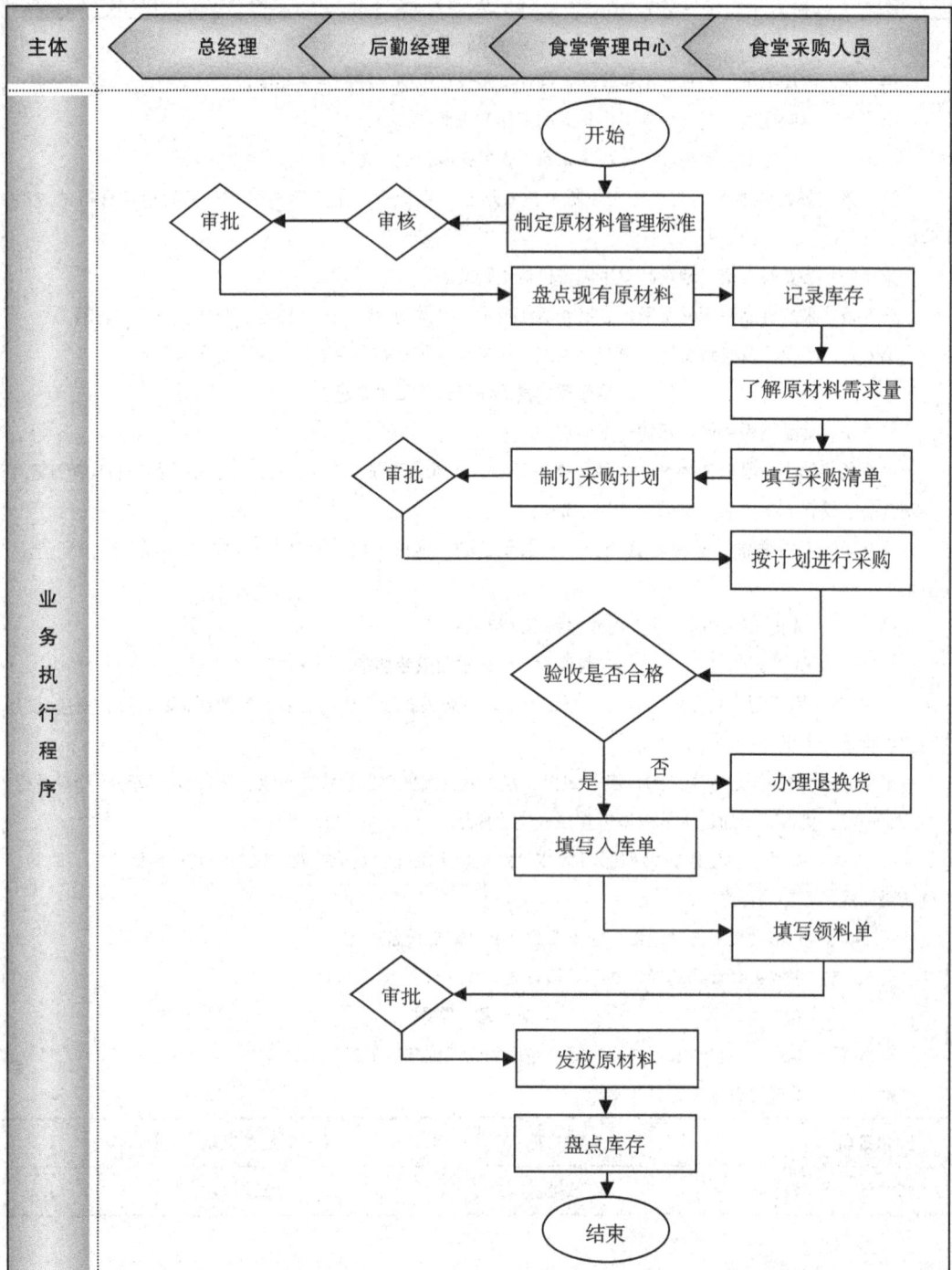

主体	总经理	后勤经理	食堂管理中心	食堂采购人员

业务执行程序

```
                                    （开始）
                                       │
   ◇审批 ← ◇审核 ← [制定原材料管理标准]
    │                                  │
    └──→ [盘点现有原材料] ──→ [记录库存]
                                       │
                              [了解原材料需求量]
                                       │
   ◇审批 ← [制订采购计划] ← [填写采购清单]
    │                                  │
    └──────────────→ [按计划进行采购]
                                       │
                        ◇验收是否合格 ←┘
                           │
                     是 ┌──┴── 否 → [办理退换货]
                        │
                   [填写入库单]
                        │
                   [填写领料单]
                        │
   ◇审批 ←─────────────┘
    │
    └──→ [发放原材料]
              │
         [盘点库存]
              │
          （结束）
```

5.3.2 食堂采购管理制度

制度名称	食堂采购管理制度	编号	
		版本	

第一章 总则

第1条 目的。

为规范本公司的食堂采购管理，合理控制费用支出，降低采购成本，防止因采购劣质食品而导致的食品安全事故，提高员工饮食安全和后勤服务水平，特制定本制度。

第2条 适用范围。

本制度作为公司食堂物资采购的标准和制订采购计划、选择供应商、验收与结算采购物资管理的基本依据。

第3条 职责分配。

1.食堂管理中心为公司食堂采购的归口管理部门。

2.食堂采购人员负责具体的采购工作，如对食品原料、厨房日用品、餐饮用具等的采购。

第二章 餐厅采购内容、标准

第4条 食堂采购主要是对食品原料、厨房日用品、餐饮用具而进行的采购，具体内容见附表1。

第5条 采购标准主要体现在对食品原料标准的制定方面，该标准的具体内容见附表2。

第三章 餐厅采购计划的制定

第6条 采购前，食堂采购人员应先对所需采购物品的剩余数量进行盘点，然后根据食堂的具体经营情况，确定物品的需求量，并填写采购申请清单，送交食堂管理中心。

第7条 食堂采购人员对于需求量的把握要适度，应避免因采购的量过多、放置时间太长而导致的腐败变质，或因采购过少导致不够用从而影响供餐。

第8条 食堂管理中心接到采购申请清单后，应及时与食堂的采购人员进行沟通，掌握库存情况，并结合当前的市场行情拟定采购计划，还要备有紧急采购情况下的采购计划，提交后勤经理审批。

第四章 供应商的选择

第9条 食堂管理中心根据采购申请单，对所需采购的物资进行询价，进行供货商选择。

1.食堂管理中心对所需采购的产品进行分类。对于经常使用的物资，要先对供应商进行比质、比价评议，合格后再采购；对不经常使用的、不重要的物资，可在采购时对样品质量进行即时评价。

2.对供货商进行评价的内容主要有以下几点。

（1）供货情况：主要指供货能力、信誉、合法经营资格等。

（2）原料质量：包括管理水平和实物质量。

（3）价格情况：即是否有竞争力，是否与其质量水平相符。

（4）售后服务：即是否主动、及时。

第10条 一次性采购规模达不到规定限额的物资定价。

1.对于经常使用、变化不大的物资，每月或每半月进行一次定价。月度定价的品种包括调味副食品、干货海味、粮油、糖等；半月定价的品种包括海鲜、水产品、冻品、蛋、畜禽肉、蔬菜、水果等。

（续）

2.需要每月和每半月定价的品种，要求各供应商分别于每月____日和____日前将报价单送交至公司食堂管理中心。

3.每月____日和____日（如遇周日即顺延到下周一），由食堂管理中心会同食堂管理人员及财务部人员共同核对供货商的报价单。

4.参考市场价格，拟定各物资的采购价格和供货商，完成物资价格选择表所填报的内容，并由食堂管理人员对有关客户进行压价工作，由食堂管理中心核准后，呈报财务部经理审核，财务部经理审核同意后交财务部，将各品类物资的采购价格输入电脑并执行。打印物资价格选择表一式四份，财务部一份、供应商负责人经理一份、食堂采购人员一份、食堂管理中心一份。

第 11 条　对于不常用、季节性较强、价格易变或特殊的品种，如果是不急用的非定价品种，要事先了解市场价格，"货比三家"，并征询食堂管理中心的意见后再落实到供货单位；如果是急用的非定价品种，要立即进行多家询价，选择质优价廉者，并提请后勤经理确认。

第 12 条　定价变更。

已经定价的物资，中途不得变更价格，如遇特殊情况需要更改，食堂管理人员和食堂采购人员应进行多家询价和市场调查后再进行调价。价格调低的由食堂采购人员列明品种和新旧价格，经食堂管理人员核对、签名后交财务部相关人员进行调价；价格调高的则需列明品种、新旧价格、调价原因，上报财务部经理批准后交财务部进行调价。

第五章　餐厅物资采购

第 13 条　食堂管理中心落实采购计划，并与所选定的供货商签订合同，合同由财务部保管。

第 14 条　鲜货、蔬菜、水发货的采购数量的确定。

1.此类原料实行每日采购，一般要求供货商送货。

2.在食堂每日供餐结束之前，要根据存货、储存条件及送货时间，提出次日的采购数量。

第 15 条　在采购过程中，为使自己处于主动地位，应尽可能地先取得经食堂管理中心认可的物资样品并向供应商支付最少量的定金，待符合样品要求的物资全部到货后，再支付一定比例的货款，并留有一定数额的尾款，以防物资中有不符合样品要求的物资夹带。

第 16 条　食堂采购人员应根据采购申请单上列明的品种、数量，通知供应商按指定日期送货。

第六章　采购物资验收

第 17 条　验收时间为每日上午____点及下午____点。

第 18 条　物资验收由食堂采购人员、仓库管理人员、食堂管理人员、监督员四人共同负责，对于不合格的物资（如腐烂、变质的原料等），应立即拒收，退回并要求重新配送。

第 19 条　根据食堂采购人员收取的当日采购申请单上写明的数量进行验收，数量差异应控制在申购数量的____% 左右。

第 20 条　由库管人员填写"入库单"和"物品验收单"，注明所收物品的数量、单价、金额。

第 21 条　"验收单""入库单"填写完后，由食堂采购人员、食堂管理负责人、库管人员签字后生效。签字完毕后的验收单和入库单一式四联：第一联库管自己留存；第二联交财务作为记账凭证；第三联交供货商作为结账凭证；第四联交食堂管理中心。

（续）

第七章　采购结算

第 22 条　供货商的货款结算，一般以____天为一个周期，凭供货商交来的发票和收货人员的收货单，食堂采购人员核对品种及单价后签名确认，交食堂管理中心核对签名，最后交财务部办理结算手续。

第 23 条　对于不能按周期结算的物资，经验收合格后也可立即付款。

第 24 条　食堂管理人员应根据财务部规定的周期领取餐厅备用金，并及时与财务部进行结算。

第八章　附则

第 25 条　本管理制度由食堂管理中心研究制定并负责解释。

第 26 条　本管理制度经总经理审批同意后，自发布之日起执行。

附表 1：餐厅的采购品类

附表 2：食品原料的采购标准

附表 1：　　　　　　　　　餐厅的采购品类

内容	内容细分	
食品原料	蔬菜类	包括时令蔬菜、豆制品、瓜果、菌类、笋类、蘸酱菜等
	肉类	包括畜禽肉、水产、海鲜、蛋类等
	粮油类	包括大米、面粉、杂粮、食用油等
	调味品、干货类	包括调料、干制品等
厨房日用品	燃料、厨具等	
餐饮用具	餐巾纸、筷子、汤匙、餐盘、牙签等	

附表 2：　　　　　　　　　食品原料的采购标准

项目	项目标准
蔬菜	蔬菜和瓜果以时令为主，优先选择当地"大棚菜"，蔬菜和瓜果应表面无虫、无斑点、无黄叶、无泥巴、无死根等
肉类	畜禽肉品应颜色红润、新鲜无异味、质地有弹性；水产海鲜应生命有活力、体表卫生洁净且无伤痕，如鱼产品眼球饱满、腮丝清晰鲜红、黏液透明有光泽等；蛋类表面清洁干净、质地新鲜无异味
粮油	大米应颗粒均匀、色泽呈白色或微黄、无任何杂质；食用油应颜色纯正、无哈喇味、无沉淀异物
调味品、干货	调料品有包装且包装细致、相关产品具有"QS"等相关标志、有检验合格证或报告，尤其是酵母、小苏打等面粉发酵品，一般选择生产厂家直营或代理店

编制日期		审核日期		批准日期	
修改标记		修改处数		修改日期	

5.4 食堂管理意见调查

5.4.1 食堂管理意见调查流程

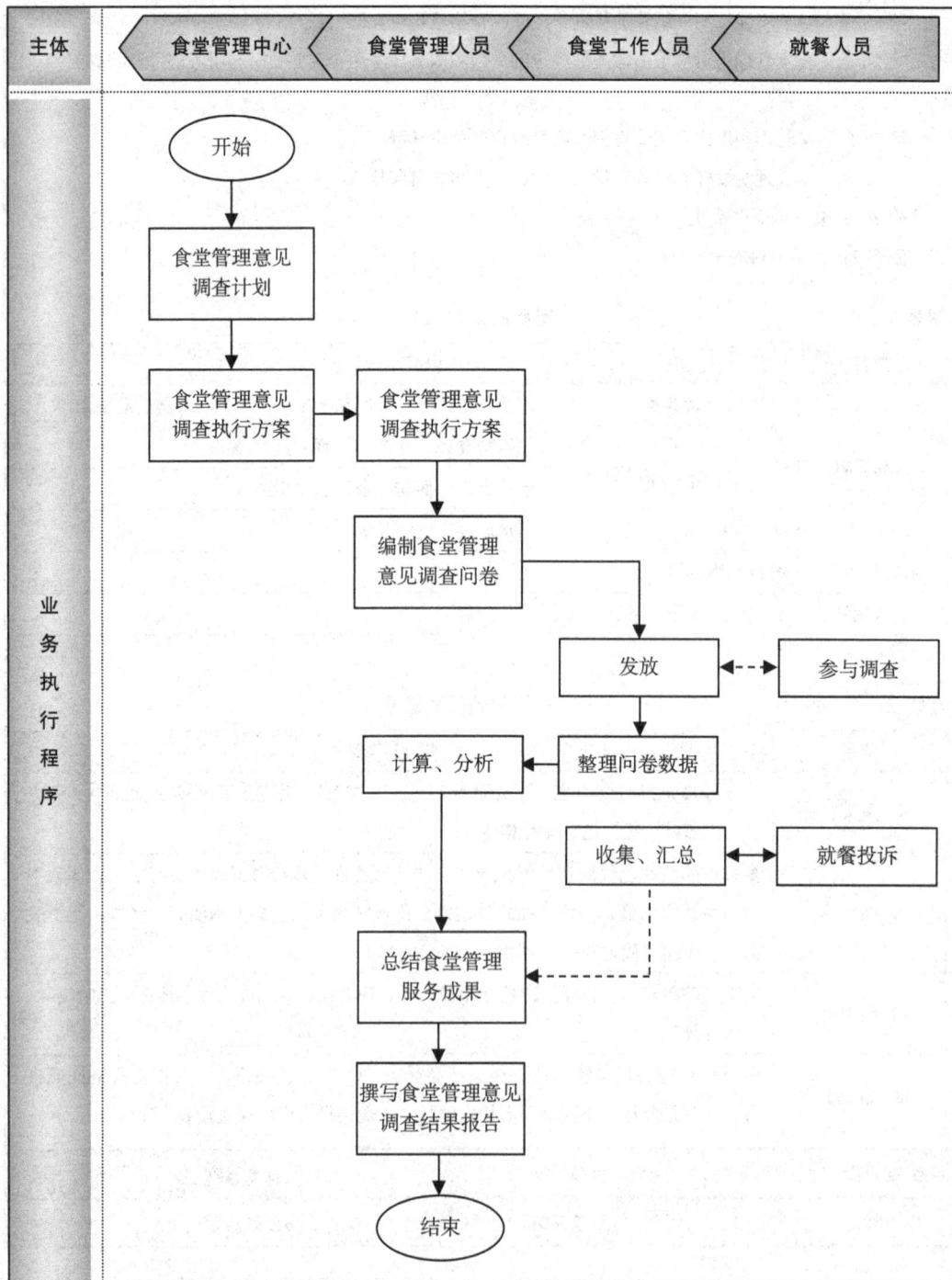

主体	食堂管理中心	食堂管理人员	食堂工作人员	就餐人员

业务执行程序

```
                    开始

              食堂管理意见
              调查计划

        食堂管理意见      食堂管理意见
        调查执行方案  →  调查执行方案

                        编制食堂管理
                        意见调查问卷

                              发放  ⇠⇢  参与调查

              计算、分析  ←  整理问卷数据

                        收集、汇总  ⇄  就餐投诉

              总结食堂管理
              服务成果

              撰写食堂管理意见
              调查结果报告

                    结束
```

5.4.2　食堂管理意见调查方案

方案名称	食堂管理意见调查方案	编号	
		版本	

第 1 条　目的。

为了解食堂管理现存问题的症结，发掘潜在问题，全面了解员工就餐的需求，创造良好的沟通气氛，进一步提高食堂餐饮服务的水平与质量，特组织此次食堂管理意见调查活动。

第 2 条　调查范围。

调查范围包括公司内外部全体就餐人员。

第 3 条　调查方式及内容。

1.食堂管理意见调查方式。

食堂管理意见调查有就餐过程调查与定期调查两种方式：就餐过程调查以人员投诉调查为主要方式，定期调查以发放问卷调查为主要方式。

2.食堂管理意见调查的组织与执行机构。

食堂管理意见调查由食堂管理中心负责组织，由食堂工作人员负责具体执行，食堂管理人员负责资料整理及数据分析。

3.食堂管理意见调查的内容

（1）就餐环境满意度。

就餐环境满意度包括就餐人员对食堂场所温度、湿度、亮度、噪声、气味、卫生等方面的意见。

（2）餐饮质量满意度。

餐饮质量满意度包括对餐食的味道、气味、色泽、营养健康、安全等方面的满意度。

（3）餐饮服务满意度。

餐饮服务满意度包括就餐人员对食堂餐饮服务程序、服务水平、工作效率、工作态度等方面的意见。

第 4 条　就餐过程调查。

1.调查形式。

就餐过程调查以员工就餐投诉为调查方式，员工就餐投诉由食堂工作人员负责收集登记，员工可以直接与食堂管理人员进行交流，也可以在食堂管理中心指定的意见箱中提出。

员工就餐投诉由食堂工作人员用统一的簿记（如就餐人员投诉登记簿）进行登记，调查投诉内容，填写调查结论，报食堂管理中心批示执行。

2.员工就餐投诉处理原则。

（1）有章可循。

有章可循是指员工就餐投诉有专门人员负责登记，有专门的制度来约束。

（2）及时处理。

员工投诉后，属食堂管理中心职权范围内的，由登记人转相应责任人处理；属管理中心职权范围外的，转填投诉表格交相应责任人；对未能及时处理的投诉进行解释。

（续）

（3）分清责任。

员工就餐投诉的对象应是可以明确的，如不明确，必须调查清楚后填写处理意见。

（4）定期公示。

员工就餐投诉处理结果每月分两次进行数据分析并公示。

（5）留档备查。

形成的档案，可以对以后的员工就餐满意度的提高起到辅助作用。

3. 员工就餐投诉处理流程。

（1）记录投诉内容。

记录投诉类别、投诉时间、投诉对象、投诉要求、处理意见、领导批示等。

（2）判定投诉是否成立。

判定投诉理由是否充分，投诉是否成立，若不成立，应立即反馈。

（3）确定责任人。

一旦投诉成立，应将投诉内容转达给被投诉对象，明确处理责任人。

（4）分析投诉原因。

责任人分析投诉原因，提出处理意见。

（5）领导批示。

（6）实施处理意见。

由被投诉对象实施处理意见。

（7）投诉处理评价。

由食堂管理人员对投诉处理进行追踪，登记投诉评价内容。

（8）进行数据分析。

每半月对员工就餐投诉情况及处理结果进行数据分析，采取相应的预防、纠正措施。

第 5 条　定期调查。

1. 调查形式。

以发放问卷的形式进行调查时，食堂管理意见调查问卷由食堂管理中心编制，食堂工作人员分发给就餐人员，食堂管理人员进行统计汇总，根据既定公式进行折算分析，编制季度或年度食堂管理成果报告。

问卷调查采用"以封闭式问题为主、开放式问题为辅"的形式。调查问卷共有 65 道题，其中单项选择题有 60 题，选项"很满意、满意、一般、不太满意、很不满意"，分值对应为 1、2、3、4、5 分；多项选择题有 3 题，问答题有 2 题。

2. 食堂管理意见调查实施要点。

（1）围绕员工就餐关注点进行调查。调查属抽样数据分析，不需要做到面面俱到。

（2）根据工作相关性进行统计。调查要分类进行，根据工作性质的相关性进行服务追踪。

（3）确保调查的客观公正性。调查数据是否真实、客观，决定了员工就餐满意度分析是否合理。

（4）准确的统计调查数据。数据统计方法及所得的结果会直接影响数据分析结果的科学性与合理性。

3. 季度、年度食堂管理调查流程。

（续）

（1）发放调查问卷。					
根据过程员工就餐投诉内容制作调查问卷，根据需要确定的调查样本数与调查对象来发放调查表。					
（2）收集调查问卷。					
食堂工作人员负责收集填写完毕的调查问卷，并统计调查表的回收率。					
（3）处理调查结果。					
食堂管理人员整理所收集的调查表，检验、归类、统计，形成调查结果，从图表、文字、总体评价等方面进行数据分析，总结食堂管理成果。					
（4）提出提高食堂管理水平和质量的意见和建议。					
根据调查结果的数据分析，分析不满意的集中点，提出改进措施。					
（5）留档备查。					
将调查问卷、分析报告、计算公式归档保存，为提高日常工作效率提供依据。					
编制日期		审核日期		批准日期	
修改标记		修改处数		修改日期	

5.5 食堂外包管理

5.5.1 食堂外包管理流程

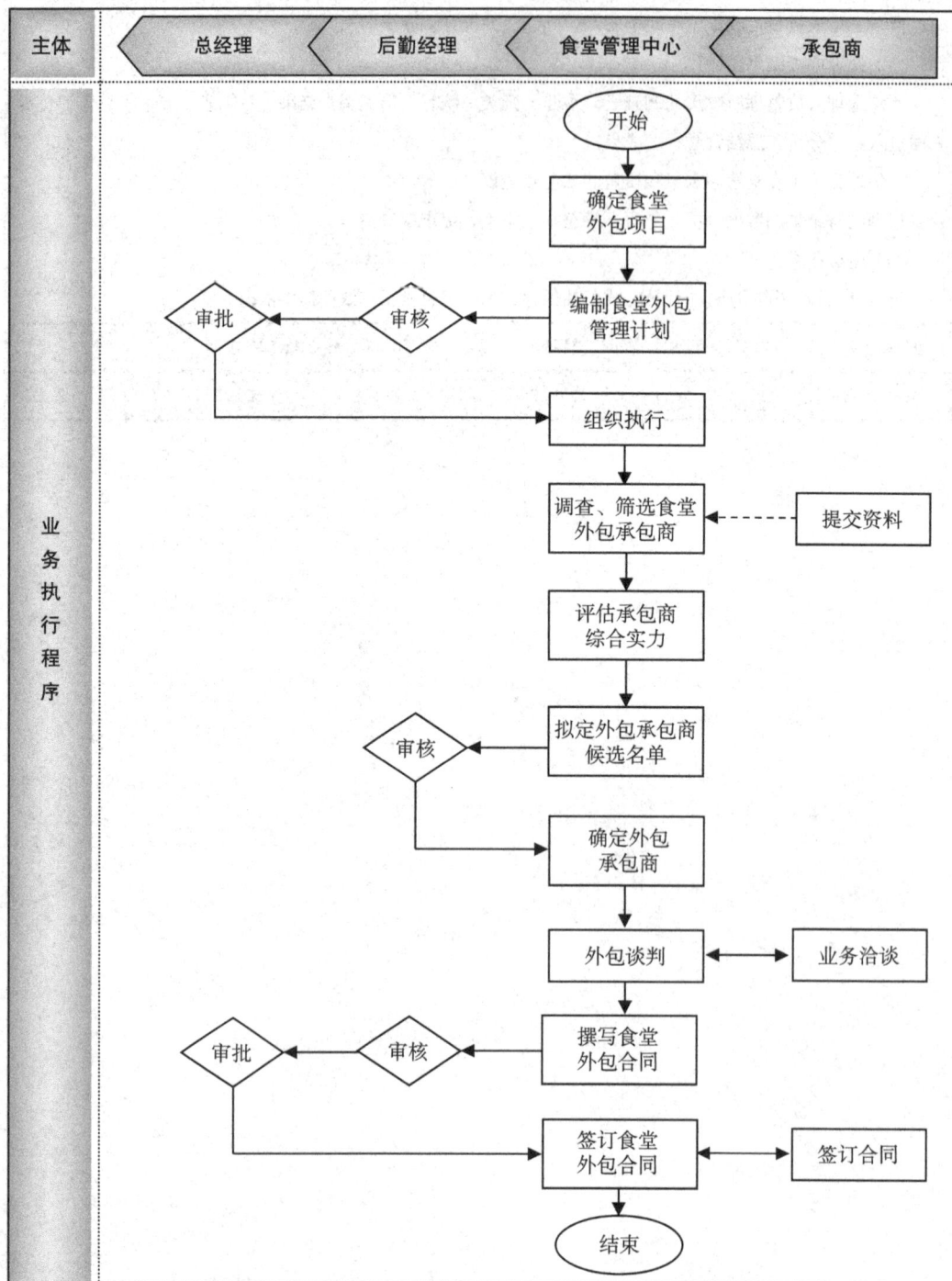

主体	总经理	后勤经理	食堂管理中心	承包商

业务执行程序

开始

确定食堂外包项目

编制食堂外包管理计划

审核 → 审批

组织执行

调查、筛选食堂外包承包商 ←---- 提交资料

评估承包商综合实力

拟定外包承包商候选名单 → 审核

确定外包承包商

外包谈判 ← → 业务洽谈

撰写食堂外包合同 → 审核 → 审批

签订食堂外包合同 ← → 签订合同

结束

5.5.2 公司餐卡管理方案

方案名称	公司餐卡管理方案	编号	
		版本	

第 1 条 办卡。

1. 在职员工由公司统一办理餐卡，每人限办一张，不收管理费；公司外部人员可凭本人身份证或相关身份证明办卡，餐卡办理加收一定的管理费用。

2. 新办理就餐卡或者原卡丢失、损坏需重新办理就餐卡者，收 20 元卡费。

第 2 条 退卡。

1. 退卡须凭本人证件前往食堂管理中心办理餐卡注销退伙手续。

2. 办理退伙手续时，只退餐费，不退卡费。

第 3 条 挂失、解挂。

1. 餐卡丢失，凭本人证件到食堂管理中心办理挂失。

2. 餐卡寻回，凭本人证件到食堂管理中心解除挂失。

3. 办理时间为每周一至周五 9:00~18:00 。

第 4 条 充值处。

1. 员工食堂：每周一至周五 6:00~8:00；11:00~13: 00；17:00~19:00 可办理。

2. 食堂管理中心：每周一至周五 9:00~18:00 可办理。

3. 手机移动端：下载公司手机 App 或登录支付宝和微信小程序自助充值。

第 5 条 使用。

1. 餐卡不可弯折、损毁，应避免高温。

2. 员工餐卡只限本人使用，不得转借他人。

3. 餐卡丢失，办理人应及时前往食堂管理中心挂失。

编制日期		审核日期		批准日期	
修改标记		修改处数		修改日期	

第 6 章

宿舍管理

6.1 宿舍卫生检查管理

6.1.1 宿舍卫生检查流程

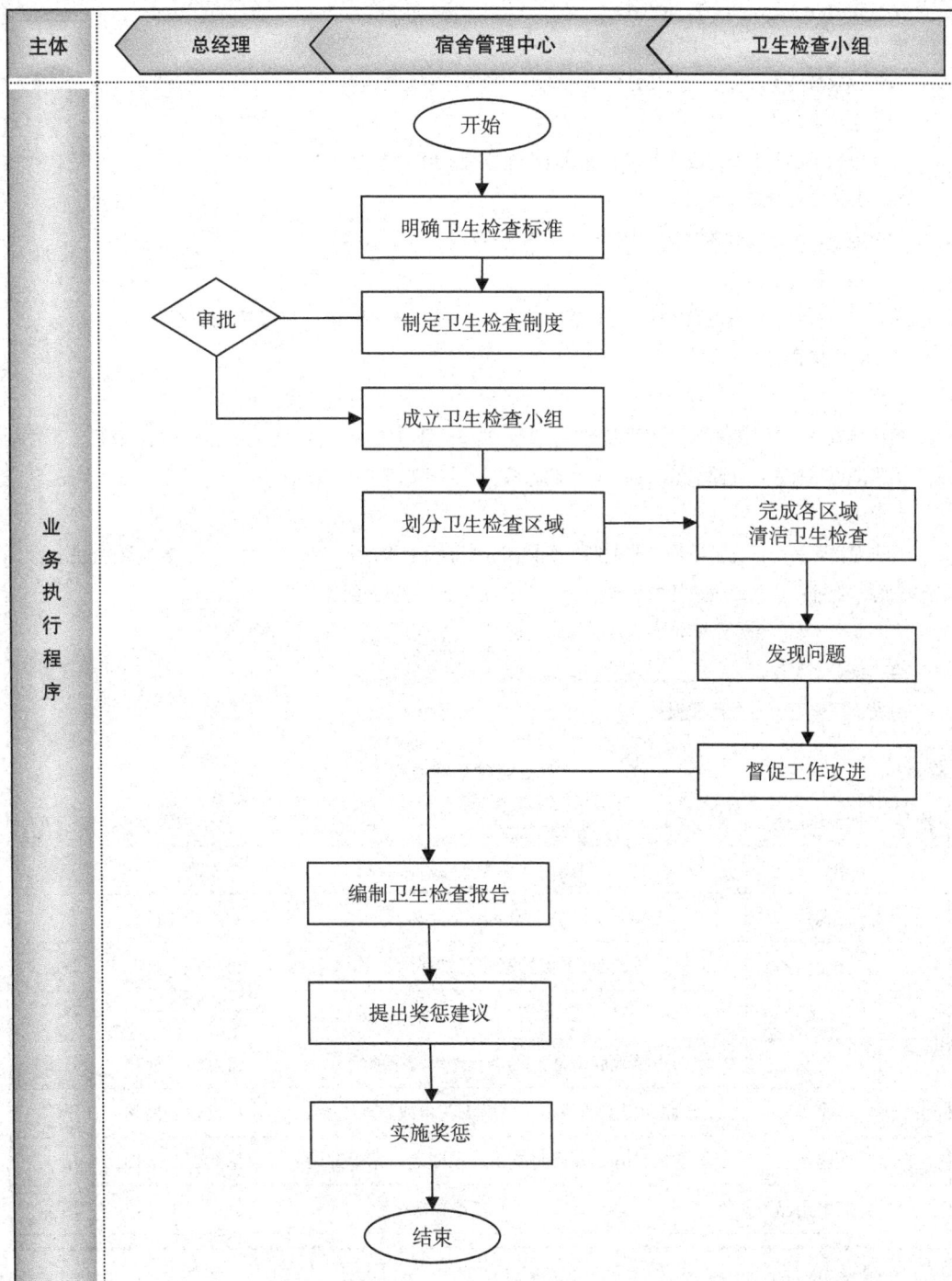

主体	总经理	宿舍管理中心	卫生检查小组
业务执行程序	审批	开始 → 明确卫生检查标准 → 制定卫生检查制度 → 成立卫生检查小组 → 划分卫生检查区域 → 编制卫生检查报告 → 提出奖惩建议 → 实施奖惩 → 结束	完成各区域清洁卫生检查 → 发现问题 → 督促工作改进

6.1.2　宿舍卫生检查制度

制度名称	宿舍卫生检查制度	编号	
		版本	

第1条　目的。

为加强宿舍卫生管理，营造良好的居住环境，特制定宿舍卫生检查方案。

第2条　责任部门。

宿舍管理中心负责专门成立宿舍卫生检查小组执行此项工作。

第3条　检查时间。

宿舍卫生小组每周对各宿舍卫生进行一次不定期检查，每月4次。

第4条　检查内容。

宿舍卫生小组按照宿舍卫生检查标准表中的项目逐一进行检查，并严格按照标准进行记录。

第5条　奖罚细则。

1. 惩罚。

每次检查时，个人最高扣分不得超过____分。如在检查时连续____次被扣分，后通过教育仍未改者，公司可采取通报批评、扣除绩效工资、要求此人搬离宿舍等处理办法。

2. 奖励。

月末对宿舍进行评比，平均扣分数额（平均扣分数额＝宿舍所扣总数额／宿舍总人数）最少的宿舍为最佳宿舍。对连续三次评为最佳的宿舍给予____元的奖励作为宿舍活动经费。

第6条　本制度由____部负责制定、修订与解释。

第7条　本制度自____年____月____日起实施。

附表：宿舍卫生检查标准表

附表：　　　　　　　　　　　　**宿舍卫生检查标准表**

序号	检查项目	标准	未达标惩罚标准
1	窗、玻璃	保持清洁明亮，手摸无灰尘和附着物	每发现1处扣____分
2	房门	离开房间去上班后应急时锁门	每发现1处扣____分
3	天花板	天花板上保持清洁无蜘蛛网	每发现1处扣____分
4	墙	墙体清洁、不在墙上乱涂乱画乱张贴	每发现1处扣____分
5	地面	保持地面清洁，不得有垃圾、杂物	每发现1处扣____分
6	家具	台面和门上的卫生，手摸无灰尘或附着物	每发现1处扣____分
7	衣物摆放	衣物摆放整齐，不得将衣服挂在墙上、床上等处	每发现1次扣____分
8	床上用品	摆放有序，被子折叠整齐	每发现1处扣____分

（续）

（续表）

序号	检查项目	标准	未达标惩罚标准
9	关闭电源	节约用电，上班时应关闭电视机、电灯等电器	每发现1处扣＿＿分
10	公用卫生间	洗漱物品摆放整齐，洗手间内无杂物及异味	每发现1处扣＿＿分
11	鞋子	鞋子朝外摆放整齐，放在床下或者门旁	每发现1处扣＿＿分
12	通道	保持通道整洁，不准往通道内扔垃圾	每发现1处扣＿＿分
备注	1. 保持公共场所的卫生，严禁向窗外扔果皮、纸屑和倒水，违者扣＿＿分。 2. 宿舍门上张贴宿舍卫生检查标准表，违者扣＿＿分。		

编制日期		审核日期		批准日期	
修改标记		修改处数		修改日期	

6.1.3 宿舍卫生评比办法

制度名称	宿舍卫生评比办法	编号	
		版本	

第1条 实施目的。

为加强员工宿舍的管理，给员工营造一个整洁、舒适、安全的住宿环境，特制定本办法。

第2条 评比参与人员。

评比工作由公司宿舍管理中心安排相关人员负责。

第3条 评比项目。

评比项目主要包括宿舍卫生环境状况、物品摆放情况、宿舍消防安全状况、公共设施维护情况。

第4条 评比要求。

1.对员工宿舍的卫生进行评比，采取定期和不定期的方式。定期评比的时间一般为每月的____日。

2.卫生评比前____天，宿舍管理中心统一安排卫生评比的相关事宜，并将具体细节通知各部门主要负责人。

3.进行卫生评比人员必须秉持公平的原则进行评分，不得弄虚作假、徇私舞弊。

第5条 评比结果管理。

根据宿舍卫生检查的结果，检查小组评选出"优秀宿舍"1名和"未达标宿舍"1名，分别实施奖惩。

1.奖励。

公司给"优秀宿舍"发放流动红旗，并给予通报表扬，同时发一定数额的物质奖励。

2.惩罚。

（1）对未达标宿舍，宿舍管理中心通知其按相关要求进行整改，如整改后仍未达标，进行通报批评。

（2）连续五次或五次以上被评为未达标宿舍的，公司有权责令员工搬出宿舍。

第6条 本办法由____部负责制定、修订与解释。

第7条 本办法自____年____月____日起实施。

编制日期		审核日期		批准日期	
修改标记		修改处数		修改日期	

6.2　宿舍入住管理

6.2.1　宿舍入住管理流程

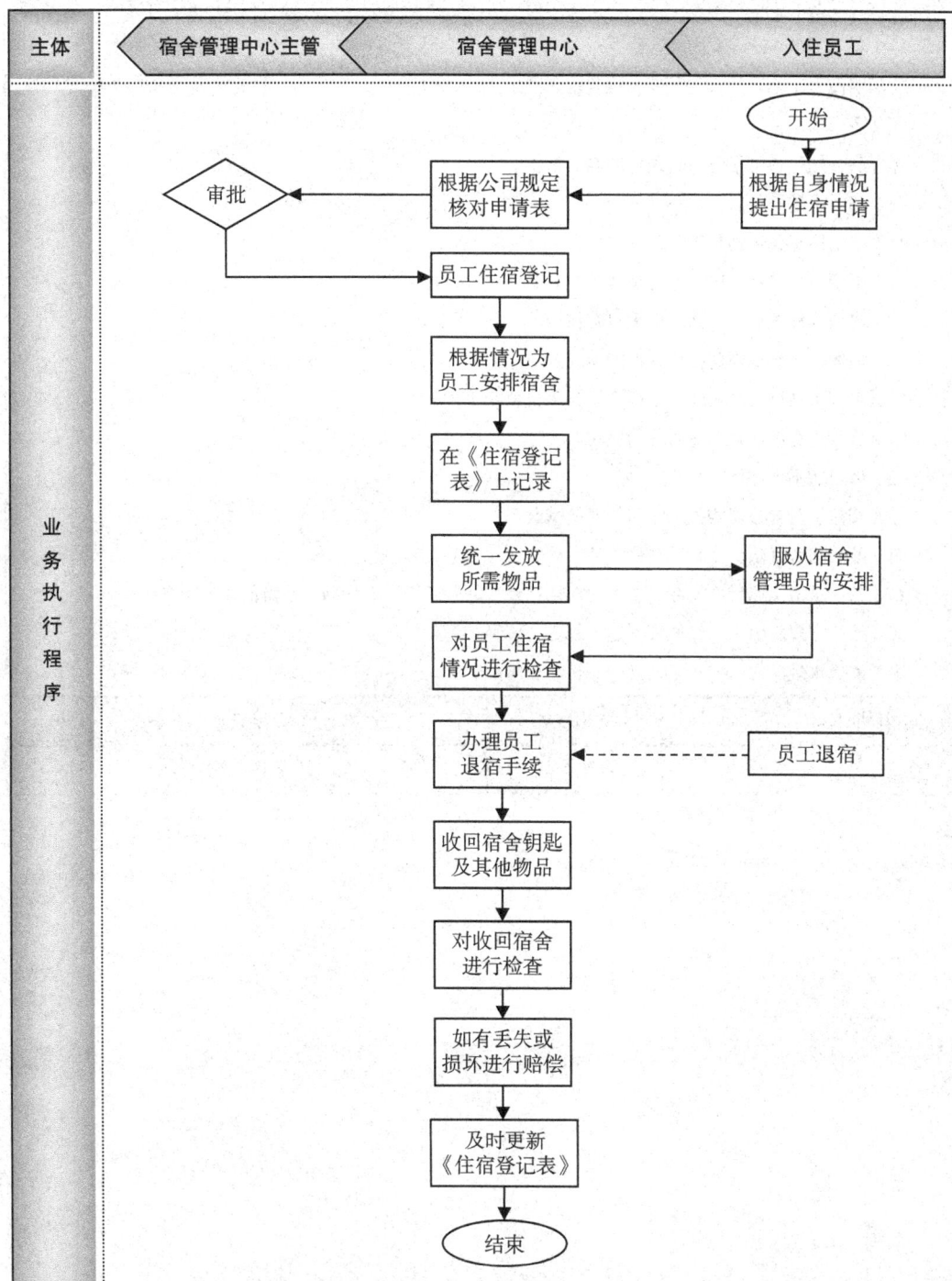

| 主体 | 宿舍管理中心主管 | 宿舍管理中心 | 入住员工 |

```
                                                    ┌─────────┐
                                                    │  开始   │
                                                    └────┬────┘
                                                         │
              ◇审批◇ ◂──── 根据公司规定    ◂──── 根据自身情况
                            核对申请表              提出住宿申请
                │
                └──────────▸ 员工住宿登记
                                 │
                             根据情况为
                             员工安排宿舍
                                 │
                             在《住宿登记
                             表》上记录
                                 │
                             统一发放      ────▸  服从宿舍
                             所需物品              管理员的安排
                                 │                     │
                             对员工住宿   ◂───────────┘
                             情况进行检查
                                 │
                             办理员工     ◂┄┄┄┄┄  员工退宿
                             退宿手续
                                 │
                             收回宿舍钥匙
                             及其他物品
                                 │
                             对收回宿舍
                             进行检查
                                 │
                             如有丢失或
                             损坏进行赔偿
                                 │
                             及时更新
                             《住宿登记表》
                                 │
                            ┌─────────┐
                            │  结束   │
                            └─────────┘
```

主体栏：业务执行程序

6.2.2 员工宿舍入住条件规定

制度名称	员工宿舍入住条件规定	编号	
		版本	

第1条 目的。

为了明确员工宿舍的入住条件，特制定本规定。

第2条 适用范围。

本办法适用于员工宿舍入住条件的确定工作。

第3条 申请条件。

1.员工申请宿舍需满足以下条件。

（1）申请入住的员工应为公司正式员工。

（2）申请入住的员工在辖区内无自有住所。

（3）根据公司其他规定符合条件的情况。

2.员工有下列行为之一的，不得申请员工宿舍。

（1）员工患有不适宜集体居住的疾病。

（2）员工有不良嗜好。

（3）其他不符合公司相关规定和制度的情况。

第4条 宿舍仅限员工本人居住。

第5条 员工离职后，须在____天内搬离宿舍，并归还钥匙等物品，不得借故拖延。

第6条 本规定由____部负责制定、修订与解释。

第7条 本规定自____年____月____日起实施。

编制日期		审核日期		批准日期	
修改标记		修改处数		修改日期	

6.2.3　住宿用品损坏赔偿规定

制度名称	住宿用品损坏赔偿规定	编号	
		版本	

第 1 条　为明确住宿用品的损耗赔偿，并为赔偿处罚提供依据，特制定本规定。

第 2 条　本规定适用于宿舍住宿用品损坏赔偿的处理工作。

第 3 条　宿舍内的门窗、家具等设施设备归公司所有，住宿人员负责使用与维护。

第 4 条　住宿人员在入住时需填写"宿舍公共物品使用责任书"，并交宿舍管理中心统一保管。

第 5 条　住宿人员在入住时需按公司规定缴纳＿＿＿元的押金，待员工退宿时，宿舍管理人员在办理完退宿手续后原数退回给员工。

第 6 条　宿舍内的物品发生损坏时，住宿人员需及时报宿舍管理人员进行处理。宿舍管理人员需根据损坏原因按下述规定进行处理。

1. 自然损耗。宿舍管理人员及时报维修部进行维修或调换新的物品。

2. 被住宿人员损坏。可修理的，宿舍管理人员需报维修部维修，由损坏物品人员承担维修等相关费用；不可修理的，由损坏物品人员按物品原价进行赔偿。

第 7 条　住宿人员因使用违禁电器造成断电，由使用者本人到宿舍管理办公室对断电造成的损失进行赔偿，上交违禁电器，同时收取＿＿＿元赔偿金，并通报批评。

第 8 条　如原因不清、责任不明，宿舍所有人员均摊赔偿责任。

第 9 条　宿舍管理人员负责对各宿舍的物品使用情况进行检查，发现损坏及时进行处理。如未及时发现物品损坏并造成严重损失，宿舍管理人员负连带责任。

第 10 条　本规定由＿＿＿部负责制定、修订与解释。

第 11 条　本规定自＿＿＿年＿＿＿月＿＿＿日起实施。

编制日期		审核日期		批准日期	
修改标记		修改处数		修改日期	

6.3 宿舍信息收集管理

6.3.1 宿舍信息收集管理流程

主体	宿舍管理中心主管	宿舍管理中心	员工
业务执行程序			

开始

确定信息收集的内容和信息收集的方式

制定信息收集的方案 → 审批

组织实施信息的收集 ←---- 配合

汇总信息收集的结果

信息收集结果分析

提交信息收集报告 → 审核

保存资料

结束

6.3.2　宿舍员工信息收集管理办法

制度名称	宿舍员工信息收集管理办法	编号	
		版本	

第一章　总则

第 1 条　目的。

为规范公司宿舍员工信息的收集工作，了解住宿员工的真实诉求，优化对宿舍员工的管理工作，特制定本办法。

第 2 条　适用范围。

本制度适用于公司宿舍员工信息的收集、整理、分析管理相关工作。

第 3 条　职责划分。

宿舍管理中心为宿舍员工信息收集管理的归口部门。

第二章　宿舍员工信息收集的管理

第 4 条　信息收集的原则。

1. 可靠性原则。

2. 完整性原则。

3. 经济性原则。

第 5 条　宿舍员工信息收集的重点。

收集工作前要进行信息的需求分析，确定信息需求的层次、目的、范围、精度、深度等要求，实现按需收集，避免因收集的信息量过大，造成人、财、物的浪费，或由于所收集的信息面过于狭窄而影响使用效果等。

第 6 条　信息收集的准备。

1. 确定信息收集的目标、范围。

2. 确定信息收集人员的职责、任务。

3. 制定信息收集方案或计划，报宿舍管理中心主管审核。

4. 设计、编制符合信息收集目标和范围的调查问卷、表单等工具。

第 7 条　实施信息收集。

1. 信息收集人员按照相关的职责、任务进行信息收集。

2. 宿舍在住员工配合信息收集人员的工作，提供真实信息。

3. 宿舍管理中心主管督导信息收集过程，控制信息收集的进度和质量。

4. 信息收集人员应严格控制信息收集的实施过程，在收集过程中如发现方案设计有问题，要及时修正，以免得出错误的结论。

第三章　宿舍员工信息分析管理

第 8 条　信息的整理。

1. 信息收集分析人员需对收集好的信息进行逐份检查，剔除无效信息，将有效信息统一编号，以便统计数据。

（续）

2.宿舍管理中心主管对所收集的表单进行抽样检查，确认信息的质量。

3.信息收集人员将所有收集来的资料整理、汇总分类并录入相应的模板。

第9条　信息的分析。

1.信息收集人员选择科学的统计方法，对所收集的信息进行技术分析，通过综合分析、判断、归纳、推理，获取所需要的信息，为宿舍员工管理决策提供依据。

2.信息收集人员编制信息分析报告，并报宿舍管理中心主管审核。

第四章　附则

第10条　本制度由＿＿＿部负责制定、修订与解释。

第11条　本制度自＿＿＿年＿＿＿月＿＿＿日起实施。

编制日期		审核日期		批准日期	
修改标记		修改处数		修改日期	

第 7 章

车辆管理

7.1 公务用车管理

7.1.1 公务用车管理流程

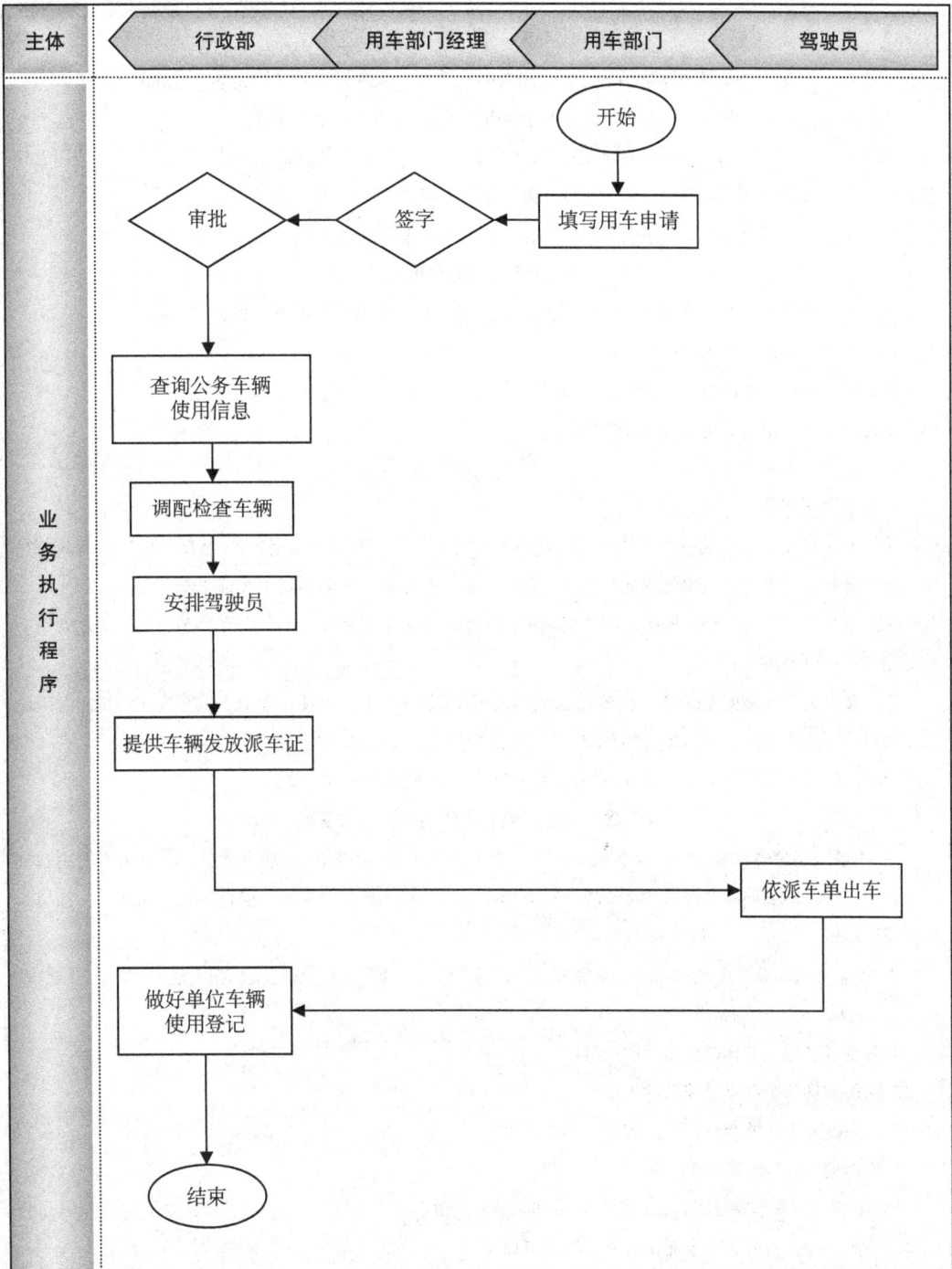

主体	行政部	用车部门经理	用车部门	驾驶员

业务执行程序

```
                                              开始
                                                │
                                                ▼
        审批 ◂──── 签字 ◂──── 填写用车申请
         │
         ▼
    查询公务车辆
      使用信息
         │
         ▼
    调配检查车辆
         │
         ▼
     安排驾驶员
         │
         ▼
  提供车辆发放派车证
         │
         │                              依派车单出车
         ▼                                    │
    做好单位车辆 ◂──────────────────────────────┘
      使用登记
         │
         ▼
       结束
```

7.1.2 公务用车管理制度

制度名称	公务用车管理制度	编号	
		版本	

第一章 总则

第1条 为加强公司对公务车辆的管理、提高办事效率、减少经费开支的成本，特制定本制度。

第2条 公司员工使用公务车辆的相关事宜均适用于本制度。

第3条 本制度中所指的公务车辆是指公司所有或租赁的在正常业务中需要用到的车辆，公司总经理、副总经理等高级职员的专用车辆（有其自驾）不包括在内。

第4条 公司高级职员的专用公务车辆的使用可参考本制度中的条款。

第二章 公务车辆使用的日常管理

第5条 公司的公务车辆统一归行政部调配、使用，其他部门无权处理。

第6条 公司公务车辆的使用范围。

1. 公司员工在本地或短途外出开会、联系业务等。

2. 迎送公司往来的宾客和来公司办事的人员。

3. 离退休人员的健康用车。

4. 其他情况用车。

第7条 使用公务车辆时，必须由车辆使用者填写《公务车辆使用申请单》，经部门经理、行政部员工核实，行政经理审批后，由行政部负责统一调派，发放派车证，驾驶员依派车证出车。

第8条 用车者应严格按照批准的《车辆使用申请单》上的里程与目的地行车，用完车后要如实填写公务用车的实际情况。

第9条 公务车辆的实际使用者与批准的使用情况有较大差距，由使用者负责说明情况，做出合理的书面解释，否则由使用者承担多出的费用，如过路过桥费、汽油费等。

第10条 行政部应减少派往相同或近似目的地、方向的公务车辆，以节约成本。

第三章 公务车辆日常使用中的相关事项

第11条 使用者在使用公务车辆的过程中，需要加油时要提前填制加油申请单，其费用由使用者现行垫付，使用者的加油发票经行政部经理及财务部经理审核无误后给予报销，擅自给车辆加油的，公司不负责予以报销。

第12条 公司公务车辆肇事时，车辆使用者需立即上报公司，由公司行政部派人赶赴现场进行处理。

第13条 公务车辆肇事的处理程序。

1. 赶赴现场后，有伤员立即救助伤员。

2. 保护现场并协助交警部门勘查现场。

3. 联系处理事故的交警部门，鉴定责任。

4. 根据情况处理肇事人员。

第14条 公务车辆肇事若责任在公司一方，原则上由公务车辆使用者承担责任，若因特殊原因，公司可以负担一部分责任；若责任在对方，按法定程序处理后，公司给予公务车辆使用者一定的补偿。

（续）

第四章　对驾驶员及公务车辆的规定

第15条　在每次出车前，公司驾驶员要检查车辆，确保其处在良好的状态，禁止带病出车。

第16条　公司的驾驶员在驾车时应严格遵守交通规则，否则后果由驾驶员承担。

第17条　严禁无证驾驶车辆，严禁酒后驾车，发现一次立即开除。

第18条　行政部应建立所有公务车辆的档案，并指派专人负责保养。

第19条　公司的公务车辆不使用时一律停放在指定的位置，原则上不允许在外面过夜，若因保管不善导致车辆被盗或损坏，由驾驶员及行政经理负责相应责任。

第五章　附则

第20条　本制度由总经理办公室负责制定，其解释权与修改权归总经理办公室所有。

第21条　本制度自总经理办公会审批后实施。

编制日期		审核日期		批准日期	
修改标记		修改处数		修改日期	

7.1.3 公务车辆费用管控方案

制度名称	公务车辆费用管控方案	编号	
		版本	

第1条 公务车辆费用及保障

1.公务车辆费用的范围。

公务车辆费用主要包括油费、修理费、材料费、保险费、养路费、停车费、道路通行费、审验费及其他相关费用。

2.公务车辆费用的保障。

（1）公务车辆费用保障项目包括费用借支、费用报账。

（2）公务车辆因故需借款或报账时，应由公务车辆主管填报借款申请单，经行政部经理审核无误后，报主管行政后勤工作的行政总监审批（修理费用需附请修单）。

（3）公务车辆主管或相关人员凭审批的意见，到财务部借支或报账。

（4）修理保养费、油费、停车费、道路通行费在报账时，应由司机在相关票据或凭单上签字证明。

（5）备用金制度。司机人员在入职时，可于财务部领取____元的公务车辆费用备用金。此备用金可用于紧急情况下的加油费、维修费，以及日常保养费、停车费、道路通行费的支付。

第2条 公务车辆费用额度的控制

1.公务车辆费用额度的规定。

（1）公司中、高层管理人员用车费用额度的规定。

①公司中、高层管理人员用车费用额度，是指中、高层管理人员在办公常驻地日常工作用车的费用。

②中层管理人员每月用车额度为____元，高层管理人员每月用车额度为____元。

③凭发票（加油票据、停车费、路桥费、维修费等）及公司的出车单核销，每月最后一天结算本月的费用，在额度内实报实销，超过部分由个人承担。

（2）路桥费、维修费、油费、停车费等相关费用包括在各部门用车费用额度内。各部门用车费用额度见附表。

（3）用车费用额度的其他规定。

①公司员工因公长途出差发生的用车费用及机场的往返费用，列入公司的用车费用额度。

②因公接待客户发生的用车费用，列入各部门的费用额度。

2.公务车辆费用额度控制程序。

本公司公务车辆费用额度的控制程序见附图。

3.相关部门费用控制职责

（1）行政部。

行政部负责各部门用车费用的核算，进行费用汇总，每月最后一天在公司资金管理会议上按部门报告本月的用车费用，并与财务部共同核定当期各部门用车费用的当月剩余额度。

（2）各部门。

①各部门自行制订自己的用车计划及费用预算，报行政部审核、备案。

（续）

②各部门用车费用控制程序：司机申请报销用车费用→公务车辆主管审核→行政部经理批准→计入各部门的用车费用→控制各部门的用车费用额度。

附表：用车费用额度预算表

附图：公务车辆费用额度的控制程序

附表：

用车费用额度预算表

部门名称	用车费用额度（元）	备注
营销部	1200	票据齐全、经审核
客户服务部	1000	票据齐全、经审核
采购部	1000	票据齐全、经审核
生产部	800	票据齐全、经审核
质量管理部	500	票据齐全、经审核
人力资源部	500	票据齐全、经审核
行政部	500	票据齐全、经审核

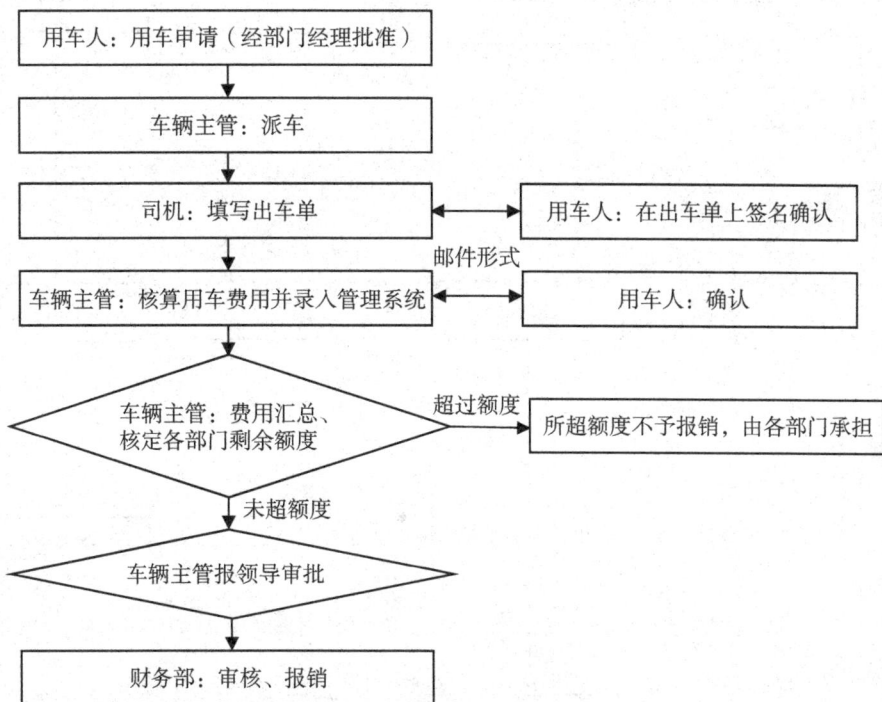

附图：**公务车辆费用额度控制程序**

编制日期		审核日期		批准日期	
修改标记		修改处数		修改日期	

7.2 车辆维保管理

7.2.1 车辆维保管理流程

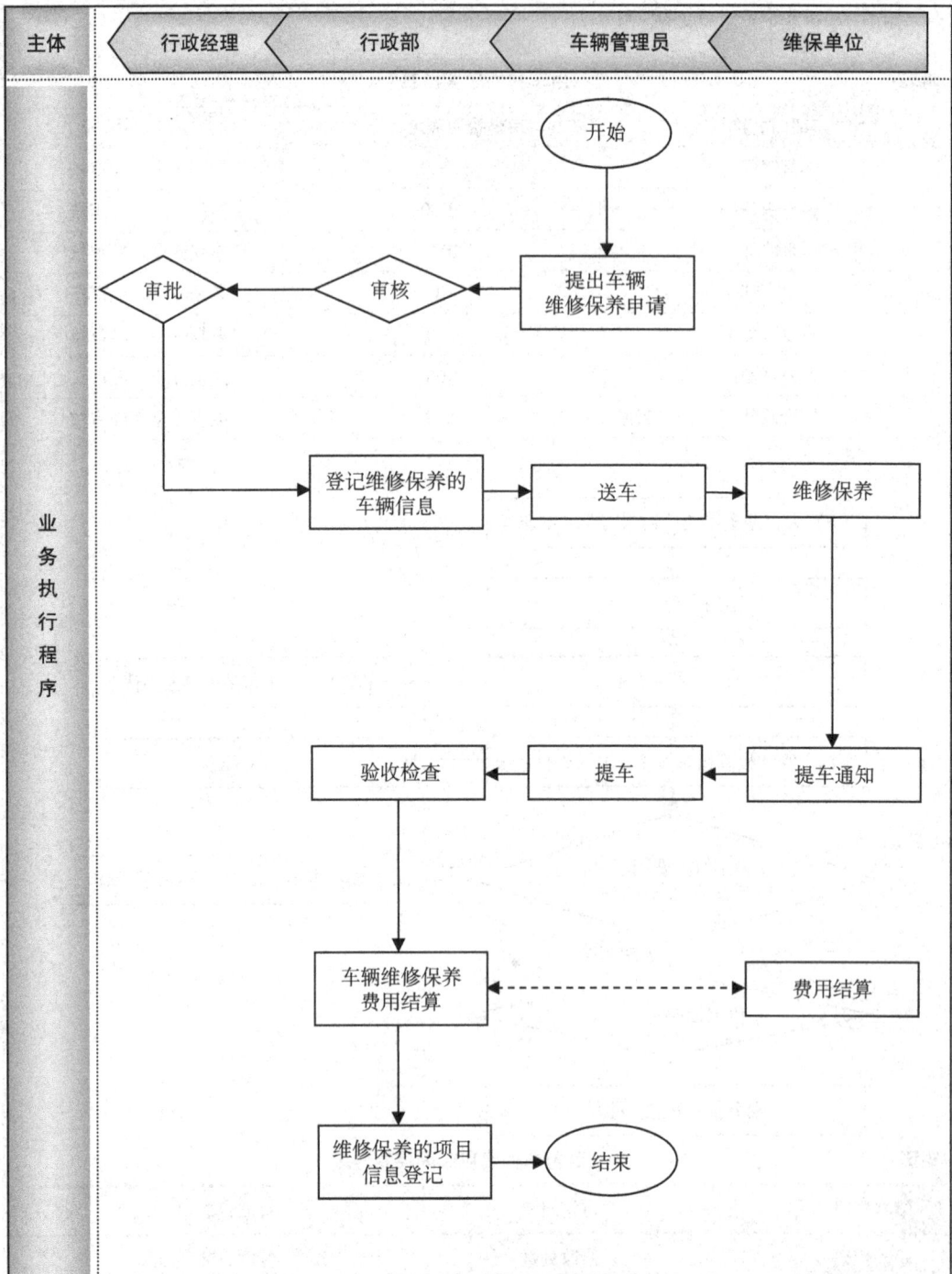

主体	行政经理	行政部	车辆管理员	维保单位

业务执行程序

开始

提出车辆维修保养申请

审核

审批

登记维修保养的车辆信息 → 送车 → 维修保养

提车通知

提车

验收检查

车辆维修保养费用结算 ⇠ 费用结算

维修保养的项目信息登记 → 结束

7.2.2　车辆维保管理制度

制度名称	车辆维保管理制度	编号	
		版本	

第一章　总则

第 1 条　目的。

为加强公司车辆的维修保养管理和费用控制，提高车辆的完好率，以确保车辆安全、良好的运行状况，特制定本制度。

第 2 条　适用范围。

公司全部车辆的维修保养工作均应参照本制度执行。

第 3 条　职责。

1. 行政部经理负责对维修保养服务提供方进行评定和选择，对维修保护项目进行审核。

2. 车辆主管负责对维修保养质量进行验证，并保存相关的评定、维保质量、维保记录等资料。

3. 驾驶员负责及时发现、检查故障，并实施车辆维修保养工作。

第二章　车辆维修

第 4 条　车辆维修的种类。

车辆维修的种类包括大修、总成大修、小修、零件修理，具体见附表 1。

第 5 条　车辆维修程序。

1. 驾驶员发现车辆故障并需要对车辆进行维修时，应先填写《车辆维修保养单》，经部门领导签字后，向车辆主管提交车辆维修保养申请，申报维修保养的费用预算。

2. 车辆主管在接到车辆维修保养单后，对车辆进行故障分析，确定是否需要维修及所需维修的项目，并确定维修费用的限额。

3. 由车辆主管根据车型、维修项目确定车辆送修的维修厂家。

4. 在车辆主管确定维修厂家后，应请行政部经理在《送修单》上签字。

5. 在维修结束后，驾驶员及行政部相关人员应对维修车辆进行技术鉴定。在检验合格、收回更换的旧部件并核定维修费用的合理性、准确性后，方可在维修厂家的单据上签字。驾驶员对维修费用的真实性负责。

6. 将送修车辆接回公司后，由车辆主管进行验收，驾驶员应将《车辆维修保养单》及《维修清单》及时交回给车辆主管。

7. 车辆在维修过程中，若发现由于其他问题需要增加维修项目或维修费用，应按照上述程序重新进行申请。

8. 车辆主管对维修费用实行统一的月度或季度结算，在结算前，车辆送修人员须检查送修车辆审批手续的规范性，并再次核定费用收取的合理性。

第 6 条　公司车辆须在指定的修理厂修理，定点修理厂应该是维修技能好、价格合理、方便快捷、服务意识强、有一定规模和较高档的正规修理厂。

（续）

第 7 条　车辆行驶在外发生故障，应及时向主管部门和车管部门汇报，车管部门或主管部门领导应根据其故障维修的难易程度和费用多少来决定修理地点。

第 8 条　驾驶员在修理过程中不得故意多报修车项目和费用，不得弄虚作假，一经发现将严肃处理。

第 9 条　车辆于行驶途中发生故障或发生其他耗损急需修理或更换零件时，可根据实际情况进行修理，但若非迫切需要或修理费超过____元时，应与车辆主管联系以请求批示。

第三章　车辆保养

第 10 条　车辆保养通常包括一级保养、二级保养、三级保养，具体内容见附表 2。

第 11 条　树立"强制维护、预防为主"的思想，依据车辆机件性能的变化情况，在机件变坏前做好保养工作，确保车辆处于良好的技术组状态。

第 12 条　克服"重使用、轻保养"的思想，对安全部件有缺陷的车辆，必须及时予以修复，一时难以修复的应停止使用。

第 13 条　协调处理使用与保养的关系，按车况分轻重缓急制定保养计划，有序地安排车辆保养，提高车辆的完好率。

第 14 条　车辆必须保持清洁，平时视车辆情况自行清洗，每周星期____为车辆保养日，在不耽误工作的情况下，必须整车全面清洗，并进行例行保养。

第 15 条　做到"不超保""不脱保"，车辆每行驶____公里进行一次保养，每行驶____公里进行二级保养。

第 16 条　办公车辆由办公室指定驾驶员负责保养、维修、清洗。

第 17 条　因未及时进行车辆保养而造成车辆损坏、报废，乃至发生交通事故的，由行政部相关负责人承担领导负责，同时由相应负责保养人员承担直接责任。

第四章　附则

第 18 条　本制度由公司行政部负责解释。

第 19 条　本制度自下发之日起执行。

附表 1：车辆维修的种类

附表 2：车辆保养的具体内容

附表 1：　　　　　　　　　　　　**车辆维修的种类**

种类	含义
大修	是指在车辆初次使用或运行了一定里程后，对其进行检测、调试等恢复性调整，使车辆状况达到规定的技术条件，以延长车辆的使用寿命
总成大修	是指车辆在运行了一定里程后，其基础件和主要零件破裂磨损、变形，用维修或更换零件的方法，恢复其技术状况
小修	是指为消除车辆在使用过程中的临时故障和局部损失，使用修理和更换零部件的方法，保证恢复车辆的工作能力
零件修理	是指对因磨损、变形、损伤等不能继续使用的零件所进行的修理，零件维修是节约原材料、降低保养费用的重要措施之一

（续）

附表 2:		车辆保养的具体内容		
	概念	保养内容	实现标准
一级保养	指对车辆进行以紧固、润滑为主的保养作业	检查、紧固车辆暴露在外边的螺栓、螺母，按规定加注润滑剂、润滑油，清洗空气滤清器，排除潜在问题、障碍	车容整洁、装备齐全，连接牢固，滤清畅通，不漏油，不漏水，不漏气，不漏电，油嘴齐全，润滑良好
二级保养	是以检查、调整为主的保养作业	除一级保养的作业项目外，检查、调整发动机和电气设备的工作情况，拆洗机油盘和机油滤清器，检查调整转向、制动机构，拆洗前后轮毂轴承，添加润滑油，拆建轮胎，并进行换位等	维护车辆各零部件，使机构和总成具有良好的工作性能，确保其在下次二级保养之前正常运行
三级保养	是指对车辆以总成解体清洗、检查、调整和消除隐患为主的保养作业	除执行一级、二级的全部保养项目之外，还要拆除发动机，清除积碳、结胶及冷却系统污垢；视需要对底盘总成进行解体清洗、检查、调整、消除隐患；对车架、车身进行检查或除锈、补漆等	巩固各总成、组合件的正常使用性能，确保其正常运行

编制日期		审核日期		批准日期	
修改标记		修改处数		修改日期	

7.3 车辆租赁管理

7.3.1 车辆租赁管理流程

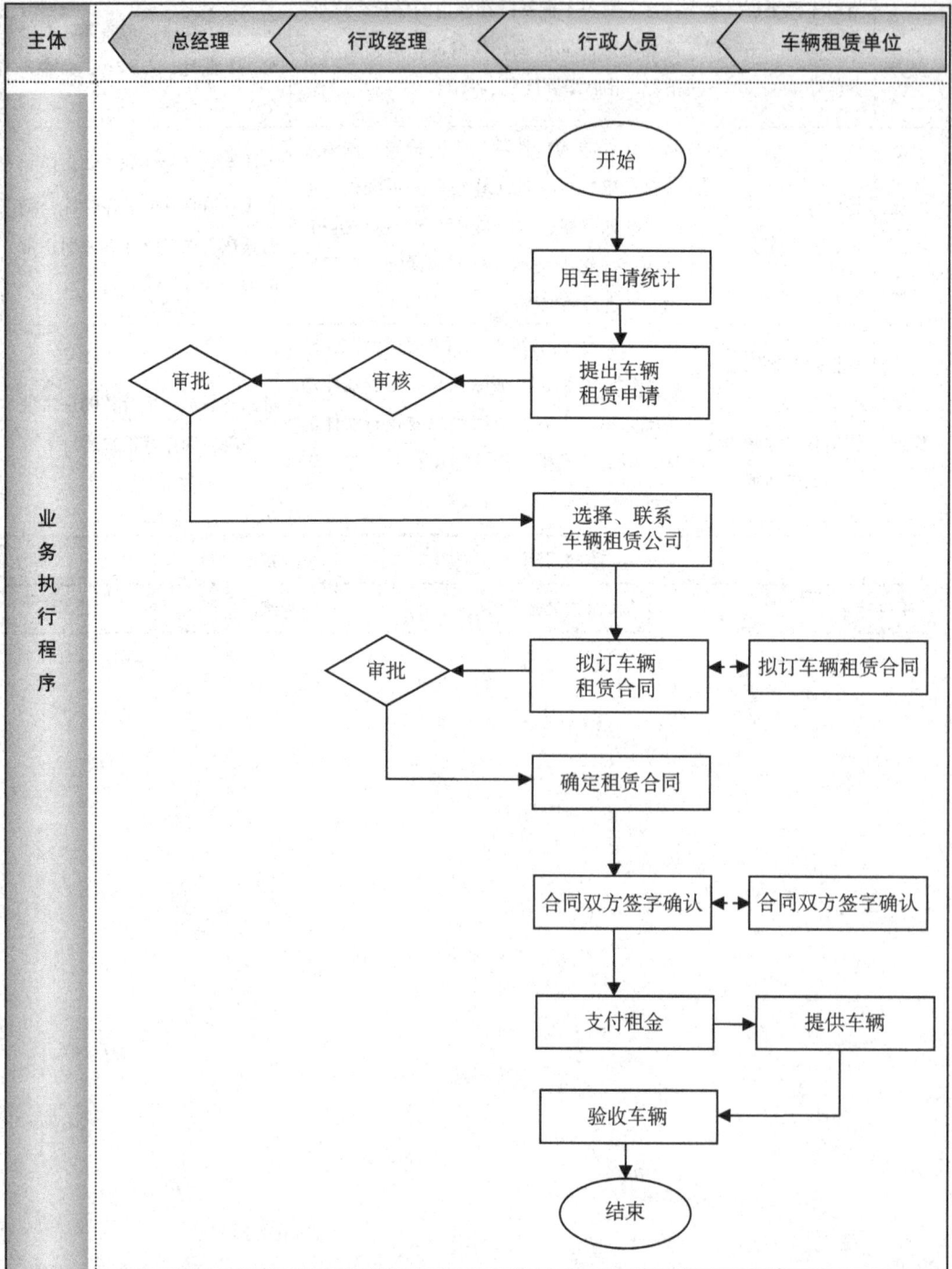

主体	总经理	行政经理	行政人员	车辆租赁单位

业务执行程序

开始

用车申请统计

审批 ← 审核 ← 提出车辆租赁申请

选择、联系车辆租赁公司

审批 ← 拟订车辆租赁合同 ⇠⇢ 拟订车辆租赁合同

确定租赁合同

合同双方签字确认 ⇠⇢ 合同双方签字确认

支付租金 → 提供车辆

验收车辆

结束

7.3.2　车辆租赁管理制度

制度名称	车辆租赁管理制度	编号	
		版本	

第一章　总则

第1条　为加强公司对租赁车辆的管理、提高办事效率、减少经费开支，特制定本制度。

第2条　公司员工租赁车辆的相关事宜均适用于本制度。

第二章　车辆租赁管理

第3条　车辆使用者在申请租赁车辆时，应将《车辆租赁申请单》与《车辆租赁申请报告》一同报行政部审批，要充分说明租赁的理由及用途等相关事项。

第4条　租赁申请批准后，由行政部负责联系租赁公司，办理合同签订、租金支付等事宜。

第三章　租赁车辆的日常管理

第5条　公司的租赁车辆统一归行政部调配、使用，其他部门无权处理。

第6条　公司租赁车辆的使用范围。

1.公司员工在本地或短途外出开会、联系业务等。

2.迎送公司往来的宾客和来公司的办事人员。

3.离退休人员的健康用车与员工因私用车。

4.其他情况用车。

第7条　使用租赁车辆时必须由车辆使用者填写《车辆使用申请单》，经部门经理、行政部员工核实，并经行政经理审批后，由行政部负责统一调派。

第8条　用车者应严格按照经批准的《车辆使用申请单》上的里程与目的地行车，用完车后要如实填写用车的实际情况。

第9条　租赁车辆的实际使用情况若与被批准的使用情况有较大差距，使用者应负责说明情况，做出合理的书面解释，否则由使用者承担多出的费用，如过路过桥费、汽油费等。

第10条　在不影响公司业务的情况下，公司员工可以申请公司租赁车辆私用，但会扣除一定比例的使用费。

第11条　行政部应对租赁车辆私用的审批严格把关，若影响公司业务，应对审批人做出处罚。

第12条　行政部应减少派往相同或相近目的地、方向的车辆，以节约成本。

第13条　使用者在使用租赁车辆的过程中，在需要加油时要提前填制加油申请单，其费用由使用者现行垫付，使用者的加油发票经行政经理及财务经理审核无误后给予报销。擅自给租赁车辆加油的，公司不负责予以报销。

第四章　对驾驶员及租赁车辆的规定

第14条　每次出车前，公司驾驶员要检查租赁车辆，确保其处在良好的状态，禁止带病出车。

第15条　公司的驾驶员在驾驶租赁车辆时应严格遵守交通规则，否则后果由驾驶员承担。

第16条　严禁无证驾驶租赁车辆，严禁酒后驾驶租赁车辆，发现一次立即开除。

第17条　行政部应建立租赁车辆的档案，并指派专人负责保养。

（续）

第18条 租赁车辆不使用时一律停放在指定的位置上，原则上不允许在外面过夜，若因保管不善导致车辆被盗或损坏，由驾驶员及行政经理承担相应责任。		

第五章　附则

第19条　本制度由总经理办公室负责制定，其解释权与修改权归总经理办公室所有。

第20条　本制度自总经理办公会审批后实施。

编制日期		审核日期		批准日期	
修改标记		修改处数		修改日期	

7.4 车辆事故处理

7.4.1 车辆事故处理流程

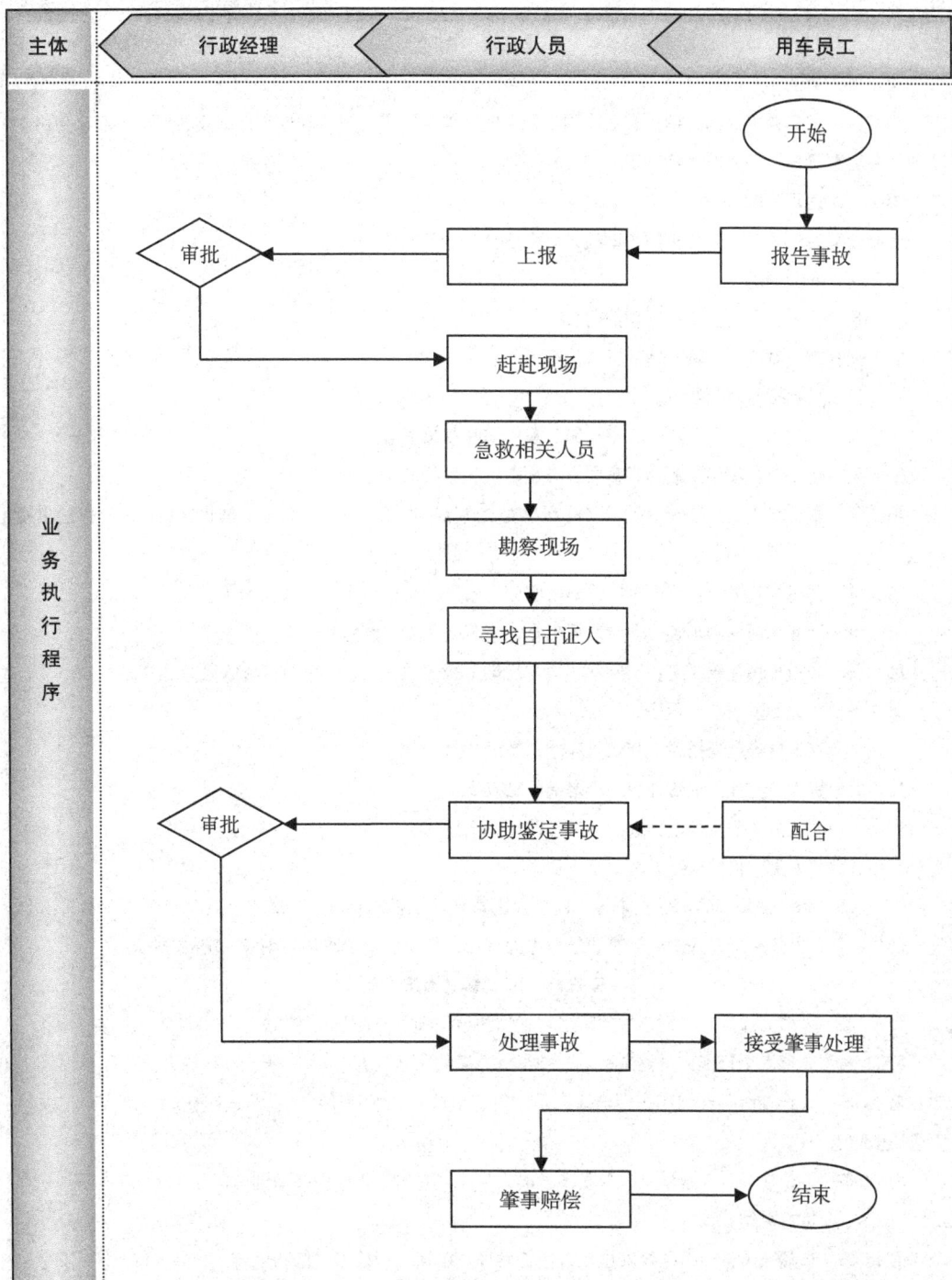

主体	行政经理	行政人员	用车员工

业务执行程序

```
                                                              ┌─────────┐
                                                              │   开始   │
                                                              └────┬────┘
                                                                   ↓
  ◇ 审批 ◇ ←── ┌──────┐ ←── ┌──────────┐
                 │ 上报 │       │ 报告事故 │
                 └──────┘       └──────────┘
     │
     ↓
            ┌──────────┐
            │ 赶赴现场 │
            └────┬─────┘
                 ↓
            ┌──────────────┐
            │ 急救相关人员 │
            └──────┬───────┘
                   ↓
            ┌──────────┐
            │ 勘察现场 │
            └────┬─────┘
                 ↓
            ┌──────────────┐
            │ 寻找目击证人 │
            └──────┬───────┘
                   ↓
  ◇ 审批 ◇ ←── ┌──────────────┐ ←---- ┌──────┐
                 │ 协助鉴定事故 │         │ 配合 │
                 └──────────────┘         └──────┘
     │
     ↓
            ┌──────────┐      ┌──────────────┐
            │ 处理事故 │ ───→ │ 接受肇事处理 │
            └──────────┘      └──────┬───────┘
                                     ↓
            ┌──────────┐      ┌──────────┐
            │ 肇事赔偿 │ ───→ │   结束   │
            └──────────┘      └──────────┘
```

7.4.2　车辆事故处理制度

制度名称	车辆事故处理制度	编号	
		版本	

第一章　总则

第1条　目的。

为规范公司车辆事故的处理，有效使用各种车辆，确保行车安全，减少车辆事故的支出，保障公司各项业务免受车辆事故的影响，特制定本制度。

第2条　适用范围。

本制度适用于本公司内部车辆的事故处理和安全管理等事项。

第3条　职责分配。

1. 行政部为公司车辆的归口管理部门。

2. 车辆管理人员负责车辆管理的具体执行工作。

3. 驾驶人员须按照规定执行。

第二章　车辆事故管理

第4条　使用者在使用车辆的过程中，要预防各类事故的发生。

第5条　每次出车前，公司驾驶员要检查车辆，确保车辆处于良好的状态，禁止带病出车，以防出现事故。

第6条　公司的驾驶员在驾车时应严格遵守交通规则，否则后果由驾驶员承担。

第7条　严禁无证驾驶车辆，严禁酒后驾车，发现一次立即开除。

第8条　公司车辆在肇事时，车辆使用者需立即上报公司，由公司行政部派人赶赴现场进行处理。

第9条　车辆肇事的处理程序。

1. 相关负责人员赶赴现场后，有伤员应立即救助伤员。

2. 相关负责人员应保护现场并协助交警部门勘查现场。

3. 相关负责人员应联系处理事故的交警部门，鉴定责任。

4. 相关负责人员应根据情况处理肇事人员。

第10条　若车辆肇事的责任在本方，原则上由车辆使用者承担责任，若存在特殊原因，公司可以负担一部分责任；若肇事责任在对方，按法定程序处理后，公司应给予车辆使用者一定的补偿。

第三章　车辆事故预防管理

第11条　公司要加强对车辆事故预防管理工作的组织领导，制定具体措施，并指定专人负责。

第12条　车辆安全负责人员要定期对驾驶员进行事故预防教育。

第13条　要定期宣传和组织公司全体人员学习安全法规，尤其要对驾驶员进行交通法律教育，以建立事故预防意识。

第14条　要定期进行安全检查，严防事故的发生，并总结经验，坚持做到"每月一小结""每季一大结"，年终全面进行总结。

第15条　车辆安全设施必须要安排专人进行管理，定期进行检查维修和更新，时刻保持车辆完好。

（续）

第 16 条　要建立车辆安全设施管理制度，所配备的各种安全设施一律不允许外借或挪作他用，不允许随意移位。 第 17 条　为长期保持安全设施的完好率，应建立各种设施的登记卡片，注明各种设施的装置时间、检修更新情况、使用方法和使用性能等，以方便管理。 **第四章　附则** 第 18 条　本制度由总经理办公室负责制定，解释权与修改权归总经理办公室。 第 19 条　本制度自总经理办公会审批后实施。					
编制日期		审核日期		批准日期	
修改标记		修改处数		修改日期	

第 8 章

动力保障管理

8.1 动力设备管理

8.1.1 动力设备管理流程

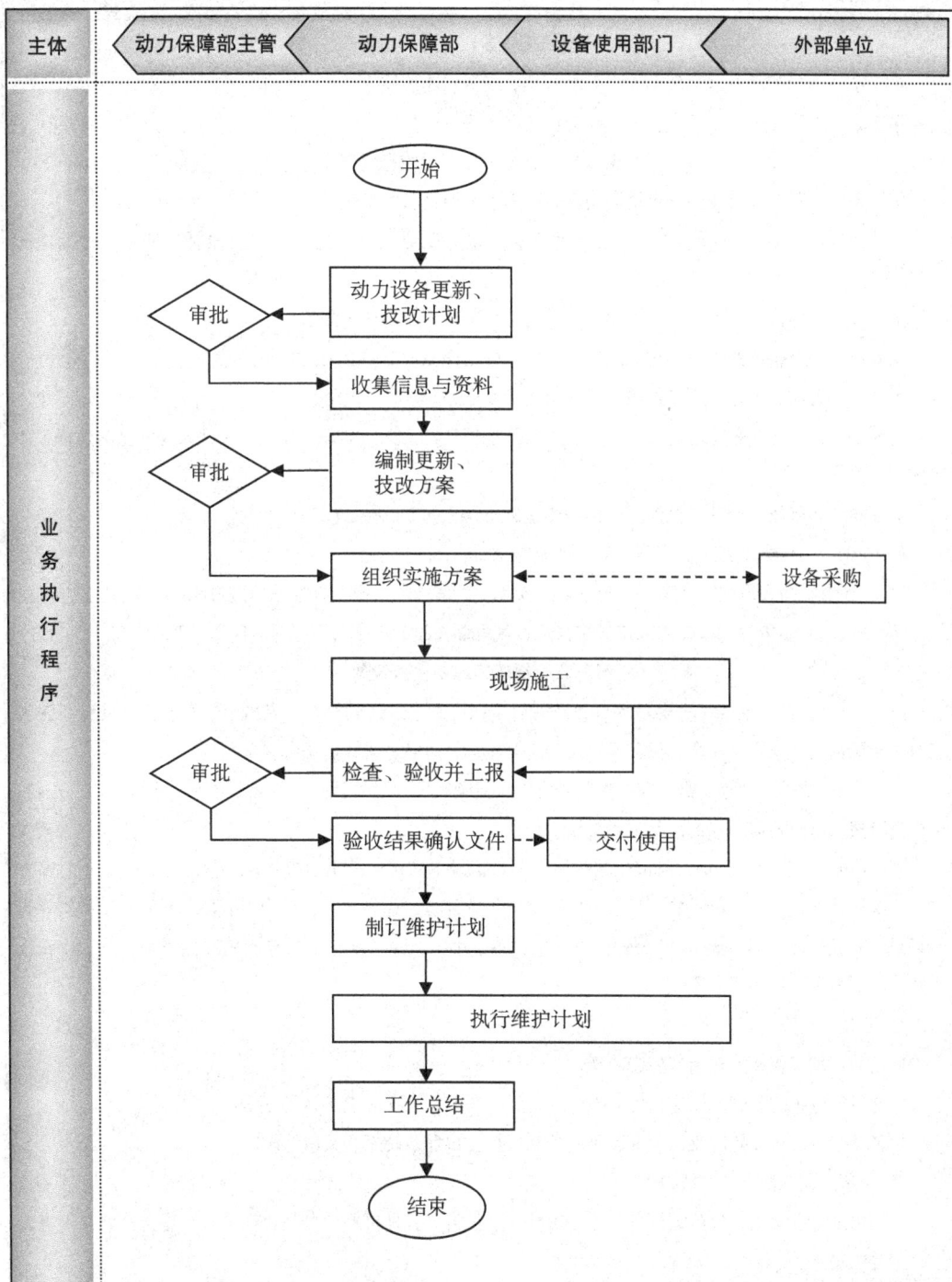

主体	动力保障部主管	动力保障部	设备使用部门	外部单位

业务执行程序

- 开始
- 动力设备更新、技改计划 → 审批
- 收集信息与资料
- 编制更新、技改方案 → 审批
- 组织实施方案 ⇢ 设备采购
- 现场施工
- 检查、验收并上报 → 审批
- 验收结果确认文件 ⇢ 交付使用
- 制订维护计划
- 执行维护计划
- 工作总结
- 结束

8.1.2 动力设备管理制度

制度名称	动力设备管理制度	编号	
		版本	

第一章 总则

第 1 条 为规范动力保障部动力设备的管理，特制定本制度。

第 2 条 本制度适用于动力保障部动力设备的管理。

第二章 动力机房巡视检查管理

第 3 条 认真执行公司的安全消防制度，确保人身及设备的安全。

第 4 条 动力机房没有动火证，应严禁动火，动力专业组员工应熟悉消防器材的使用方法及消防措施。

第 5 条 动力机房严禁烟火，不得吸烟，与工作无关人员不得进入机房。

第 6 条 保持整洁的工作现场，工作前必须穿好工作服并配备必要的保护用品。

第 7 条 班前、工作中严禁饮酒，以确保人身及设备安全。

第 8 条 当需要在危险场地工作时，一定要严格遵守安全操作规程，在绝对保证人身安全的前提下才可实施操作。

第 9 条 不得依靠或蹬踩机器，工作时要注意机器上的零部件、仪表的运行情况。

第 10 条 工作中不得在机房跑、闹、开玩笑。

第 11 条 在岗人员禁止从事任何与本职工作无关的事，如看报、打瞌睡、擅自脱岗、在岗会客等。

第 12 条 对不负责任、疏忽或违反机器运行规程而发生的设备损坏等事故应负行政和法律上的责任。

第三章 锅炉房巡视检查管理

第 13 条 岗位人员要认真巡视检查，及时发现故障隐患。要勤检查，勤调节，勤联系，使设备正常运行。要保证人身及设备安全，保证本岗位的工艺指标，更好地为宾客服务。

第 14 条 要采用"查、听、摸、比"等方法，发现问题及时处理。重大问题要及时报告领班、主管，必要时可报告部门经理，并把情况写入交接班记录。

第 15 条 主管、领班每天对岗位的运行、值班记录、交接班记录检查一次，值班班长每 2 小时检查设备一次，操作人员每 1 小时检查设备一次。对待特殊部位，如燃烧器、压力限制器、水泵、压力表、煤气系统（有无泄漏）等，要每 20 分钟检查一次，每 2 小时记录一次，并对异常情况做详细记录，以积累资料。

第 16 条 检查内容。

1.设备运行是否在工艺指标控制范围内。

2.各运行设备的温度、工作压力、噪音、流量、润滑、电流、电压是否正常。

3.各种指示仪表、控制盘、信号装置、控制机构、报警系统是否灵敏、准确、可靠。

第 17 条 巡视检查的路线。

1.供水泵、启动键、负荷键等各种运行信号是否正常，各种报警信号是否都消失、是否都处在仪表盘上的正常位置。

（续）

2. 煤气开关是否打开，压力是否正常，有无泄漏。

3. 各气体低限开关是否正常。

4. 各阀门是否都在正常开启的位置。

5. 水位表的水位是否正常。

6. 排污阀是否关严。

7. 送气节门是否全部打开。

8. 在初始时要缓开节门，防止水击。

第四章 冷冻机的巡视检查管理

第18条 吸收式冷冻机组的检查。

1. 岗位人员要认真巡视检查，及时发现故障隐患，要勤检查、勤调节、勤联系，使设备正常运行。要保证人身及设备的安全，保证本岗位的工艺指标，为宾客服务。

2. 要采用"看、听、嗅、摸、比"及仪器检查等方法检查设备，发现问题要及时处理。如发现重大问题要及时报告领班、主管，必要时可报告部门经理，并将情况写入交接班记录。

3. 主管和领班每天对岗位的运行、值班记录、交接班记录检查一次。值班班长每2小时全面检查一次，操作人员每小时全面检查一次。对特殊部位，如燃烧器、高压发生器、吸收器等的温度压力、燃烧情况、煤气系统有无泄漏的情况要每20分钟检查一次，每2小时检查记录一次，并对异常情况做详细记录，积累资料。

4. 检查内容。

（1）设备运行是否在工艺指标控制范围内。

（2）各运转设备的温度、工作压力、噪音、流量、润滑、电流、电压是否正常。

（3）各种指示仪表、控制盘、信号装置、控制机构、报警系统是否灵敏、准确、可靠。

5. 巡视检查路线。

（1）冷温水机组1#2#3#，控制盘上的所有指示仪表是否在正常控制范围内，煤气系统压力是否正常。

（2）有无泄漏，燃烧器及高压发生器上的所有仪表是否正常。

（3）低压发生器、冷凝器、蒸发器、吸收器、热交换器、溶液泵、冷剂泵、真空泵、阀门是否正常。

（4）真空度是否在规定范围内，有无结晶情况，冷冻水、冷却水的出入口温度、压力是否正常。

（5）泵房冷冻水泵1#2#3#、冷却水泵1#2#3#、热水泵、补水泵、出入口压力、介质温度、电极温度、压兰滴水、油位、润滑油是否正常。

（6）配电室配电柜的电流、电压是否在规定范围，冷却水塔1#2#3#的液位、风扇、变速箱、电机、油位、管道阀门是否正常。

（7）冷却水补水箱及加药设备的工作是否正常。

（8）管道上的过滤器及控制仪表是否正常。

（9）屋顶排风机的运转是否正常。

（10）供热时膨胀水箱是否正常。

（11）检查机房机械设备、电器设备、控制仪表的卫生情况。

（12）定期向软水站索取冷却水、冷冻水、备用供热的一次水，以及水质化验报告，严格控制水质标准。

第19条　离心式机组的巡视检查见附表。

第五章　热力点巡视检查管理

第20条　月度保养（采暖季节）内容。

1. 检查各阀门管道是否有泄漏现象。

2. 检查保养各附属阀件。

第21条　年度保养（采暖季节）内容。

1. 检查各仪表的准确可靠性。

2. 检查保养各附属阀件。

3. 拆盖检查清理。

4. 检修保温层。

5. 检查情况登记存档。记录清楚检修人、检修日期、所更换的配件等。

第六章　冷库设备维修保养管理

第22条　每年在春秋雨季进行冷库的维修保养，用水冲洗冷库库房、盘管肋片、风机扇叶，疏通水管，给风机加润滑油，打开库房门，通风吹干。

第23条　检修压缩机，查看高低压及工作电流，对电器做全面检查，注意化霜系统和温度调节系统是否工作良好。

第24条　做好每台设备维修保养的日期、内容、更换零部件型号，以及压缩机对地缘电阻、工作电流、机组的接零保护、压缩机高低压数据的记录。

第25条　每两周巡视一次维修保养情况。

第26条　每年年中对冰柜进行一次维修保养，清洗冰柜内箱体、盘管肋片、风机扇叶，疏通排水管，打开柜门风干。

第27条　清洗机组的空气过滤网、散热器的盘管肋片、风扇叶，给风机加润滑油。

第28条　检修温度调节、化霜、冷冻效果及各仪表指示是否准确。

第29条　每两个月清洗一次机组的空气过滤网。

第七章　煤气站设备维修保养管理

第30条　两个月进行一次调压器的定期检修，内容如下。

1. 清除污物，更换阀口。

2. 检查软密封阀。

3. 更换O形环。

4. 更换薄膜。

第八章　附则

第31条　本制度由动力保障部制定，报总经理审批后执行。

附表：离心式机组的巡视检查

（续）

附表：	离心式机组的巡视检查
检查时间	检查内容
每日	检查计算机控制的各种显示
	按控制中心上的"油压"键，检查轴承内油压
	按"冷却水温"键，检查冷凝器进、出水的温度与压力
	按"数据显示"键，检查冷凝器的饱和温度值
	检查压缩机的排气温度
	检查压缩机马达的电压、电流值
	检查冷凝器管的结垢现象
	检查水处理是否正确
	检查报警信号
每周	检查冷剂注入量
每季	至少每季或更短时间更换一次排气装置的干燥器
	清洗排气过滤网
	化学分析润滑油

编制日期		审核日期		批准日期	
修改标记		修改处数		修改日期	

8.2 动力设备节能管理

8.2.1 动力设备节能管理流程

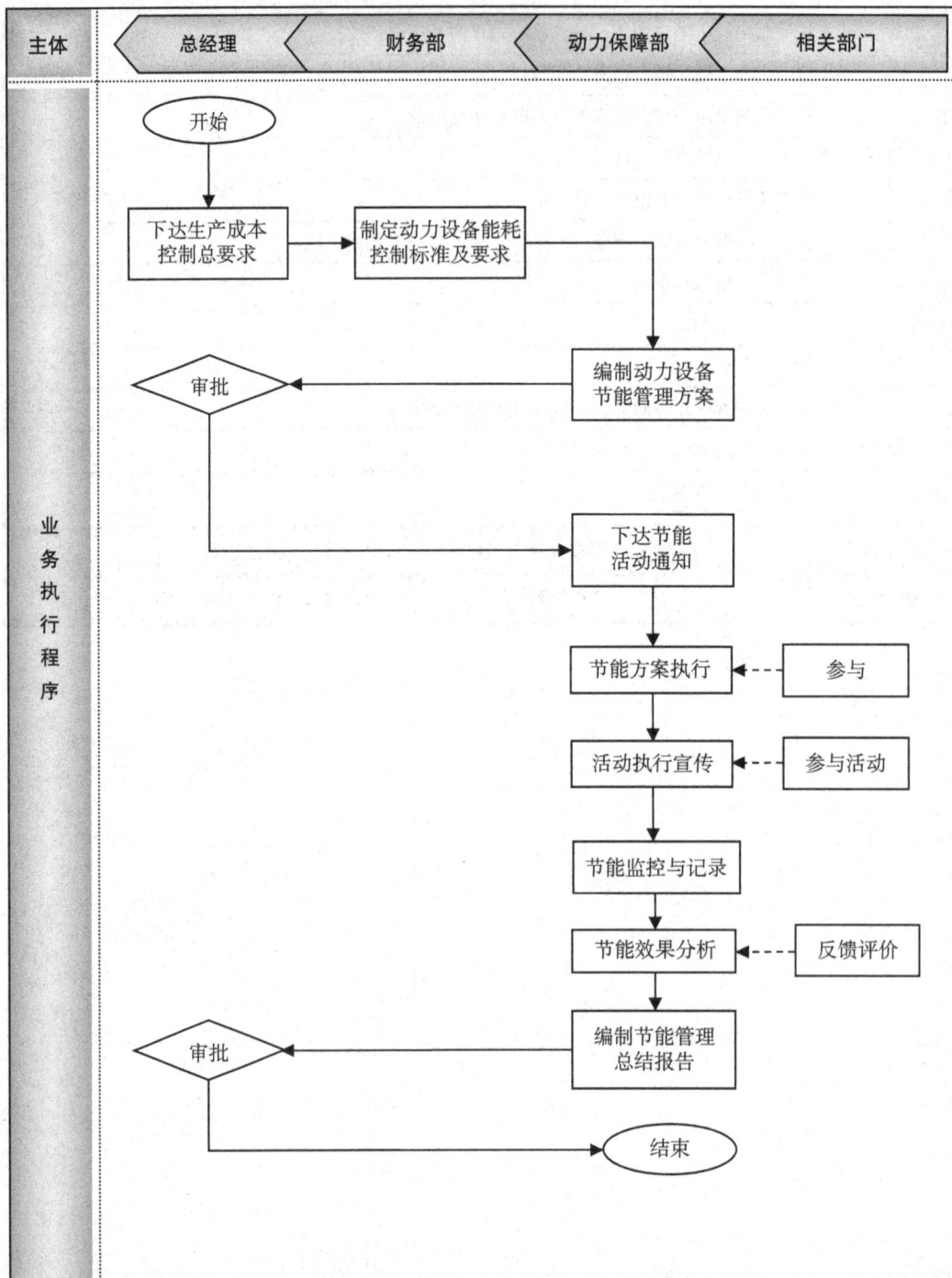

主体	总经理	财务部	动力保障部	相关部门

业务执行程序

开始

下达生产成本控制总要求 → 制定动力设备能耗控制标准及要求

编制动力设备节能管理方案

审批

下达节能活动通知

节能方案执行 ← 参与

活动执行宣传 ← 参与活动

节能监控与记录

节能效果分析 ← 反馈评价

编制节能管理总结报告

审批

结束

8.2.2　动力设备节能工作方案

制度名称	动力设备节能工作方案	编号	
		版本	

第 1 条　节能工作目的。

公司通过技术进步和生产、生活动力设备的现代化，优化能源结构，减少水、电、气等能源的浪费，最大限度地支持公司的生产经营活动，做好资源回收与环境保护，从而进一步提高公司的整体素质和经济效益。

第 2 条　适用范围。

本方案适用于公司水、电、气等能源的节约工作。

第 3 条　节能工作原则。

节能工作应遵循如下 4 项原则。

1. 在保证并提高质量的前提下降低成本的原则。

2. 公司全员参与的原则。

3. 依靠科技进步减少设备消耗的原则。

4. 最低消耗发挥其最大功效的原则。

第 4 条　节能工作职责。

公司动力保障部节能管理处是动力设备节能工作的归口管理部门，为有效控制各类能源的使用，动力保障部应建立节能监督小组，负责巡检、考察各相关部门或工序的节能情况。

第 5 条　节能工作目标。

公司各阶段各动力能力的限定用量额度见附表。

第 6 条　动力系统节能措施。

1. 电机变频器节能。

（1）适用范围。

电机变频器适用于电动机调速、负载功率变化的场合，如注塑机、各类泵（风机、空压机等）、电机拖动系统、桥式起重机。

（2）节能操作。

由变频器拖动的电机，可实现闭环控制，由传感器感知外部负荷和速度的变化，然后交由计算机处理，通过计算机控制变频器来调节电机的转速和功率的输出，始终以优化的方式来控制电机的功率输入，从而达到节能的目的。

（3）实际效果。

电机变频器的节电率一般可达到 23%~40%，同时使电机的寿命变为原来的 2~4 倍。

2. 电机相口相控器节能。

（1）操作原理。

①在电机与电网之间加上能量管理控制器，通过实时检测电机运行的电压和电流及其相位角的大小，判断电机所处的运行负荷和效率状态。

（续）

②当电机在低效率、轻载状态下运行时，可通过优化运算决策实时调节加于电机的电压和电流的大小，以调整对电机的功率的输入，保证电机的输出转矩与负荷需求精确匹配，实现"所供即所需"的柔性化能量管理模式。

（2）适用范围。

电机相口相控器适用于经常处于轻载或变负载运行且不需要或不能调速的交流电机软启动及节电控制，如冲压机、啤机、皮带传送机、空气压缩机等。

（3）效果。

①可节省部分励磁损耗和负载损耗，提高功率因数，改善电机运行状态和电网运行品质，而且具有软启动的功能。

②综合节电率达 15%~40%，使电机使用寿命变为原来的 2~4 倍。

3. 电机无功功率的就地补偿。

（1）适用范围。

电机无功功率就地补偿装置适用于单向旋转的负载，如水泵、风机、压风机、球磨机等，不适用于双向旋转的设备，也不适用于频繁点动的设备。

（2）效果。

①通过就地增加无功补偿装置，可以使线路运行电流下降约 40%，无须更换原有的电缆及开关柜的元器件。

②可以节约有功电量 8%~15%，节约无功功率 50%~80%，减少线路输送电流 15%~30%，节约线路损耗和变压器损耗。

4. 低压配电网的无功优化补偿。

合理选择无功补偿，能够有效地维持系统的电压水平，提高电压稳定性，避免大量无功的远距离传输，从而降低有功网损，减少电力损失，提高设备利用率。

5. 电网三相布控节电器节能。

（1）原理。

①根据三相系统因开关动作、电机启动、电子电路开关电源、雷击等引起的顺变和浪涌引起的谐波，采用国际上最先进的技术去平衡、抑制和吸收危害系统耗费电能的有害因素，从而达到保护电路和节省电能的双重功效。

②节电器一般通过分级布控才能达到最佳效果，主控制级一般安装在电路总表的输出端，分控制级一般安装于各车间或各楼层分闸或电表的输出端，末级（用电极）一般安装于大型负载处。

（2）适用范围。

电网三相布控节电器主要用于 220V~380V 的供电系统中，是一种系统的节电保护器，适用于电压、电流波动较大的系统。

（3）效果。

节电率可达到 15% 左右，并能起到保护电路的作用。

（续）

第 7 条　动力设备更新与技术改进。

1. 设备更新。

公司根据实际需要，及时淘汰落后设备，建立装备结构大型化、资源利用高效化、物质消耗减量化的高效生产经营体系。

2. 技术改进。

在供电、输配电、用电系统应用节电产品和节电技术，并积极采用高炉操作专家系统、强化冷却和水冷壁检漏技术等。

第 8 条　考核与奖惩。

1. 考核。

公司建立能源动力责任制，节能监督小组具体负责能源节约工作的监督与考核。

2. 奖惩。

制定奖惩分明的考核办法，对节能工作中有突出贡献的员工进行奖励，对在工作中违反节能工作规定从而造成能源浪费或其他损失的员工，公司将追究其责任，并根据具体情况进行处罚。

附表：能源使用限额表

附表：　　　　　　　　　　　**能源使用限额表**

能源　　项目用量	电（kw）	水（t）	天然气（m³）	其他能源
日用量				
月用量				
年用量				

编制日期		审核日期		批准日期	
修改标记		修改处数		修改日期	

8.3 电力故障处理管理

8.3.1 停电及电力故障处理流程

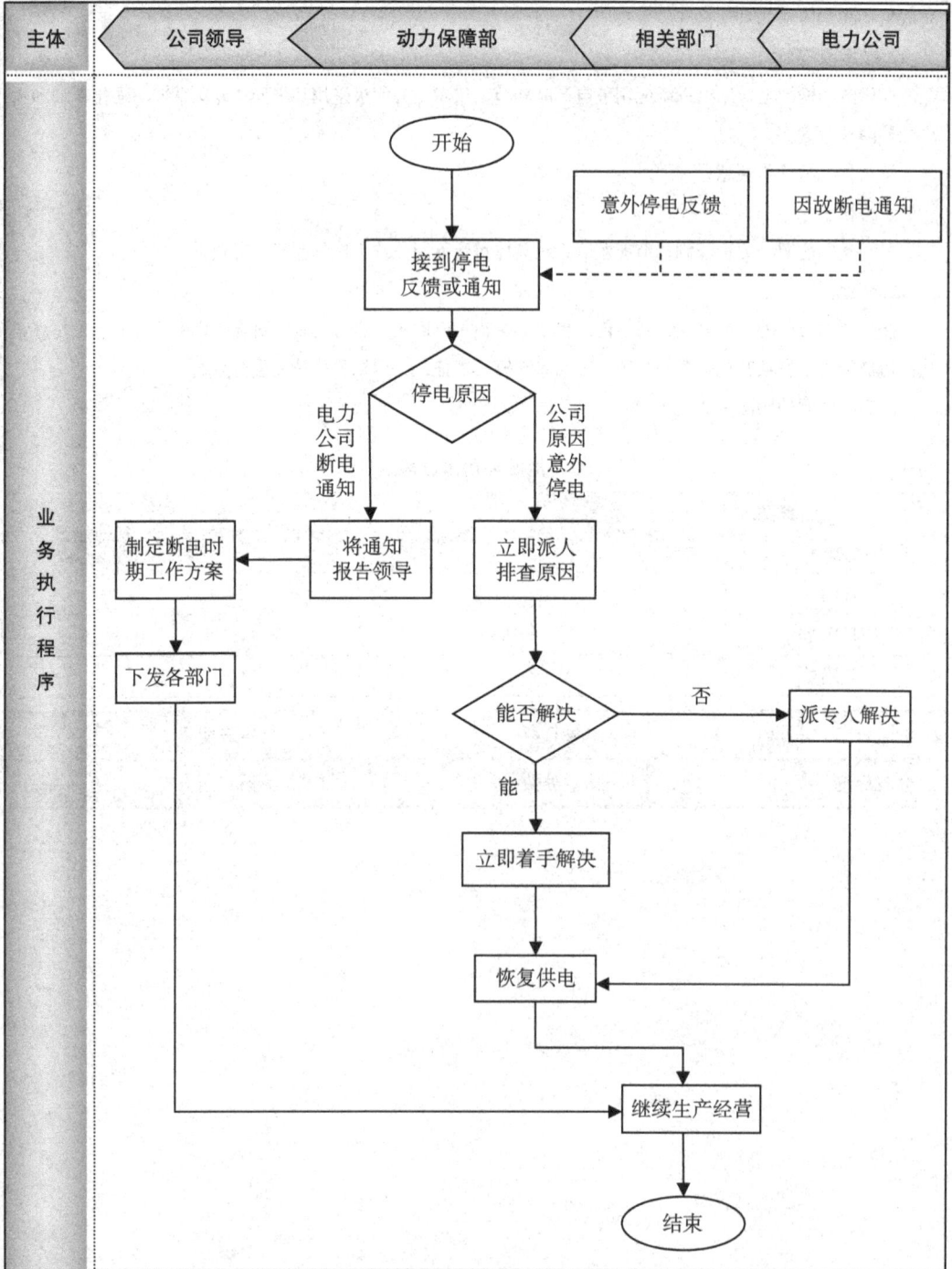

主体	公司领导	动力保障部	相关部门	电力公司

业务执行程序

```
                        开始
                         │
                         │        意外停电反馈    因故断电通知
                         ▼              │            │
                     接到停电  ◄┄┄┄┄┄┄┄┄┘┄┄┄┄┄┄┄┄┘
                     反馈或通知
                         │
                         ▼
                      停电原因
        电力              │         公司
        公司              │         原因
        断电              │         意外
        通知              │         停电
         │                │           │
         ▼                ▼           ▼
    制定断电时  ◄── 将通知      立即派人
    期工作方案       报告领导     排查原因
         │                            │
         ▼                            ▼
    下发各部门                     能否解决 ──否──► 派专人解决
         │                            │                 │
         │                            能                │
         │                            ▼                 │
         │                        立即着手解决           │
         │                            │                 │
         │                            ▼                 │
         │                         恢复供电 ◄───────────┘
         │                            │
         │                            ▼
         └──────────────────────► 继续生产经营
                                      │
                                      ▼
                                    结束
```

8.3.2 停电及电力故障处理办法

制度名称	停电及电力故障处理办法	编号	
		版本	

第一章　总则

第1条　目的。

为提高停电及电力故障情况的处理效率，及时挽回损失，维护公司利益，特制定本办法。

第2条　试用范围。

本办法适用于公司停电及电力故障情况下的紧急处理。

第3条　责任部门。

动力保障部为停电及电力故障处理的归口管理部门。

第二章　执行程序

第4条　电力公司通知停电。

1. 若电力公司预先通知辖区暂时停电，动力保障部工作人员应立即将详情和相关文件呈交给主管。

2. 由公司领导人制定停电期间公司的生产经营方案。

3. 将停电通知及停电期间生产经营方案传达给各部门。

4. 当供电恢复时，动力保障部的工作人员要与电工技术人员检查辖区内所有电力设备的正常运作情况，如有损坏，须立即报告主管安排修理。

5. 动力保障部必须随时准备电筒和其他照明物品，以便晚间突然发生停电时使用。

第5条　电力检修停电。

动力保障部如果因线路检修停电，需提前通知公司领导，让其做好停电时的工作规划，如提前关闭生产设备、备好临时照明灯具等。

第6条　小部分办公区域或生活区域停电。

动力保障部的工作人员在接到通知后，要拿好手电筒、鞋套、手套、工作台布及维修工具赶赴现场查找原因，及时处理。

第7条　大面积突然停电。

1. 发生大面积停电后，相关部门应立即联系保障部的工作人员。

2. 动力保障部的工作人员应带好手电、应急照明工具及维修工具前去查找原因，及时恢复供电。

3. 检查故障供电线路，视情况通过电话询问电力公司是否停止供电。

4. 及时查明原因，处理完毕后，填写事故报告并妥善存档管理。

第三章　附则

第8条　本制度由动力保障部制定，解释权和修改权归财务部。

第9条　本制度由公司总经理审批通过后，自发布之日起执行。

编制日期		审核日期		批准日期	
修改标记		修改处数		修改日期	

8.4 动力设备点检管理

8.4.1 动力设备点检准备流程

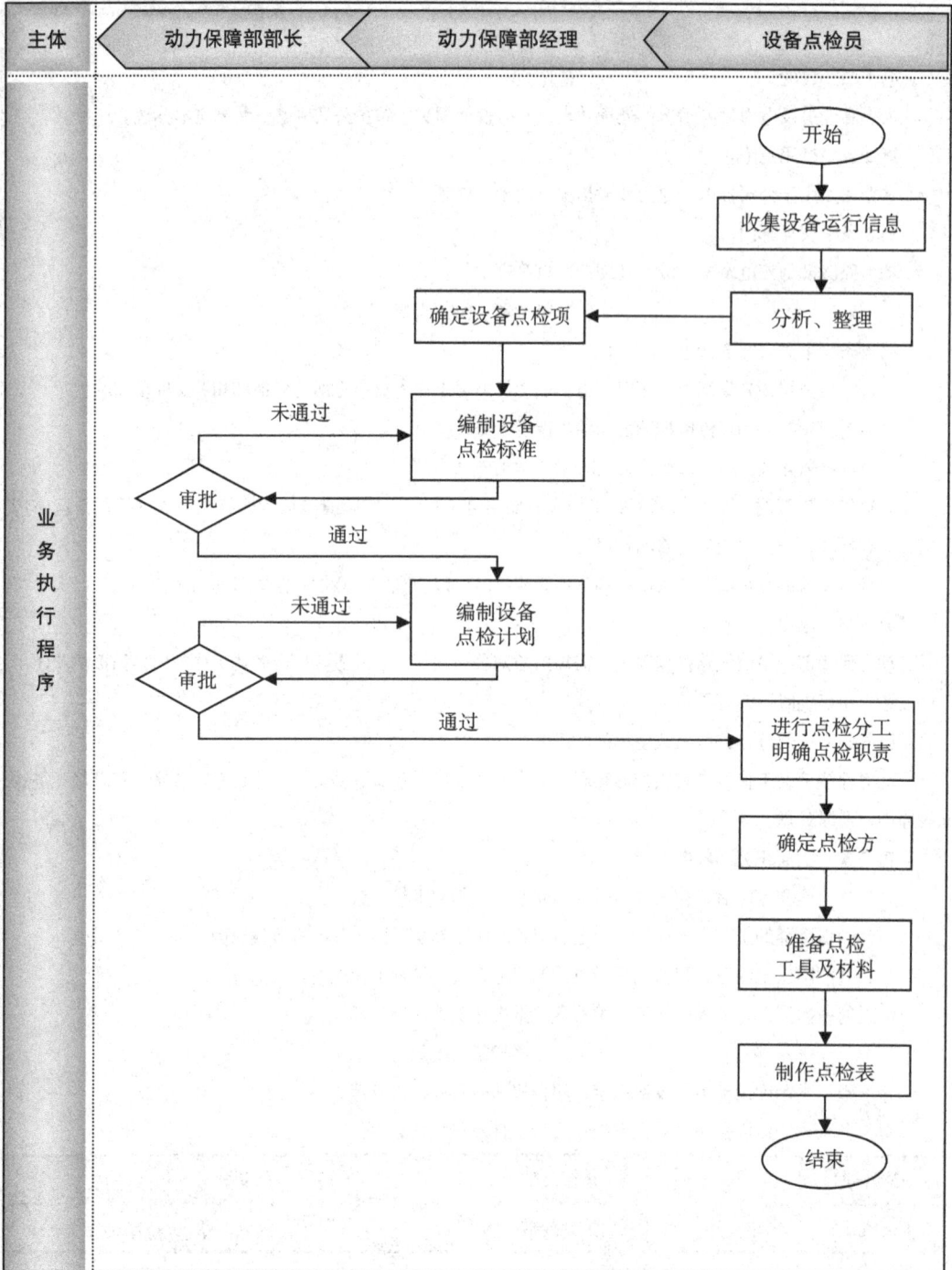

主体	动力保障部部长	动力保障部经理	设备点检员

业务执行程序

开始

收集设备运行信息

分析、整理

确定设备点检项

编制设备点检标准

审批 — 未通过 → 编制设备点检标准

审批 — 通过 →

编制设备点检计划

审批 — 未通过 → 编制设备点检计划

审批 — 通过 →

进行点检分工明确点检职责

确定点检方

准备点检工具及材料

制作点检表

结束

8.4.2 设备点检实施流程

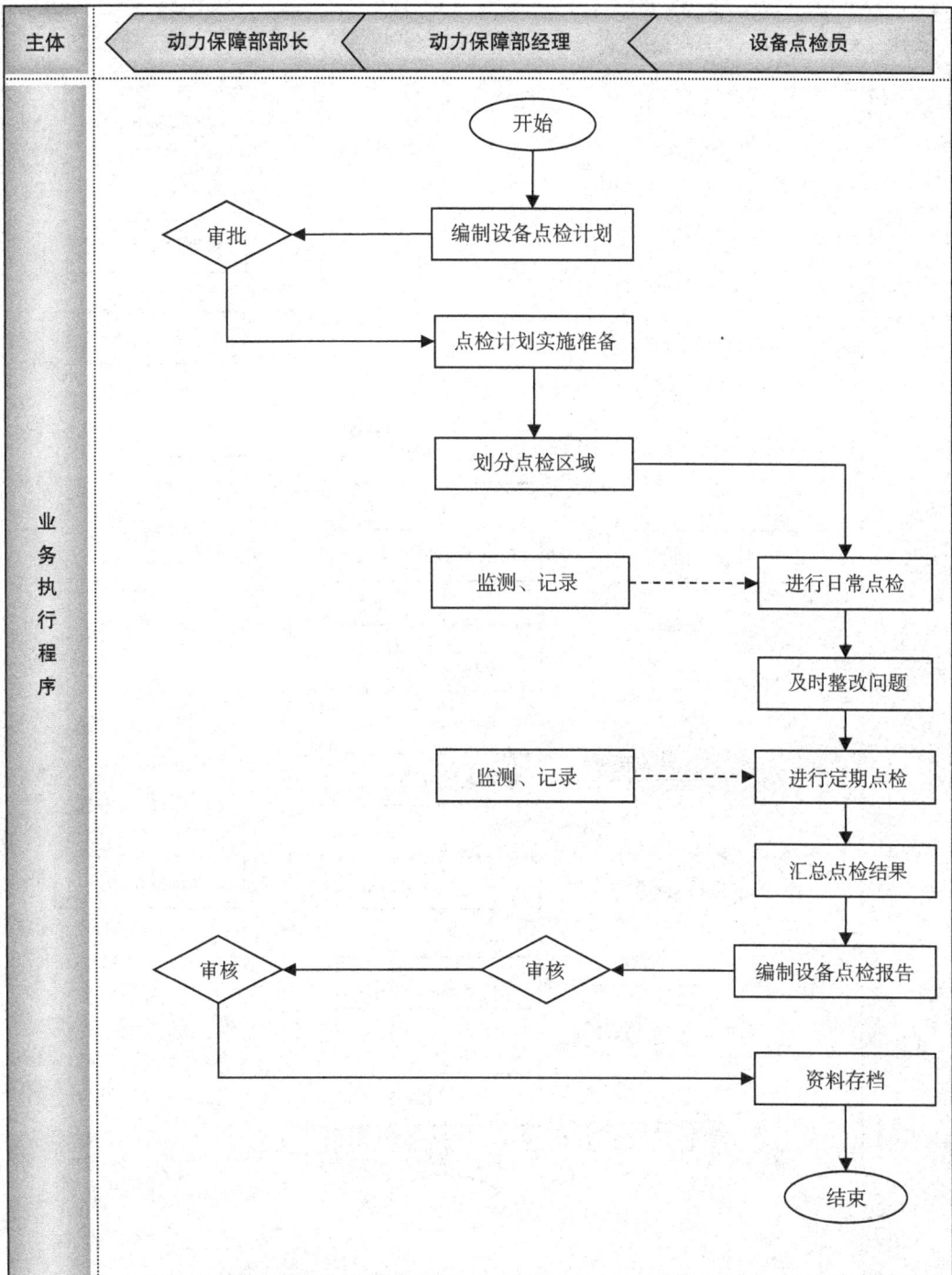

主体	动力保障部部长	动力保障部经理	设备点检员

业务执行程序

```
                                              开始
                                               │
                                               ▼
             审批 ◀────────────────  编制设备点检计划
              │
              ▼
                            点检计划实施准备
                                  │
                                  ▼
                             划分点检区域 ──────────────┐
                                                         │
                                                         ▼
        监测、记录 ─ ─ ─ ─ ─ ─ ─ ─ ─ ▶           进行日常点检
                                                         │
                                                         ▼
                                                  及时整改问题
                                                         │
                                                         ▼
        监测、记录 ─ ─ ─ ─ ─ ─ ─ ─ ─ ▶           进行定期点检
                                                         │
                                                         ▼
                                                  汇总点检结果
                                                         │
                                                         ▼
     审核 ◀─────────────  审核 ◀─────────────  编制设备点检报告
      │
      │                                               资料存档
      └────────────────────────────────────────────────▲
                                                         │
                                                         ▼
                                                       结束
```

8.4.3 点检结果分析流程

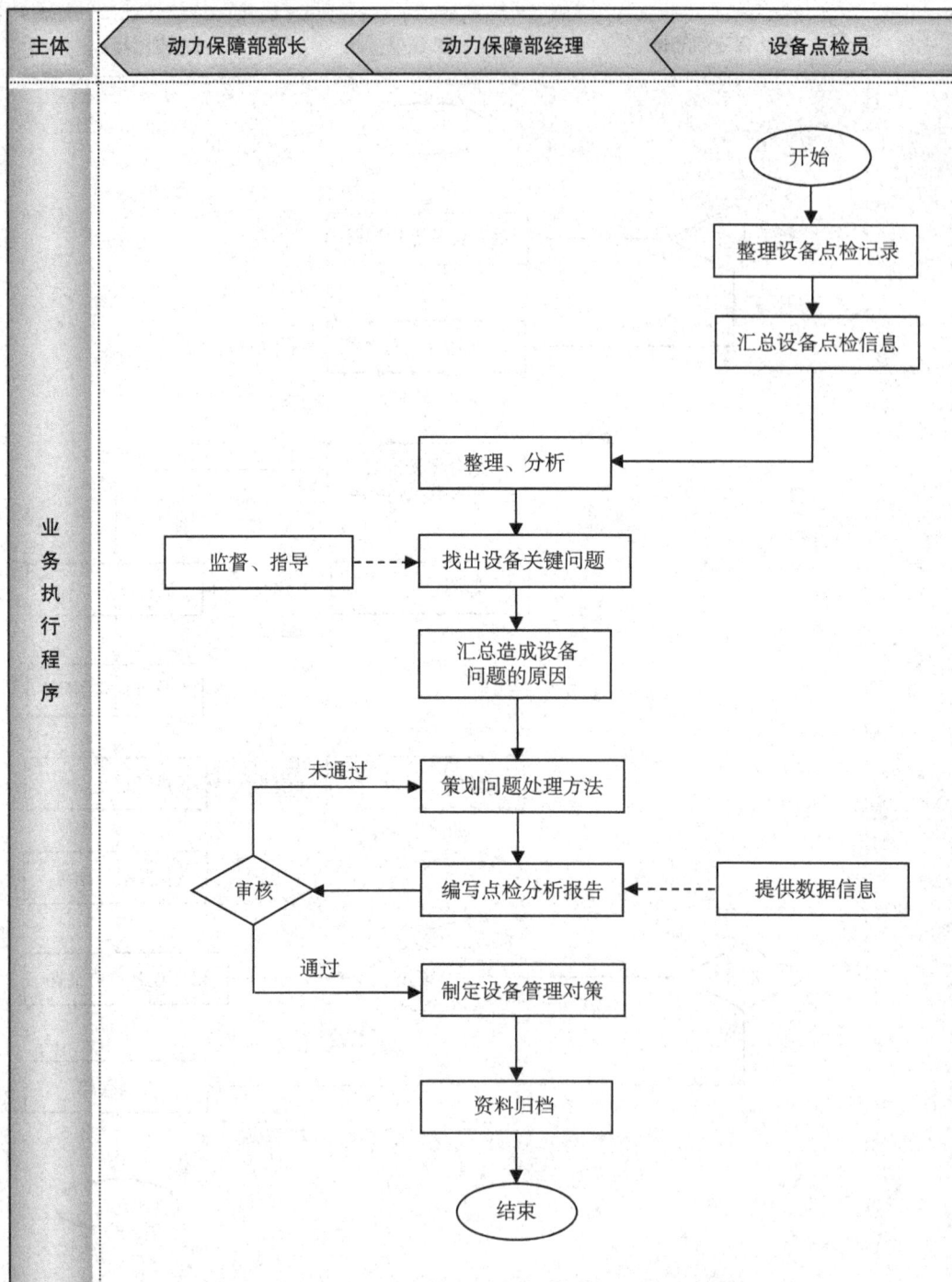

主体	动力保障部部长	动力保障部经理	设备点检员

业务执行程序

开始

整理设备点检记录

汇总设备点检信息

整理、分析

监督、指导 ⟶ 找出设备关键问题

汇总造成设备问题的原因

未通过 → 策划问题处理方法

审核

编写点检分析报告 ⟵ 提供数据信息

通过 → 制定设备管理对策

资料归档

结束

8.4.4 设备点检作业操作规范

制度名称	设备点检作业操作规范	编号	
		版本	

第1条 目的。

为规范设备点检工作秩序，及时发现设备使用前、使用中、使用后所出现的问题并及时予以解决，同时为了给预防保全工作提供依据，特制定此操作规范。

第2条 适用范围。

适用于公司直接从事生产的设备的日常点检。

第3条 职责和权限。

1.动力保障部制订设备日常点检计划，并做好日常点检表的回收和保管。

2.生产单位负责对设备进行日常点检。

第4条 作业内容。

1.动力保障部按照设备说明书及以往的使用经验制作"设备日常点检表"，由动力保障部经理对设备日常点检表的内容进行确认。

2.在每班设备作业开始前，车间作业人员应按照设备日常点检表的内容对设备进行点检，并记录点检结果。

3.每班结束前由当班的班长进行确认。车间主任每月末对点检表进行确认，并把汇总的日常点检表交给动力保障部保管。

4.操作人员在日常点检时若发现异常，要立即停止作业，在点检表中记入"X"，并及时报告当班班长。

5.由当班班长发具"设备修理申请书"，通知动力保障部进行修理，修理结束后，动力保障部要通知班长对修理结果进行确认。

6.设备修理者要将修理内容记入设备管理台账。对影响制品品质的修理或部件更换，要进行品质确认。

7.动力保障部的点检人员在每天早班作业开始前，对指定的设备进行点检（参照设备日常点检表），点检中发现异常现象，应及时给予解决（对存在的一些故障隐患，要及时提出修理意见，并将其展开到设备预防保全活动中去）。

8.点检中若发现重大不合格事项，由动力保障部发出纠正措施，同时横向开展对同类型设备相同部位的点检。

第5条 本规范未尽事宜参照公司相关规定执行。

第6条 本规范由公司人力资源部负责制定、修订和解释。

第7条 本规范自____年____月____日起实施。

编制日期		审核日期		批准日期	
修改标记		修改处数		修改日期	

8.4.5 设备运行检查管理办法

制度名称	设备运行检查管理办法	编号	
		版本	

第1条 目的。

为了规范设备运行检查工作，实时掌握设备的运行状态，消除设备运行中潜在的安全隐患，维护并改善设备性能，延长设备使用寿命，根据公司相关规定，特制定本管理办法。

第2条 适用范围。

本管理办法适用于公司所有设备运行检查工作的指导和管理。

第3条 职责分工。

公司应根据自身的特点和实际工作安排，合理分配设备运行检查的工作职责。一般情况下，设备运行检查的职责分工见附表。

第4条 收集相关材料。

设备检查人员应在动力保障部经理的指挥下，认真收集设备运行检查的相关资料，为具体的运行检查工作做好准备。一般而言，资料的来源主要有设备使用说明书、设备供应商提供的相关培训资料和培训笔记、设备使用初期阶段的相关技术材料等。

第5条 做好"七定"工作。

为保证设备运行检查的顺利进行，动力保障部经理应认真做好设备运行检查的"七定"工作。

1. 定检查内容。

为了使设备运行检查工作更加标准化，动力保障部经理应根据相关技术材料找出设备运行的故障点和关键点，并将其作为主要检查内容，以提高设备运行检查的效率。

2. 定检查人员。

（1）公司应设置专门的设备运行检查人员，以促进检查工作的顺利进行，保证设备运行的安全。

（2）设备操作人员也应负责一部分的设备运行检查工作，认真做好设备的日常运行检查工作。

3. 定检查范围。

动力保障部经理应合理、明确地划分检查人员所负责的设备范围。

4. 定检查形式。

设备运行检查的形式主要有日常检查、定期检查和精密检查，动力保障部经理应选择确定合理的设备运行检查形式并制订检查计划，及时发现并排除设备隐患，延长设备的使用寿命。

5. 定检查标准。

动力保障部经理应根据设备的具体特点，认真参考相关技术资料，确定合理的设备运行检查标准。

6. 定检查周期。

动力保障部经理应根据设备的实际运行状况，在经多次试验后，选择确定设备的最佳检查周期。

7. 定检查方法。

为了更加准确、有效地发现设备的潜在问题，动力保障部经理应针对设备运行检查的具体内容和特点，确定合理的设备运行检查方法。

（续）

第 6 条 编制检查计划。

设备检查人员应根据设备运行的具体情况，编制合理的设备运行检查计划，经批准后，严格落实执行。

第 7 条 实施检查。

设备检查人员应根据计划安排，认真落实设备运行检查工作，及时发现并排除设备各种潜在问题。

第 8 条 编写检查报告。

设备运行检查完成后，设备检查人员应根据检查结果编写检查报告，并及时向上级领导汇报。

第 9 条 本办法未尽事宜请参照公司相关规定来执行。

第 10 条 本办法由公司动力保障部负责制定、修订和解释。

第 11 条 本办法自＿＿＿年＿＿＿月＿＿＿日起实施。

附表：设备运行检查职责的分工

附表： **设备运行检查职责分工情况**

执行人员	工作职责
动力保障部 经理	⦿ 负责设备运行检查相关制度的制定和监督执行工作 ⦿ 负责做好设备运行检查的"七定"工作，为设备运行检查的顺利进行打好基础
设备检查人员	⦿ 做好设备运行检查的培训工作，不断提高设备操作人员的设备检查意识和技能 ⦿ 制订设备运行检查计划，经有关领导审批通过后，严格落实执行 ⦿ 根据设备检查结果，编写设备运行检查报告，并做好相关工作记录
设备操作人员	⦿ 在设备运行检查人员的指导下，认真做好设备的日常运行检查工作

编制日期		审核日期		批准日期	
修改标记		修改处数		修改日期	

8.4.6 设备运行排查管理办法

制度名称	设备运行排查管理办法	编号	
		版本	

第一章 总则

第1条 目的。

为规范设备运行排查工作，及时发现并排除设备的安全隐患，确保人员和设备的安全，保证产品生产的正常进行，根据公司相关规定，特制定本管理办法。

第2条 适用范围。

本管理办法适用于公司所有设备运行状态下的故障排查管理工作。

第3条 职责分工。

1. 动力保障部经理负责与设备运行排查相关的管理制度的制定工作，并严格监督、指导下属人员执行。

2. 一方面，设备排查人员应加强对设备操作人员的指导和培训，提高其设备运行排查的意识和能力，及时发现并上报所发现的安全隐患；另一方面，设备排查人员还应拟定设备运行排查计划并定期落实执行。

3. 设备操作人员应在设备排查人员的指导下，及时发现并上报生产过程中所发现的安全隐患。

第二章 设备日常运行排查

第4条 进行故障排查培训。

设备排查人员应根据公司的相关规定，定期就设备运行排查制度规范和工作技巧，对设备操作人员进行教育培训。通过教育培训，不断提高设备操作人员进行设备运行排查的意识和能力，督促其做好设备日常运行状态下的维护保养和点检排查工作。

第5条 做好设备日常维护。

1. 设备操作人员应严格按照公司的相关规定，认真做好设备的日常维护工作，延长设备的使用寿命。

2. 设备运行日常维护的工作内容主要有设备周围环境的调整工作、设备润滑工作、设备防腐工作、设备运行的调整工作以及对设备上的油垢、积水、杂物的清理工作等。

第6条 上报设备安全隐患。

1. 设备操作人员应认真做好设备运行检查工作，及时发现设备的安全隐患并立即上报给设备排查人员。

2. 对于一些简单的设备运行问题，如螺栓松动、由于冷却水不足造成的设备温度过高等，设备操作人员可自行处理解决，无须上报给设备排查人员。

3. 发现设备存在简单问题，但无法正常解决的，也应立即联系设备排查人员。

第7条 消除设备安全隐患。

1. 设备排查人员收到通知后，应立即赶到设备现场，认真观察设备的运行状态，分析判断设备安全隐患产生的原因和危险级别，并采取有效措施，消除设备安全隐患。

2. 安全隐患消除后，设备排查人员和设备操作人员应共同检验设备安全隐患的排查效果，确保设备的正常安全运行。

3. 设备安全隐患无法消除的，设备排查人员应立即要求停止设备运行，并上报给相关领导。

（续）

4.设备安全隐患排查结束后，设备排查人员应认真做好工作记录，以备日后查阅。

第三章 设备定期运行排查

第8条 制订设备排查计划。

设备排查人员应严格按照公司的规定和要求，根据设备的特点和使用状况，编制合理的设备运行排查工作计划，并及时上报给相关领导申请审批。

第9条 执行设备排查计划。

设备定期排查计划通过后，设备排查人员应严格按照计划内容，对公司设备进行认真排查，及时发现设备存在的各种故障。

第10条 消除设备故障。

发现设备故障后，设备排查人员应认真分析设备发生故障的原因、级别，拟定故障解决方案，采取有效措施消除设备故障，最后认真检查故障消除的效果。

第11条 验收排查效果。

设备故障消除后，设备排查人员应与设备操作人员共同验收设备排查效果，确保设备的正常安全运行。

第12条 做好工作记录。

设备排查完成后，设备排查人员应认真做好相关工作记录，详细写明设备出现故障的情况及解决办法和解决效果。

第13条 注意事项。

设备排查人员在进行设备运行故障排查时，应注意以下事项。

1.在制订设备排查计划时，应注意合理把握排查时间，避免耽误生产进度。

2.设备定期排查计划原则上不允许改动，若确需改动，必须经过动力保障部经理、生产部经理和生产总监的审核和审批。

3.在设备运行排查的过程中，设备操作人员应积极配合设备排查人员的工作，共同消除设备存在的安全隐患。

4.设备运行排查结束后，设备排查人员应针对所出现的故障类型，对设备操作人员进行指导，并采取一定措施，防止此类设备故障的再次发生。

5.设备排查人员在进行设备排查时，应注意控制设备排查的成本，在保证设备运行排查效果的前提下，最大限度地降低设备排查成本。

第四章 附则

第14条 本办法未尽事宜参照公司相关规定执行。

第15条 本办法由公司动力保障部负责制定、修订和解释。

第16条 本办法自____年____月____日起实施。

编制日期		审核日期		批准日期	
修改标记		修改处数		修改日期	

第 9 章

物业服务管理

9.1 停车服务管理

9.1.1 停车服务管理流程

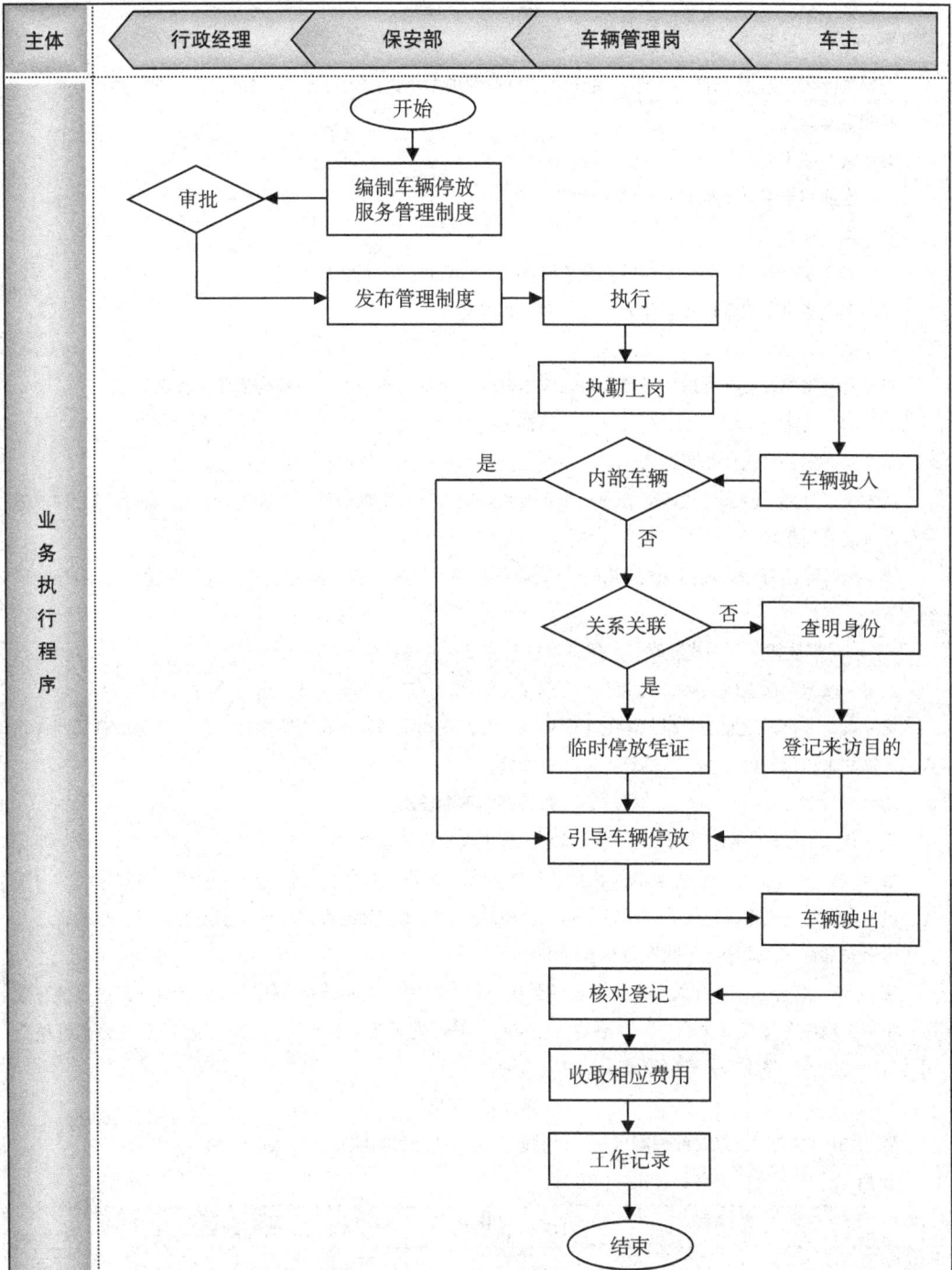

主体	行政经理	保安部	车辆管理岗	车主

业务执行程序

- 开始
- 编制车辆停放服务管理制度
- 审批
- 发布管理制度 → 执行
- 执勤上岗
- 内部车辆（是/否）
- 车辆驶入
- 关系关联（是/否）
- 查明身份
- 临时停放凭证
- 登记来访目的
- 引导车辆停放
- 车辆驶出
- 核对登记
- 收取相应费用
- 工作记录
- 结束

9.1.2 停车服务管理制度

制度名称	停车服务管理制度	编号	
		版本	

第一章 总则

第1条 目的。

为规范车辆停放服务管理工作，提高停车服务管理水平，优化停车场使用效率，结合公司的实际情况，特制定本制度。

第2条 适用范围。

本制度适用于所有出入本公司的车辆和人员。

第3条 职责分工。

1.保安部是车辆停放服务工作的直接主管部门，行政部为上级管理部门。

2.停车服务由车辆管理岗工作人员提供并进行管理。

第4条 服务原则。

车辆管理工作人员在管理车辆停放时，应本着认真负责、快速高效、礼貌周到的原则。

第二章 车辆停放

第5条 本公司内部车辆进入公司，须按照员工车辆停放安排停放至指定位置。

第6条 外部车辆来访，车辆管理工作人员须查明人员、车辆信息，判断是否为公司合作单位或业务关联单位的所属车辆。

第7条 车辆管理人员向公司合作单位或业务关联单位的所属车辆发放"临时停放凭证"，引导车辆到指定的位置停放。

1."临时停放凭证"一式三联，经保安部核对签发，签注日期与时间。

2.第一联留存保安部，第二联由车辆管理人员保管，第三联由车主携带出入公司。

第8条 非合作或业务关联单位的车辆进入公司，车辆管理人员在查明来访人员的身份信息，调查并登记车辆的来访目的后，引导车辆至指定位置停放。

第三章 车辆驶出

第9条 本公司内部车辆驶出，按员工车辆管理规定正常驶出。

第10条 合作单位或业务关联单位的所属车辆驶出公司，车主持"临时停放凭证"在规定时间内驶离公司，车辆管理人员不得收取停车管理费用。停放时间超出"临时停放凭证"规定的情况，车辆管理人员请示保安部意见，原则上不收取停车管理费用。

第11条 非合作或业务关联单位的车辆驶出公司，车辆管理人员对车辆进行例行检查，重点检查盗窃、私藏、泄密等重要安全隐患。车辆检查完成后，核对登记车辆的离开信息，计算并收取停车管理费用。车辆驶出手续完成后，车辆管理人员放行车辆。

第四章 附则

第12条 本制度由保安部编制撰写，经行政经理审批通过后实施，修改时亦同。

第13条 本制度的最终解释权归保安部。

编制日期		审核日期		批准日期	
修改标记		修改处数		修改日期	

9.2 监控管理

9.2.1 监控管理流程

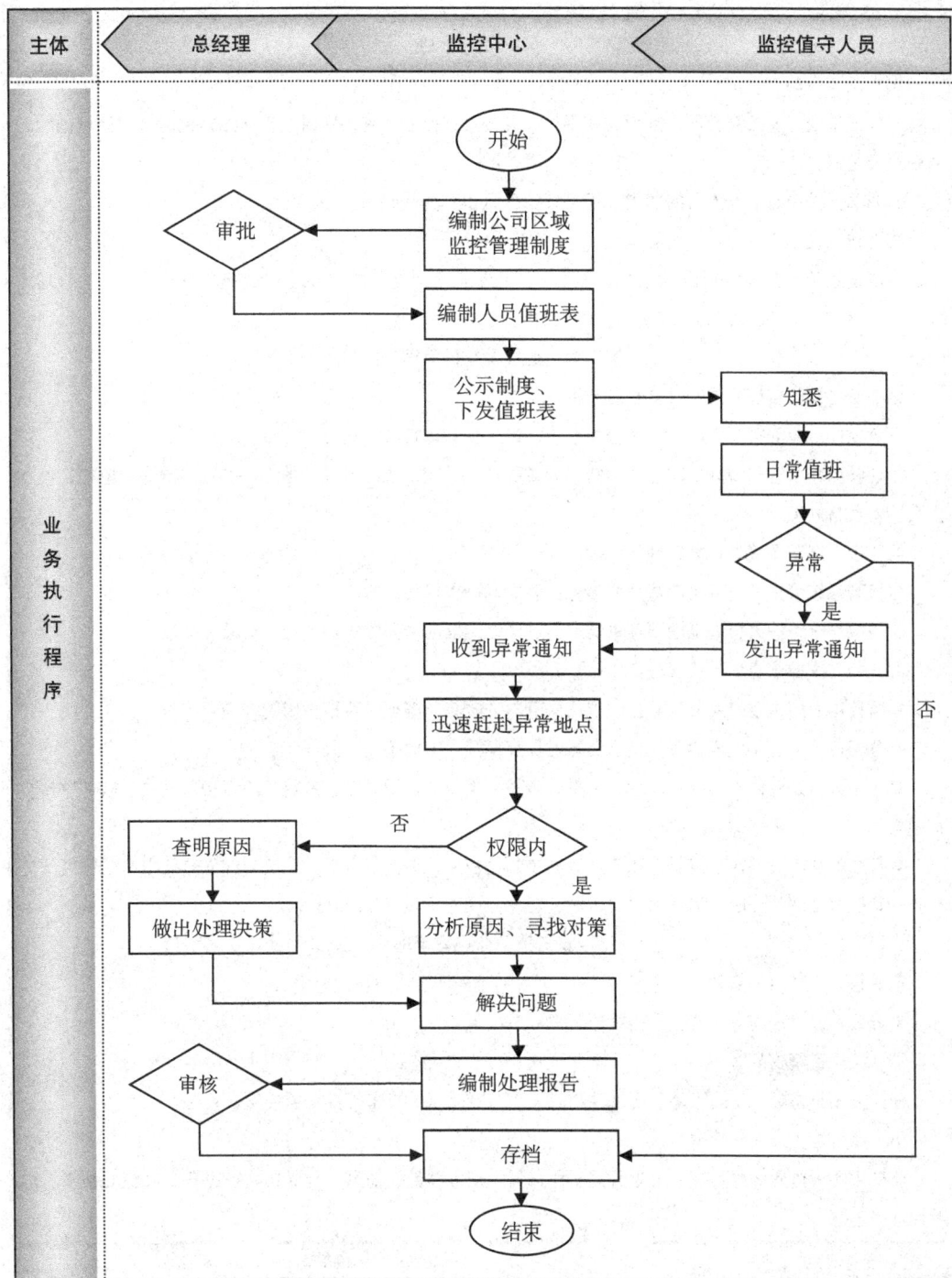

主体	总经理	监控中心	监控值守人员

业务执行程序

```
                              ┌─────────┐
                              │  开始   │
                              └────┬────┘
                                   │
          ◇审批◇ ◀────────  ┌─────────────┐
            │                │ 编制公司区域  │
            │                │ 监控管理制度  │
            │                └──────┬──────┘
            │                ┌─────────────┐
            └──────────────▶ │ 编制人员值班表 │
                             └──────┬──────┘
                             ┌─────────────┐       ┌─────────┐
                             │ 公示制度、    │ ────▶ │  知悉   │
                             │ 下发值班表    │       └────┬────┘
                             └─────────────┘       ┌─────────┐
                                                   │ 日常值班 │
                                                   └────┬────┘
                                                      ◇异常◇ ──── 否
                                                       │是
                             ┌─────────────┐       ┌─────────────┐
                             │ 收到异常通知  │ ◀──── │ 发出异常通知  │
                             └──────┬──────┘       └─────────────┘
                             ┌─────────────┐
                             │ 迅速赶赴异常地点│
                             └──────┬──────┘
          ┌─────────┐    否      ◇权限内◇
          │ 查明原因 │ ◀──────────  │是
          └────┬────┘       ┌─────────────────┐
          ┌─────────┐       │ 分析原因、寻找对策 │
          │做出处理决策│       └────────┬────────┘
          └────┬────┘       ┌─────────────┐
               └──────────▶ │  解决问题    │
                            └──────┬──────┘
          ◇审核◇ ◀────────  ┌─────────────┐
            │                │ 编制处理报告  │
            │                └─────────────┘
            │                ┌─────────────┐
            └──────────────▶ │   存档      │ ◀────
                             └──────┬──────┘
                             ┌─────────┐
                             │  结束   │
                             └─────────┘
```

9.2.2 监控管理制度

制度名称	监控管理制度	编号	
		版本	

第一章　总则

第1条　目的。

1.加强本公司监控系统的日常管理和维护，充分发挥监控系统的实时监控作用，保障公司区域内的人身财产安全。

2.明确监控中心工作人员的职责，提高其安全意识和责任感。

第2条　适用范围。

本制度适用于公司区域内的监控管理工作，包括监控系统（如视频监控系统、报警系统）的管理工作、监控值守人员的管理工作等。

第二章　监控系统的管理与维护

第3条　视频监控系统的日常管理与维护。

1.监控中心应安排专人值守视频监控系统，确保视频监控系统24小时开启。

2.视频监控系统出现异常发热、异味、异常噪声、监控图像异常或其他无法处理的异常现象等，值守人员不得私自处理。

第4条　报警系统的日常管理与维护。

1.报警系统维护人员应定期清理监控探头表面，确保镜面洁净。

2.报警系统维护人员应定期清理可能遮掩红外探测器的障碍物，如树枝、树叶和纸屑等。

第5条　图像信息资料的管理。

1.监控中心应指定专人负责监控图像信息资料的收集、整理、存档、借阅和销毁工作。

2.公司监控系统所生成的图像信息资料的保存期限不得低于____天。

3.任何人未经允许不得擅自复制、提供、传播公司的监控图像信息资料，不得擅自删改、破坏原始数据记录。

4.行政执法人员因执法需要调取、查看和复制监控系统图像信息和相关资料的，监控中心工作人员应当查验其执法证件、证明，确认无误后，经公司总经理同意后方可配合。

第三章　监控室管理

第6条　人员出入管理。

未经公司总经理同意，监控室内杜绝无关人员出入。

第7条　违禁物品管理。

任何人不得将易燃易爆物品、腐蚀性物品、烟火或干扰性设备等带入监控室。

第8条　卫生及设备管理。

监控中心人员应做好监控室卫生管理工作，保持室内整洁、通风、干燥，保持设备和设施的布线、码放和排列整齐。

（续）

第四章　监控值守人员工作要求

第 9 条　值勤管理。

监控值守人员不得迟到，不得无故缺席，因事外出期间，应提前取得监控中心管理人员的同意，以便监控中心管理人员及时安排其他人员临时值守。

第 10 条　建立系统运行台账。

监控值守人员应时刻留意监控系统主机及附属设备的运行情况，并建立运行台账，发现异常应及时记录并上报给领导。

第 11 条　熟悉异常现象处理方法。

1. 监控值守人员应熟练掌握各种异常情况的处理方法，在发现安全隐患等异常现象时应及时反映，迅速上报有关领导，不得延误。

2. 当突发性停电、监控系统不能正常运行等情况出现时，监控值守人员应及时通知维修人员进行系统检测并做好记录。

第 12 条　定期检修。

监控值守人员应定期对系统进行全面检查，发现问题应及时报修，确保视频监控系统正常运行和视频文件有效存储。

第五章　处罚标准

第 13 条　一般处罚规定。

监控值守人员存在以下行为的，本公司将视情况扣除其＿＿＿＿至＿＿＿＿元不等的绩效工资。

1. 利用监控计算机上网、聊天、看视频、玩游戏等。

2. 未定期对辖区内视频镜头的灰尘、蜘蛛网等进行清扫，导致视频图像模糊不清，影响正常视频查询。

3. 视频监控系统和报警系统损坏的 24 小时内，未将损坏情况及时上报给相关领导，导致事故发生。

4. 未按时检查视频监控设备并建立台账。

5. 未经公司相关负责人许可，在监控系统主机内安装与系统无关的程序、删除系统中的任一程序或改动系统预设参数。

6. 随意调整摄像头位置、无故中断各视频点监控、删改或破坏视频监控原始资料等影响正常监控，尚未造成安全事故的。

第 14 条　严重处罚规定。

本公司人员或其他外来人员存在以下行为的，本公司将视情节的严重性决定是否移交公安机关处理，对造成公司损失的，本公司有权要求其承担赔偿责任。

1. 盗窃或损坏监控系统的设备、设施。

2. 随意调整摄像头位置、无故中断各视频点监控、故意设置障碍物、删改或破坏视频监控原始资料等，影响正常监控，造成事故的。

（续）

3.泄露本公司监控系统安全秘密，或故意偷拍、窃听、散布他人隐私。		
4.未经公司相关领导同意，擅自复制、提供或传播视频监控信息。		

第六章　附则

第 15 条　本制度由____部负责制定、修订与解释。

第 16 条　本制度自____年____月____日起实施。

编制日期		审核日期		批准日期	
修改标记		修改处数		修改日期	

9.3　电梯管理

9.3.1　电梯管理流程

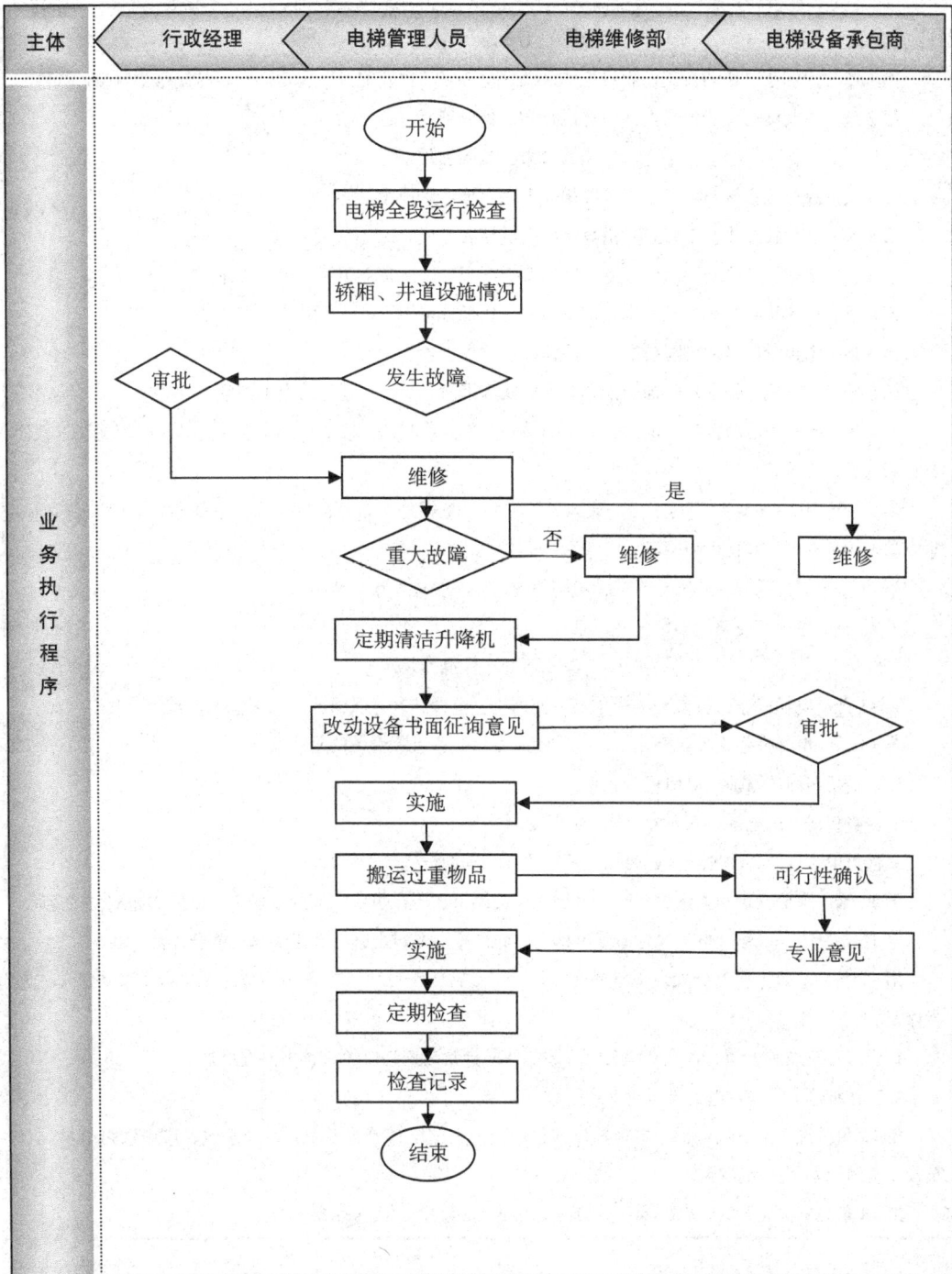

主体	行政经理	电梯管理人员	电梯维修部	电梯设备承包商

业务执行程序

```
                              ┌─────────┐
                              │   开始   │
                              └────┬────┘
                                   ↓
                         ┌──────────────────┐
                         │  电梯全段运行检查  │
                         └────────┬─────────┘
                                  ↓
                         ┌──────────────────┐
                         │ 轿厢、井道设施情况 │
                         └────────┬─────────┘
                                  ↓
        ┌──────┐              ◇ 发生故障 ◇
        │ 审批 │ ←───────────
        └──┬───┘
           │              ┌──────────┐           是
           └────────────→ │   维修    │─────────────────────────→ ┌──────┐
                          └────┬─────┘                            │ 维修 │
                               ↓                                   └──────┘
                          ◇ 重大故障 ◇  ──否──→ ┌──────┐
                               │                 │ 维修 │
                               ↓                 └──────┘
                     ┌──────────────────┐
                     │   定期清洁升降机   │ ←───────────
                     └────────┬─────────┘
                              ↓
              ┌──────────────────────┐           ◇ 审批 ◇
              │  改动设备书面征询意见   │ ←──────────
              └──────────┬───────────┘
                         ↓
                    ┌────────┐
                    │  实施   │ ←───────────
                    └───┬────┘
                        ↓
              ┌──────────────┐          ┌────────────┐
              │  搬运过重物品  │ ───────→ │  可行性确认  │
              └──────┬───────┘          └────────────┘
                     ↓                         
                ┌────────┐              ┌──────────┐
                │  实施   │ ←──────────  │  专业意见  │
                └───┬────┘              └──────────┘
                    ↓
                ┌────────┐
                │ 定期检查 │
                └───┬────┘
                    ↓
                ┌────────┐
                │ 检查记录 │
                └───┬────┘
                    ↓
                ┌────────┐
                │  结束   │
                └────────┘
```

9.3.2 电梯管理制度

制度名称	电梯管理制度	编号	
		版本	

第一章　总则

第1条　为规范电梯的操作、维保工作，确保电梯各项性能完好、安全运行，特制定本制度。

第2条　本制度适用于公司内部所有运行的电梯的管理。

第二章　电梯使用规定

第3条　经检测不合格、未取得《准用证》的电梯严禁使用。

第4条　电梯的操作和维修必须由具有上岗资格者完成。

第5条　电梯须有明确维保责任人，同时要有明确的困人解救小组和解救方案。

第6条　电梯每年"年检"一次，取得年检合格证方可使用。

第7条　电梯维保时须设防护措施，悬挂标志牌和护栏。

第8条　电梯机房锁匙及电梯门锁匙，除保安部消防人员外，任何人员不得使用。

第9条　电梯内求救警钟、电风扇必须保持在正常工作状态，以免在乘客遇紧急情况时因无法求救而导致窒息。

第10条　保持电梯机房内干净、通风，不得堆放易燃物品和腐蚀性物品，消防器材齐全装备完好，紧急救援工具齐全，其他标识明确。

第11条　保持轿厢内通风、明亮，轿厢顶内、底坑等处干净无杂物。

第12条　电梯有完整的维修保养记录和其他相关记录。

第三章　电梯操作规定

第13条　电梯操作人员检查电梯轿厢、控制箱、电梯井及井底情况，一切情况正常后可开启电梯。

第14条　电梯操作人员在操作电梯时应随时注意检查以下设备的运行情况。

1. 检查机房内的滑油、曳引机是否正常。

2. 检查机房内的电源，如正常，用专用钥匙开启电梯。

3. 检查电梯内的各辅助开关是否在正常位置上，辅助设备是否运行正常等。

第15条　乘搭电梯的人数过多时，电梯人员应维持秩序，指导大家分批搭乘，以免因超载发生危险。

第16条　电梯操作人员应经常清除电梯门路轨内积存的垃圾，以免影响梯门的开关。

第17条　电梯操作人员如发现电梯有震荡、不正常的声音或电梯有损坏时，应立即通知维修人员进行修复。

1. 当工程修理人员到达时，电梯工应详述电梯的异常之处，以便其查出问题所在。

2. 工程维修人员须对电梯异常情况进行详细记录。

第18条　凡有水渗入电梯，电梯操作人员应立即关闭电梯停止使用，以免触电；应设法将电梯升高至较安全的地方，并通知维修人员进行检查。

第19条　发生火警时，电梯操作人员应规劝业主／使用人切勿乘搭电梯。

（续）

第四章　电梯日常巡查与维护规定

第20条　保安部每天对各电梯全面巡视一次，发现问题及时通知相关人员进行处理。

第21条　保安主管在进行周检时，应组织人员对电梯进行一次全面检查，发现安全隐患立即组织整改。

第22条　电梯维修工负责对电梯保养和维修工作的质量进行检验。

1. 检查电梯机房是否有足够的通风，温度是否过高，气窗玻璃是否完整。

2. 检查电动机的油位，须不低于油镜中线、不漏油、通风良好。

3. 检查轿厢是否平稳，是否有不正常的声音，警铃、对讲电话、风扇等是否正常。

4. 检查限速器转动部分是否加润滑油，转动是否灵活，有无异常声响。

5. 检查接触器和继电器是否正常、有无异声，接点有无打火积炭、熔焊、烧蚀等现象。

6. 自动门传动机构、安全触板传动机构的动作是否正常，开关门的动作是否灵活可靠，轿厢门限位开关、减速开关、门锁接点等有无损坏。

7. 检查轿厢和对重导靴油盒中的油量，缺油时应及时加油。

8. 检查各指示灯、按钮有无损坏。

第23条　在消防中心设立报警点，保证电梯发生故障时能接到警报。

第五章　附则

第24条　本制度由保安部制定并解释、补充，自公司总经理批准之日起执行。

编制日期		审核日期		批准日期	
修改标记		修改处数		修改日期	

9.4 房屋维修管理

9.4.1 房屋维修管理流程

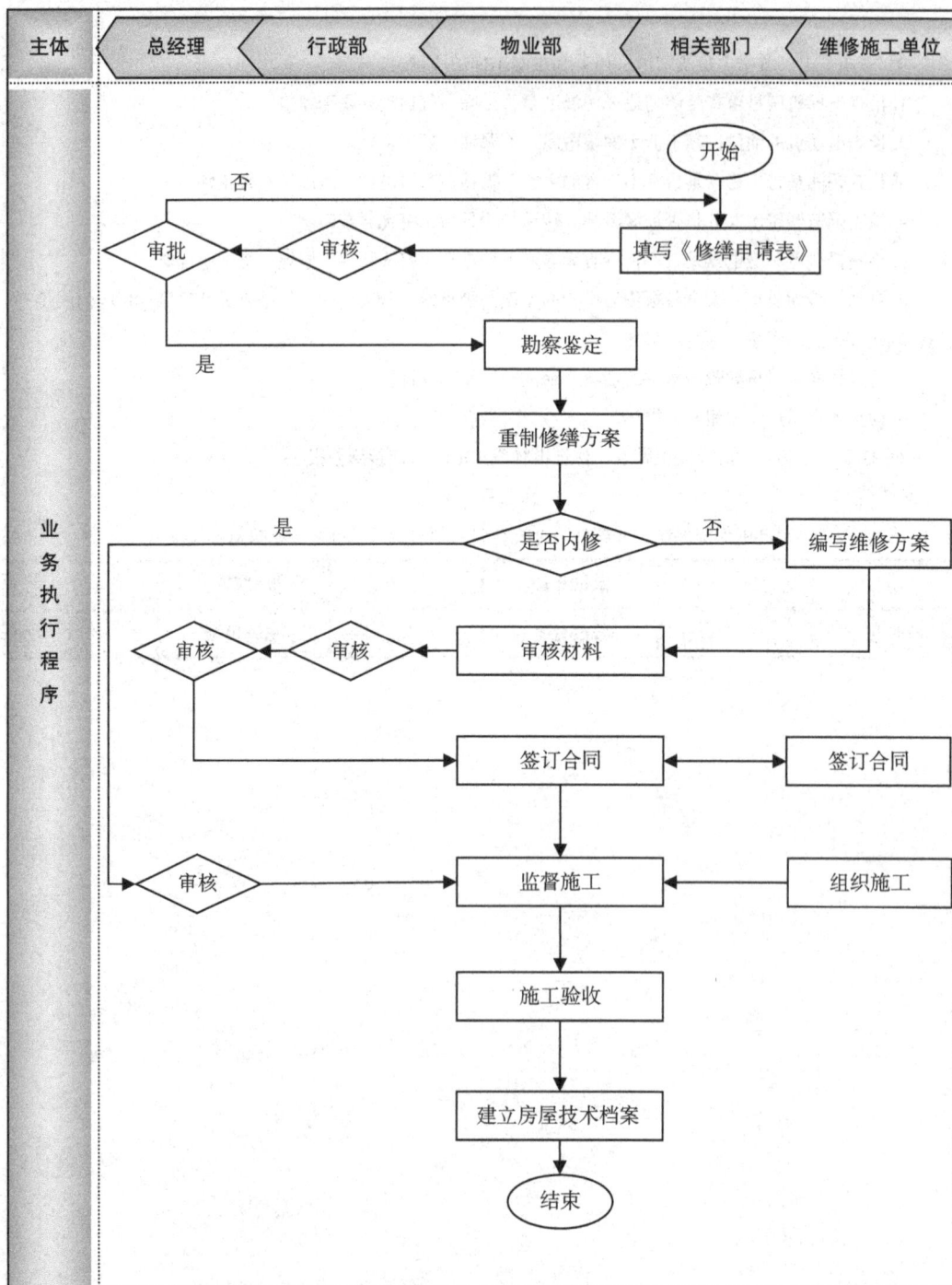

9.4.2　房屋维修管理制度

制度名称	房屋维修管理制度	编号	
		版本	

第一章　总则

第 1 条　目的。

为保障公司房屋的正常使用和安全，完善房屋使用功能，改善装修和装潢，同时结合房屋特点进行维修加固，延长使用寿命，特制定本制度。

第 2 条　适用范围。

本制度适用于公司内部房屋的维修保养。

第 3 条　原则——安全、经济、合理。

1. 安全是指通过维修，使房屋结构牢固，保证内部人员的安全。

2. 经济是指在维修过程中，节约和合理使用人力、物力、财力。

3. 合理是指维修计划与方案合理，不扩大维修计划。

第二章　房屋维修管理细则

第 4 条　维修范围。

1. 建筑类维修范围：办公楼及库房的墙面、地面、屋顶、门窗、室内办公家具、办公设备设施，室外道路、围墙、楼梯、排水沟盖等局部维修。

2. 排污疏通维护、维修范围：排水排污管道（含办公室内全部沟井、沟渠、沟槽）的疏通、清淤；排水排污系统设备的维修、化粪池的清淤；食堂排油管和老油池的清通。

3. 房屋建筑下陷的修复范围：因地面下陷而引起的对管道脱节的修复；对墙体墙面开裂的修复；对房屋地陷的补缝；对地砖松动或破裂的更换；对墙面受潮、污损的粉刷。

第 5 条　涉及部门。

以上涉及的零星维修由物业部统一管理，由物业部经理负责审核、申报、安排维修、联合验收、付款等，同时根据维修项目的大小确定是内部维修还是委外处理。

第 6 条　房屋本体的维修养护。

1. 确定房屋本体维修养护范围及周期。

房屋承重结构部位：基础部分 30 年一大修；屋面 5 年一中修、8 年一大修；梁柱 15 年一中修、30 年一大修；墙体 5 年一中修、10 年一大修。

抗震结构部位：构造体 15 年一中修、30 年一大修；构造梁 15 年一中修、30 年一大修；墙 15 年一中修、20 年一大修。

外墙面 3 年一中修、16 年一大修；公共屋面 3 年一中修、16 年一大修；公共通道、楼梯间、公共墙面 4 年一中修、8 年一大修。

2. 房屋本体日常维修养护方案。

3. 房屋本体定期维修养护方案。

4. 房屋本体维修养护标准。

（续）

第三章 房屋维修实施管理

第7条 房屋维修费用管理规定。

1. 预算在 500 元以下的公司内部维修项目，由上报部门负责人签名，经行政主管核实、行政经理审批执行。

2. 预算在 500 元以上的维修项目，由上报部门负责人签名，经物业部主管核实，报总经理审核，审批后执行。

3. 预算在万元以上维修项目，且需委外维修的项目，由上报部门负责人签名，经物业主管初步预算费用，经行政经理完成比价程序后报总经理审核之后执行。

第8条 内部维修配件的采购与报销。

为保障维修成本，公司内部维修所需要的全部配件、材料由行政部组织比价购买，相关流程按《公司物资采购管理规定》执行，已经经过比价后确认的物品可由行政部根据应急需要及时订购。特别紧急或特殊的配件可由行政部拟写专项报告，由行政部、物业部、财务部参与比价购买。费用报销采取月结的方式，行政部根据财务报销要求予以办理。

第9条 委外维修项目的施工方确定。

需要委外维修的项目，由项目工程部组织，行政部参与，确定维修方案后上报管理层批准。经管理层同意后，组织三家以上符合资质的维修单位参与比价，结合维修单位的施工方案、服务承诺、保质期限、材质标准等进行评定，形成比价结果后上报管理层审批执行。

第10条 完工验收。

1. 内部维修：办公区零星修缮项目由申报部门负责人验收。

2. 委外维修：由行政部、物业部、财务部、申报维修部门负责人共同验收，填写施工项目验收单。

第11条 物业维修人员巡检。

1. 维修人员要建立工作日志，记录要准确。

2. 要采取积极措施，做好安全工作，杜绝重大事故的发生。

3. 要主动巡视并做好记录，发现需要修理的事项，要及时解决，做到"急修""小修"快速完成。

第四章 附则

第12条 本制度由物业部制定，解释权和修改权归物业部。

第13条 本制度由公司总经理审批通过后，自发布之日起执行。

附表 1：房屋本体日常维修养护方案

附表 2：房屋本体定期维修养护方案

附表 3：房屋本体维修养护标准

附表 1：

房屋本体日常维修养护方案

序号	项目	内容	计划	方案
1	房屋承重及抗震的结构部位	1. 局部受损 2. 施工质量原因造成的结构问题	每周巡查一次，发现问题立即处理、维修	如由于使用不当造成的结构局部损坏较轻，由物业部按房屋修缮规定实施维修；如局部受损较重，应请维修施工单位提出方案，委托实施

（续）

（续表）

序号	项目	内容	计划	方案
2	外墙面	1. 外墙面起鼓脱落 2. 外墙面局部渗漏 3. 外墙面大面积渗漏 4. 外墙面的翻新	每周检查一遍，发生问题及时维修	由物业部按有关修缮规程实施
3	公共屋面	1. 隔热层破损 2. 防水层破损造成屋面渗漏 3. 避雷网脱焊、间断 4. 屋面积水	每月检查，出现问题及时维修	由物业部按相应作业指导书实施维修
4	公共通道厅、楼梯间	1. 对公共地面的维修改造 2. 对公共通道、门厅的墙、天棚的维护 3. 对楼间墙面、扶手、踏步的维护	每周检查一次，发现问题及时维修	由物业部按相应技术要求实施维修

附表 2：　　　　　　　　　　　　**房屋本体定期维修养护方案**

序号	项目	内容	计划	方案
1	房屋承重及抗震结构部位	1. 局部受损 2. 施工质量原因造成的结构问题	每年对房屋基础进行一次检查，注意白蚁侵害、地基沉降、外力损坏等引起的损害	如由于使用不当造成的结构局部损坏较轻，由物业部按房屋修缮规定实施维修；如局部受损较重，应请维修施工单位提出方案，委托实施
2	外墙面	1. 外墙面起鼓脱落 2. 外墙面局部渗漏 3. 外墙面大面积渗漏 4. 外墙面的翻新	1. 应每两年对较大面积的渗漏外墙进行一次局部翻新，防止面积继续扩大及污染墙面 2. 每年雨季前对窗台进行一次密封检查，防止雨水侵入	由物业部按有关修缮规程实施
3	公共屋面	1. 隔热层破损 2. 防水层破损造成屋面渗漏 3. 避雷网脱焊、间断 4. 屋面积水	1. 避雷网每年刷漆一次，防止锈蚀 2. 每年全面修补一次屋面隔热板；每半年疏通一次屋面雨水口 3. 每年检修一次屋面防水层	由物业部按相应作业指导书实施维修

（续）

（续表）

序号	项目	内容	计划	方案
4	公共通道厅、楼梯间	1. 对公共地面的维修改造 2. 对公共通道、门厅的墙、天棚的维护 3. 对楼间墙面、扶手、踏步的维护	1. 每半年维护一次公共地面 2. 每年维修一次通道门厅及楼梯间墙壁、扶手及栏杆 3. 每年全面维护一次楼梯踏步，对墙面、地面开鼓、破损等进行修复	由物业部按相应技术要求实施维修

附表3： **房屋本体维修养护标准**

序号	项目	养护标准	实施效果
1	房屋承重及抗震结构部位	1. 房屋修缮标准 2. 有关工程施工技术规范	1. 安全，正常使用 2. 功能完好
2	外墙面	1. 房屋修缮标准 2. 外墙面修缮作业规程	无鼓无脱无渗水，整洁统一
3	公共屋面	1. 房屋修缮标准 2. 相应修缮作业规程	1. 无积水、无渗漏 2. 隔热层完好无损 3. 避雷网无间断；各种避雷装置焊接点牢固可靠，避雷测试端实测电阻小于4欧姆
4	公共通道厅、楼梯间	1. 相应建筑部分修缮技术流程 2. 房屋修缮标准	1. 整洁，无缺损，无霉迹 2. 扶手完好，无张贴痕迹

编制日期		审核日期		批准日期	
修改标记		修改处数		修改日期	

9.5 物业外包管理

9.5.1 物业外包管理流程

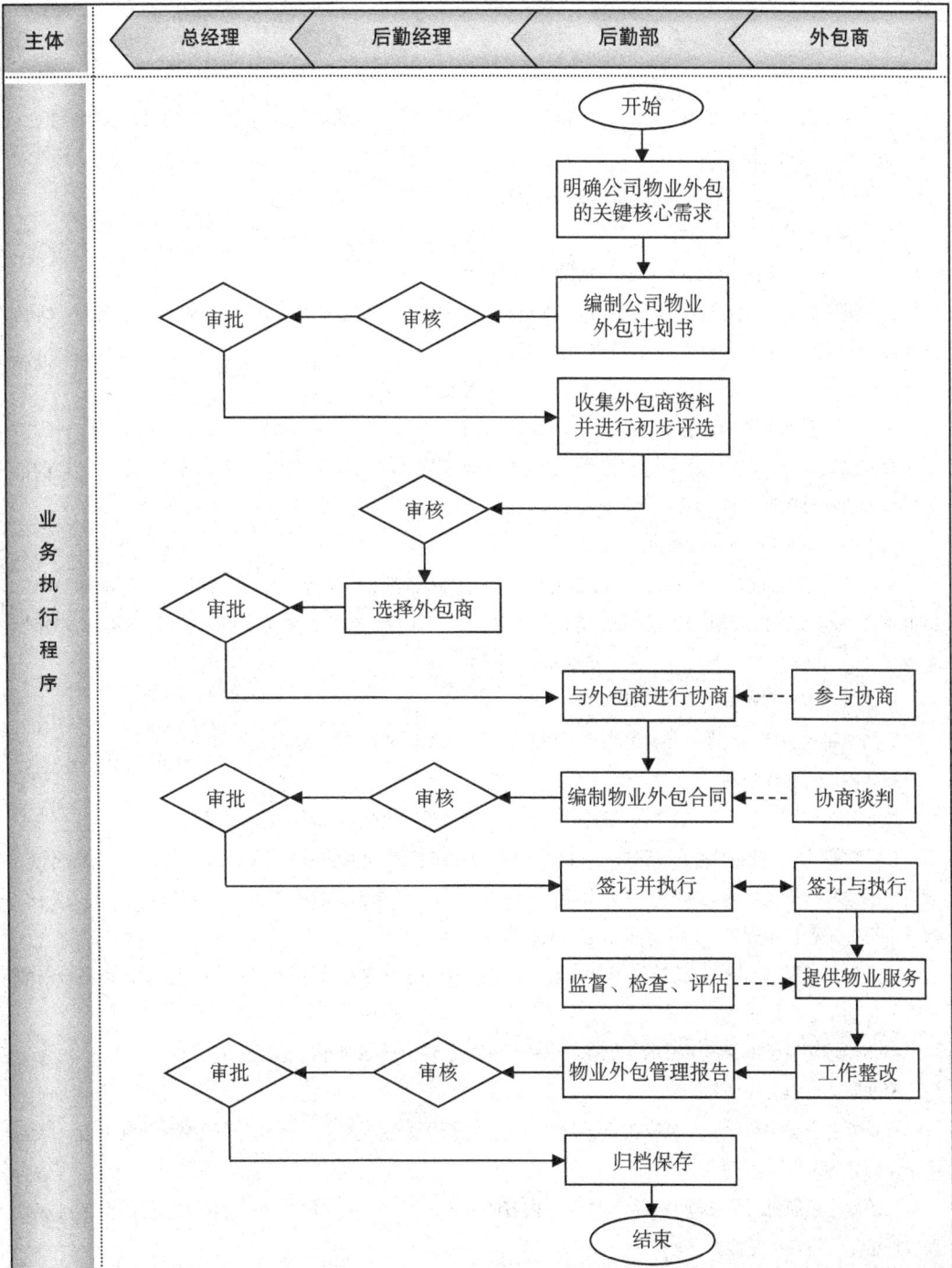

主体	总经理	后勤经理	后勤部	外包商

业务执行程序

```
                              开始

                         明确公司物业外包
                          的关键核心需求

         审批 ← 审核 ←   编制公司物业
                          外包计划书

                         收集外包商资料
                         并进行初步评选

                  审核 ←

         审批 ←   选择外包商

                         与外包商进行协商  ←--- 参与协商

         审批 ← 审核 ←  编制物业外包合同  ←--- 协商谈判

                         签订并执行  ←  签订与执行

               监督、检查、评估  ←---  提供物业服务

         审批 ← 审核 ← 物业外包管理报告  ←  工作整改

                          归档保存

                              结束
```

9.5.2 物业外包管理制度

制度名称	物业外包管理制度	编号	
		版本	

第一章 总则

第1条 目的。

为规范物业外包管理工作，提高物业服务的整体水平和质量，现结合公司实际需要，特制定本制度。

第2条 适用范围。

本制度适用于本公司后勤工作范围内的物业外包管理工作。

第3条 职责分工。

1. 总经理、后勤部经理负责物业外包相关事项的审核和审批。

2. 后勤部负责物业外包计划书的编制、外包商资料的收集与初步评估、外包合同的编制与签订、外包商物业服务工作的监督和检查，以及外包商的考核工作。

第二章 签订物业外包合同

第4条 明确物业的外包需求。

在实施物业外包前，后勤部应根据公司持有房产的实际情况，对自有物业的经营成本、物业外包的市场环境和成本等因素进行分析，确定物业外包项目。

第5条 编制物业外包计划书。

在确定了物业外包的项目后，后勤部应及时会同公司物业部、工程管理部、财务部、行政部等部门编制物业外包计划书。物业外包计划书应包括外包背景、外包内容、具体实施程序以及主要的风险和收益等。

第6条 审核和审批物业外包计划书。

后勤部将编制好的物业外包计划书提交后勤经理审核后，再报总经理审批。

第7条 选择外包商。

物业外包计划书经总经理审批通过后，后勤部应着手选择外包商，具体过程如下。

1. 后勤部对外包商进行调查，收集外包商的资料，具体包括外包商的基本情况、信誉状况、价格情况等。

2. 后勤部根据所收集的资料及公司物业对外包的需求，对外包商的业务能力、人员素质、公司资质、价格水平等进行初步评审，并将评审结果上报后勤部经理。

3. 后勤部经理应对外包商的服务水平、信誉情况、价格水平等进行综合评估，选择优质、价格合理的三家外包商报总经理审批。

4. 总经理对后勤部经理上报的外包商信息进行审批，确定最终的外包商名单。

第8条 外包合作谈判。

1. 在外包商确定后，后勤部应在规定的时间内，组织相关专业人员形成物业外包项目谈判小组，提前准备谈判内容。

2. 谈判小组通过对物业外包项目具体工作内容的分析，预先确定公司的谈判底价，进行模拟谈判，确保谈判结果在可控的范围内。

（续）

3.以后勤部为主，谈判小组协助后勤部与外包商进行物业外包项目的谈判，在坚持公司利益的前提下谋求双方意见一致，实现双赢。

第9条　编制与签订物业外包合同。

1.后勤部按物业外包谈判达成的协议及公司合同管理规定，编制物业外包合同，物业外包合同应包括外包范围、付费方式、双方权利和义务、违约责任、解决争议办法等事项。

2.后勤部将编制的物业外包合同提交后勤经理审核后（需财务部、法务相关人员协助），再报总经理审批。

3.物业外包合同经总经理审批通过后，后勤部按照公司规定，代表公司就审定的合同与外包商签订物业外包合同。

第三章　物业外包服务管理

第10条　物业外包合同的履行。

1.物业外包服务的质量监控。

（1）后勤部按照物业外包合同内容条款的具体规定对外包商所提供的物业服务的水平与质量进行监控。

（2）后勤部将物业外包过程中所发生的不符合要求的物业服务情况记入"物业服务问题处理单"，并将处理单交外包商限期整改。

（3）后勤部对外包商的问题整改情况进行跟踪，并检查整改结果，决定是否认可或要求其继续整改。

（4）在合同期限内，若外包商所提供的物业服务严重不合格，则后勤部按照物业外包合同的规定向外包商进行索赔。

2.物业外包服务的工作检查。

（1）后勤部组织相关人员定期对外包商所提供的物业服务工作进行检查。

（2）如检查合格，则在"物业服务检查移交记录表"上签字确认。

（3）若检查时发现问题，后勤部应按合同规定进行处理。

3.物业外包的成绩评估。

（1）后勤部对外包商的物业服务情况进行跟踪检查，并做好跟踪检查记录。

（2）后勤部如在巡视或跟踪检查中发现问题，应及时通知物业外包商，以便其及时处理问题。

（3）后勤部对外包商的物业服务工作进行综合评估，考核其物业工作成绩。

第11条　物业外包管理报告。

后勤部根据对物业外包服务工作检查、评估的结果，编写物业外包管理报告，提交后勤经理审核后，报总经理审批。

第12条　归档保存。

后勤部整理物业外包管理工作过程中的重要文件、合同、票据和证明资料等，按照要求分类后归档保存。

第四章　附则

第13条　本制度由后勤部制定，解释及修订权归后勤部。

第14条　本制度经总经理批准后生效。

编制日期		审核日期		批准日期	
修改标记		修改处数		修改日期	

第 10 章

环境卫生管理

10.1 环境绿化管理

10.1.1 环境绿化管理流程

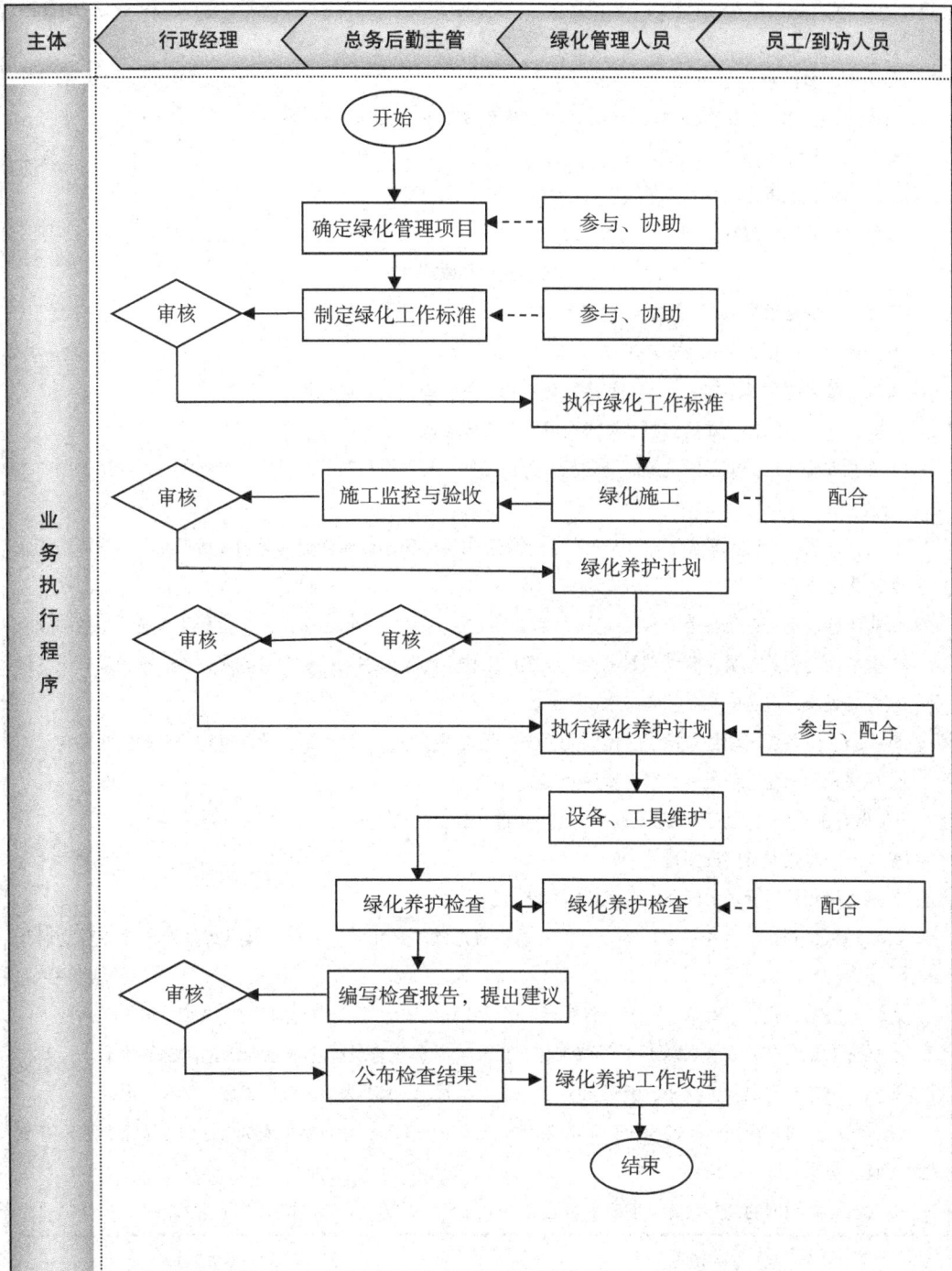

主体	行政经理	总务后勤主管	绿化管理人员	员工/到访人员

业务执行程序

- 开始
- 确定绿化管理项目 ◀---- 参与、协助
- 制定绿化工作标准 ◀---- 参与、协助
- 审核
- 执行绿化工作标准
- 审核 ◀ 施工监控与验收 ◀ 绿化施工 ◀-- 配合
- 绿化养护计划
- 审核 ◀ 审核
- 执行绿化养护计划 ◀-- 参与、配合
- 设备、工具维护
- 绿化养护检查 ◀▶ 绿化养护检查 ◀-- 配合
- 审核 ◀ 编写检查报告，提出建议
- 公布检查结果 ▶ 绿化养护工作改进
- 结束

10.1.2 环境绿化管理制度

制度名称	环境绿化管理制度	编号	
		版本	

第一章 总则

第1条 目的。

为美化公司工作、生产环境，塑造公司良好的外在形象，特制定本制度。

第2条 管理范围。

1. 公司区域范围内的绿化区域。

2. 被当地管理部门划定为公司负责的绿化区域。

第二章 岗位职责

第3条 绿化负责人岗位职责。

1. 做好公司绿化、美化及管理工作。

2. 按照公司绿化基本要求，做好年度绿化计划，并组织所属人员认真落实。

3. 落实防火、防盗、防病虫害、防灾害等安全保障措施。

4. 熟悉安全知识，能及时消除安全隐患，避免任何人身及意外事故的发生；能处理工作中遇到的简单技术问题。

5. 督促所属人员做到定期除草、施肥、浇水及病虫害防治工作，确保绿化的成活率，做到草坪内无杂草、树木无枯枝。

6. 负责会议室、办公室等公共场所观赏植物的摆放，并做好养护工作，认真执行花木损坏赔偿制度。

7. 监督所有相关人员对劳动工具的保养和维修工作，物品管理调配要井然有序，要熟悉和掌握设备的操作规范和设施、设备的维修保养技术。

8. 设施、设备要定期检查检修，做到无丢失，无人为损坏，无人为原因致使设施、设备提前报废。

9. 严格控制绿化管理成本，节省费用开支。

10. 做好工作服及劳保用品的发放、登记、回收工作。

第4条 绿化人员岗位职责。

1. 落实绿化目标管理责任制，认真执行绿化工作规范。

2. 管理好公司内的各种花草、树木、绿篱，对有意破坏绿化者，有权对其进行批评教育甚至要求其赔偿。

3. 定期浇水、施肥、除草、灭虫、剪枝等，确保绿化的成活率，做到草坪内无杂草、树木无枯枝。

4. 加强对绿化劳动工具的保养和维修工作，熟悉和掌握设备的操作规范和设施、设备的维修保养技术。设施、设备要定期检查检修，做到无丢失，无人为损坏，无人为原因致使设施、设备提前报废。

5. 每天下班前必须把自己的绿化工具清洗干净，保存在仓库，并由相关人员做好回收记录。如果有遗失的工具，由本人按价赔偿。

6. 对各自区域内的公共设施、明暗下水道等要注意经常观察，有异常情况立即有序上报。

（续）

第三章　环境绿化管理规定

第 5 条　基本管理规定。

1. 公司在必要时可划拨一定的绿化专款用于公司的绿化养护与管理。

2. 绿化列入公司精神文明建设项目和内容中。

3. 公司员工都有义务管理、爱护花草树木。

4. 不准攀折花木或在树上晾晒衣物等。

5. 不得损坏花木的保护设施。

6. 不准私自摘拿花果。

7. 不准行人和各种车辆跨越、践踏绿化地。

8. 不准往绿化区域内倒污水或扔杂物。

9. 不准在绿化范围内堆放任何物品。

10. 未经许可，不准在树木上及绿化带内设置广告招牌。

11. 凡人为造成绿化、花木及设施损坏的，应进行罚款处理。

12. 凡由公司负责绿化的，应及时检查记录，报告绿化情况，并为花草树木定期培土、施肥、治虫害、修剪枝叶、浇水等。

13. 必要时公司可专门聘用园艺工人或外聘园艺公司来承担绿化管理工作。

14. 公司对外聘园艺公司的绿化工作质量进行评价，可填写《供方服务质量检查评价表》。

第 6 条　绿地绿化保养。

1. 保持地表平整，土均匀细致；无废纸、无杂物、无砖头瓦砾，绿化垃圾应当天清除。

2. 草苗要栽种整齐，能覆盖地表，无缺苗断垄。

3. 本公司园艺要每月用旋刀修剪草地一次，每季度施肥一次，入秋后禁止剪割。

4. 草坪要及时修剪、浇水、施肥。春季、夏季的草地要每周修剪两次，长度一般控制在 20 毫米左右，冬季每周或隔周剪草一次，当月培土一次，隔周疏草、浇水、施肥、施"绿宝"各一次。

5. 割草前应检查机具是否正常，刀具是否锋利。滚桶剪每半月磨一次，每季度将折底刀打磨一次。圆盘剪每次剪草需磨刀三把，每剪 15 分钟换一把。机器启动需预热 2~3 分钟，机器每使用一小时需休息 5 分钟。

6. 草地修剪应交替采用横、竖、转的方法交替割草，防止转弯位置的局部草地受损，割草时行间迭合应在 40%~50%，以防止漏割。

7. 应避免汽油机漏油于草地，造成块状死草，要注意起动气垫机，停止时避免机身倾斜，防止草地起饼状黄印，注意勿剪断电机拖线，以避免发生事故。

8. 工作完毕后，要清扫草地，并做好清洗机具和抹油等保养工作。

第 7 条　绿地养护质量的检查。

1. 养护工作每次完成后由实施作业的负责人填写《绿地养护工作记录表》，并由管理处专人核实后签字确认。

2. 绿地养护领班要每周进行检查，并将结果记录于《绿地养护质量巡查表》的相应栏中。

（续）

3. 绿化主管要按要求对辖区绿化养护情况进行巡视检查，及时处理绿化管理人员提交的问题。					
4. 行政部要按规定对辖区的绿化养护情况进行巡视检查，及时处理环境绿化工作中存在的问题。					

第四章　附则

第 8 条　对违反制度的行为，公司要根据情节的严重程度予以不同程度的处罚。

第 9 条　本管理制度即日起生效并执行。

编制日期		审核日期		批准日期	
修改标记		修改处数		修改日期	

10.2 垃圾处理管理

10.2.1 垃圾处理管理流程

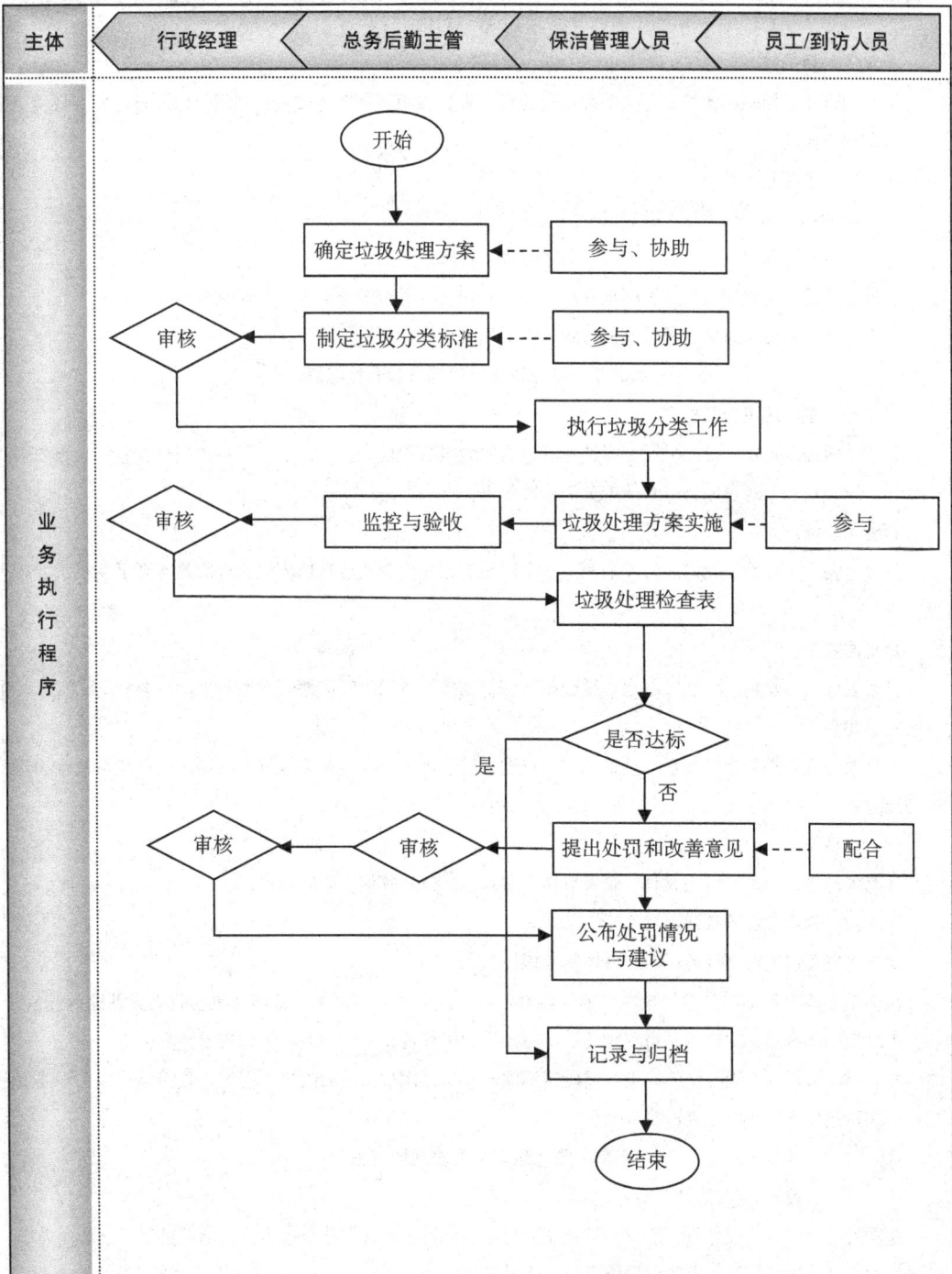

主体	行政经理	总务后勤主管	保洁管理人员	员工/到访人员

业务执行程序

开始

确定垃圾处理方案 ◂---- 参与、协助

审核 ◂ 制定垃圾分类标准 ◂---- 参与、协助

执行垃圾分类工作

审核 ◂ 监控与验收 ◂ 垃圾处理方案实施 ◂---- 参与

垃圾处理检查表

是否达标

是 / 否

审核 ◂ 审核 ◂ 提出处罚和改善意见 ◂---- 配合

公布处罚情况与建议

记录与归档

结束

10.2.2 垃圾分类管理制度

制度名称	垃圾分类管理制度	编号	
		版本	

第一章 总则

第1条 目的。

为了规范本公司辖区的垃圾分类管理工作，确保垃圾资源被有效地回收和利用，保证辖区内的环境卫生，特制定本制度。

第2条 适用范围。

本制度适用于本公司辖区内的垃圾分类管理工作。

第3条 管理职责。

1. 保洁主管负责确定垃圾分类标准和垃圾分类标识，并对垃圾分类管理工作进行验收。

2. 保洁人员负责对垃圾分类管理进行宣传并对垃圾分类投放进行监督。

第二章 确定垃圾分类标准和分类标识

第4条 确定垃圾分类标准。

保洁主管需制定垃圾分类标准，以便对辖区内的垃圾进行处理。保洁主管可将垃圾分为有害垃圾、可回收物、湿垃圾和干垃圾四类，具体的分类标准如下。

1. 有害垃圾。

指废电池、废灯管、废药品、废油漆及其容器等对人体健康或者自然环境造成直接或者潜在危害的生活废弃物。

2. 可回收物。

指废纸张、废塑料、废玻璃制品、废金属、废织物等适宜回收和可循环利用的生活废弃物。

3. 湿垃圾。

即易腐垃圾，是指食材废料、剩菜剩饭、过期食品、瓜皮果核、花卉绿植、中药药渣等易腐的生物质生活废弃物。

4. 干垃圾。

即其他垃圾，是指除可回收物、有害垃圾、湿垃圾以外的其他生活废弃物。

第5条 确定垃圾分类标识。

保洁主管需确定垃圾分类标识，具体的标识说明如下。

1. 保洁主管可将不同类型的垃圾收集容器设定成不同的颜色。比如，将可回收物收集容器设为蓝色，将有害垃圾收集容器设为红色，将湿垃圾收集容器设为褐红色，将干垃圾收集容器设为黑色。

2. 保洁主管可为不同类型的垃圾容器设定不同的标识，比如，可回收物、有害垃圾、湿垃圾和干他垃圾的标志可按如下所示的图表设定。

第三章 垃圾分类管理的实施

第6条 垃圾分类管理宣传。

在实施垃圾分类管理之前，保洁人员首先需对垃圾分类管理工作进行宣传，以确保员工了解如何进行垃圾分类以及分类的好处。具体可采用以下宣传方式。

（续）

有害垃圾 HAZARDOUS WASTE	可回收物 RECYCLABLE WASTE	湿垃圾 HOUSEHOLD FOOD WAST	干垃圾 RESIDUAL WASTE
红色 PANTONG WARM RED C	蓝色 PANTONG 541 C	棕色 PANTONG 4715 C	黑色 PANTONG BLACK C

1. 派发垃圾分类宣传单，让业主了解垃圾分类。

2. 在公司员工岗位、电梯等合适位置张贴宣传海报。

3. 开设垃圾分类宣传栏、宣传视频。

4. 举办垃圾分类征文、讲座等活动。

第 7 条　设置垃圾分类收集容器。

1. 在公司内部，保洁人员可按可回收物、有害垃圾、湿垃圾和干垃圾设置四类收集容器，以便公司员工进行垃圾分类投递。

2. 保洁人员应在公司内部合理设置垃圾分类收集容器。根据楼道面积的大小，一般可设置 45 升、60 升或 120 升的容器，确保不妨碍通行和不占用消防通道。

3. 垃圾分类收集容器的位置应相对固定，并符合方便员工、不影响办公、利于垃圾的分类收集和收运作业等要求。

第 8 条　垃圾分类投放管理。

在上下班高峰时间段，保洁人员可对员工投放垃圾进行监督和指导，对分类效果较差的，指导其进行二次分拣。在监督指导过程中，在保证不影响员工办公的情况下，保洁人员应使员工达到如下垃圾投放具体要求。

1. 投放前：纸类应尽量叠放整齐，避免揉成团；瓶、罐类物品应尽可能将容器内产品用尽并清理干净后投放；垃圾要做好干湿分离。

2. 投放时：应按照垃圾分类标志的提示，分别投放到指定地点和容器中，玻璃物品要小心轻放，以免破损。

3. 投放后：应注意盖好容器的盖，以免垃圾污染周围环境，滋生蚊蝇。

第 9 条　垃圾分类检查评估。

1. 保洁主管应定期对公司内垃圾分类收集容器设置的合理性、垃圾分类的工作效果等进行检查和评估，并对其进行现场打分。

2. 根据检查和评估的评分结果，确定垃圾分类工作是否达标，并对优秀保洁人员给予表彰奖励，对优秀员工进行表彰。

第四章　附则

第 10 条　本制度由行政部制定，解释权归行政部。

第 11 条　本制度经总经理审批通过后，自颁布之日起实施。

编制日期		审核日期		批准日期	
修改标记		修改处数		修改日期	

10.3 环境卫生清洁管理

10.3.1 环境卫生清洁管理流程

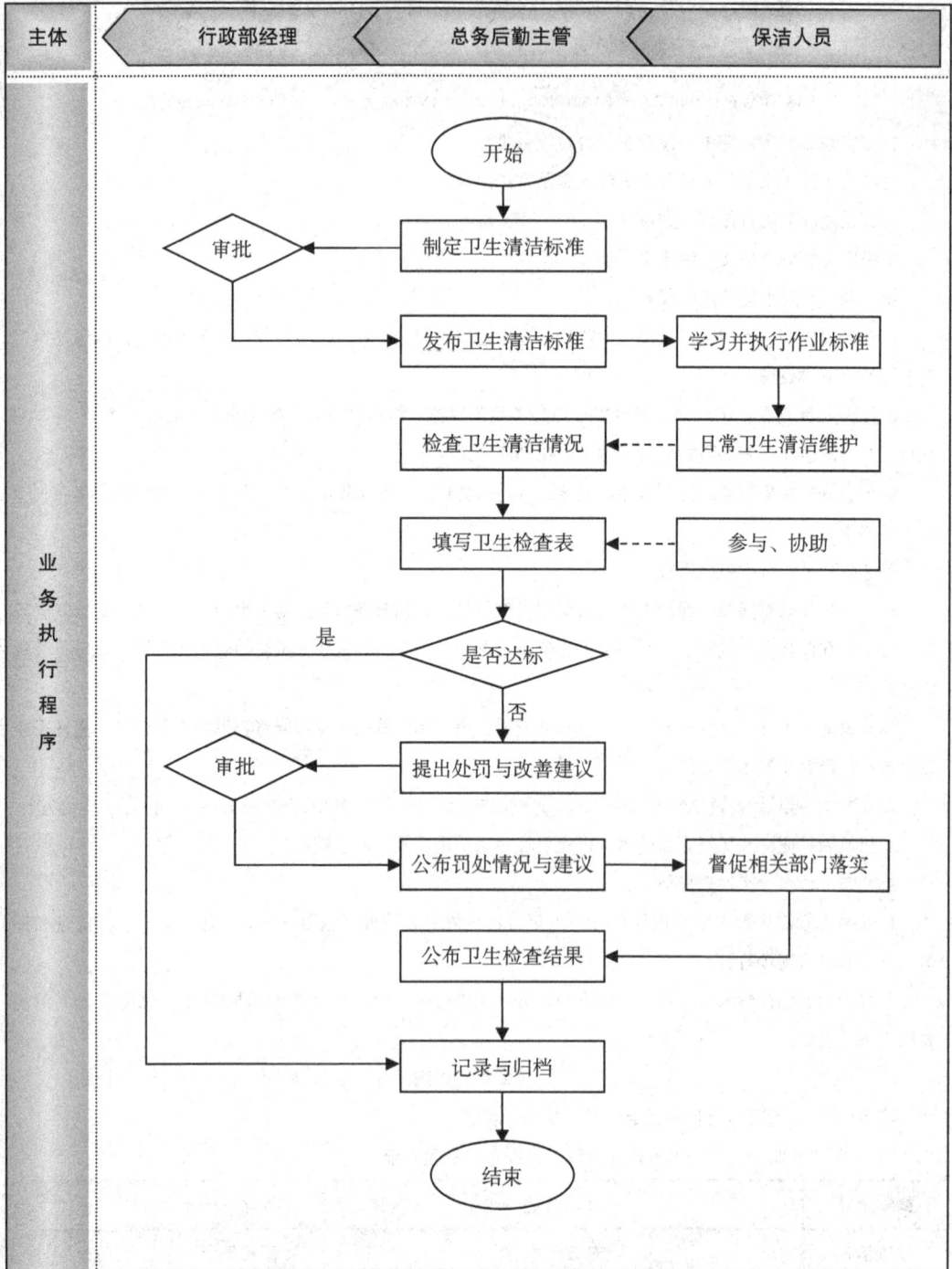

主体	行政部经理	总务后勤主管	保洁人员

业务执行程序

```
                        开始
                         │
审批 ◄────────── 制定卫生清洁标准
 │
 └──────────► 发布卫生清洁标准 ──────► 学习并执行作业标准
                                              │
              检查卫生清洁情况 ◄------- 日常卫生清洁维护
                      │
              填写卫生检查表 ◄------- 参与、协助
                      │
                  是否达标 ──是──┐
                      │否        │
              提出处罚与改善建议   │
审批 ◄────────┘                  │
 │                               │
 └──► 公布罚处情况与建议 ──► 督促相关部门落实
                                    │
              公布卫生检查结果 ◄─────┘
                      │
              记录与归档 ◄──────────┘
                      │
                    结束
```

10.3.2　环境卫生清洁管理制度

制度名称	环境卫生清洁管理制度	编号	
		版本	

第一章　总则

第 1 条　目的。

为加强本公司办公环境的卫生管理，创建文明、整洁、优美的工作和生活环境，特制定本制度。

第 2 条　适用范围。

本制度适用于本公司办公室内及公共区域（地面、走廊、卫生间、厕所）的卫生管理。

第二章　个人办公区的卫生管理

第 3 条　办公桌。

办公桌上只允许放置办公必需品，具体规定如下。

1. 桌面除电脑、电话、笔筒、文件架（夹）、台历、常用办公用品和口杯外，不允许放其他物品；文件架（夹）必须竖放。

2. 电脑线、网线、电话线要有序放置。

3. 离开工位半小时以上应将桌面收拾干净，待办文件要整齐摆放在办公桌的中下侧。

第 4 条　抽屉。

抽屉内放置的物品是一个月内肯定要用到的物品，超过一个月用到的物品要放到办公室集中存放的柜子内，办公桌的抽屉要分类使用，分类方法如下。

1. 指定一个抽屉放置文件资料，如各种信息资料、草拟的文件材料、空白稿纸、笔记本等。

2. 指定一个抽屉放置个人的办公用品，如计算器、订书器、即时贴、便条、纸、橡皮、直尺、剪刀、涂改液等；工作参考资料如辞典、手册、商品目录等。

3. 指定一个抽屉放置个人需独自保存的私人用品，如手袋、皮包、衣物等。

4. 以上三个抽屉需要专门指定，多余的抽屉只能放置当月将用到的空白表格、当周将用到的文件或当周内产生的记录。

第 5 条　座椅。

靠背、座椅不能放任何物品，人离开时要将椅子摆正，如离开工位半个小时以上，椅子应放回桌洞内。

第 6 条　垃圾篓。

应将垃圾篓罩上塑料袋，置于写字台右下角，不得在桌洞下堆积杂物。

第 7 条　外衣、手袋、背包。

置挂于衣帽架上或抽屉内，严禁随意放在办公桌椅上。

第三章　办公室内的清扫与卫生管理

第 8 条　每天上班前打扫办公室卫生，对伸手可及的地方进行打扫，做到面洁（包括地面、桌面、柜面、门面、墙面及办公设备表面等）、窗明、物整齐，室内没有与办公无关的物品。

（续）

第9条　棚顶无灰吊，墙上及墙上的粘贴悬挂物上无灰尘，墙上不得乱钉乱挂。

第10条　桌椅、板凳、茶几、书柜、卷柜等易落灰尘的物品应随时擦拭；房门拉手处、灯开关无污渍。

第11条　饮水机、水杯、电话、电风扇、空调机等物品和微机显示屏、主机、键盘上无灰尘污渍。

第12条　办公物品摆放有序，每月大扫除应包括以上所列各项，要物见本色，窗明几净，一尘不染，无卫生死角；卫生清扫要坚持高标准，以积极的态度认真对待，按照要求和时限完成，并自觉维护和保持。

第13条　卫生大扫除时清理不常用物品并将其入库入柜，打扫天花板、空调和能移动的桌、椅、沙发、柜底下以及窗台（露台）、空调主机等平日难以触及的地方，不留卫生死角。

第14条　平日办公室纸篓内的垃圾不得露出，烟灰缸内的烟头不得超过一半，要及时倾倒。

第15条　倡导节约，随手关水，员工离开办公室需关灯、关办公设备。

第四章　公共区域的清扫与卫生管理

第16条　公共区域（包括办公楼、宿舍楼大厅、楼梯、卫生间、厂内主道等）的清扫与保洁，要安排专门人员进行清洁。

第17条　公司划分的卫生责任区，由相对应的部门负责清扫与保洁，落实责任制管理。

第18条　会议室的日常卫生由行政部负责清扫和保洁，但其他部门人员使用后应负责清扫、保持整洁。

第19条　禁止在公共场地倾倒、堆放垃圾和杂物，禁止随地吐痰，禁止乱扔果皮、纸屑、烟头及各种废弃物。

第20条　楼外公共区域要每天清扫；楼内的楼梯间、走道每天上午上班后半小时和下午上班前半小时各打扫一次，走道和楼梯间的窗台每天打扫一次，露台及水沟大扫除时打扫一次。

第21条　厕所每天至少清扫两次，要做好除臭、及时清除污渍的工作。其他公共卫生设施，必须保持清洁，尽可能做到无异味、无污秽。厂内各垃圾桶必须每天倾倒。

第22条　公共区域禁止堆放各种杂物，各种必要设施须有序摆放整齐。

第23条　冬季雪后要求小雪清理完毕时间为1天，大雪清理完毕时间为3天。要求室外路面积雪用铁锹铲干净，将积雪推到边条石以上，并进行修整，统一外观。

第24条　必须在规定区域和位置停放车辆，严禁乱停放车辆。

第五章　附则

第25条　本制度由行政部负责制定、修订，其解释权归行政部。

第26条　本制度报行政总监审核通过后，自＿＿＿年＿＿＿月＿＿＿日起执行。

编制日期		审核日期		批准日期	
修改标记		修改处数		修改日期	

10.4 环境卫生检查管理

10.4.1 环境卫生检查管理流程

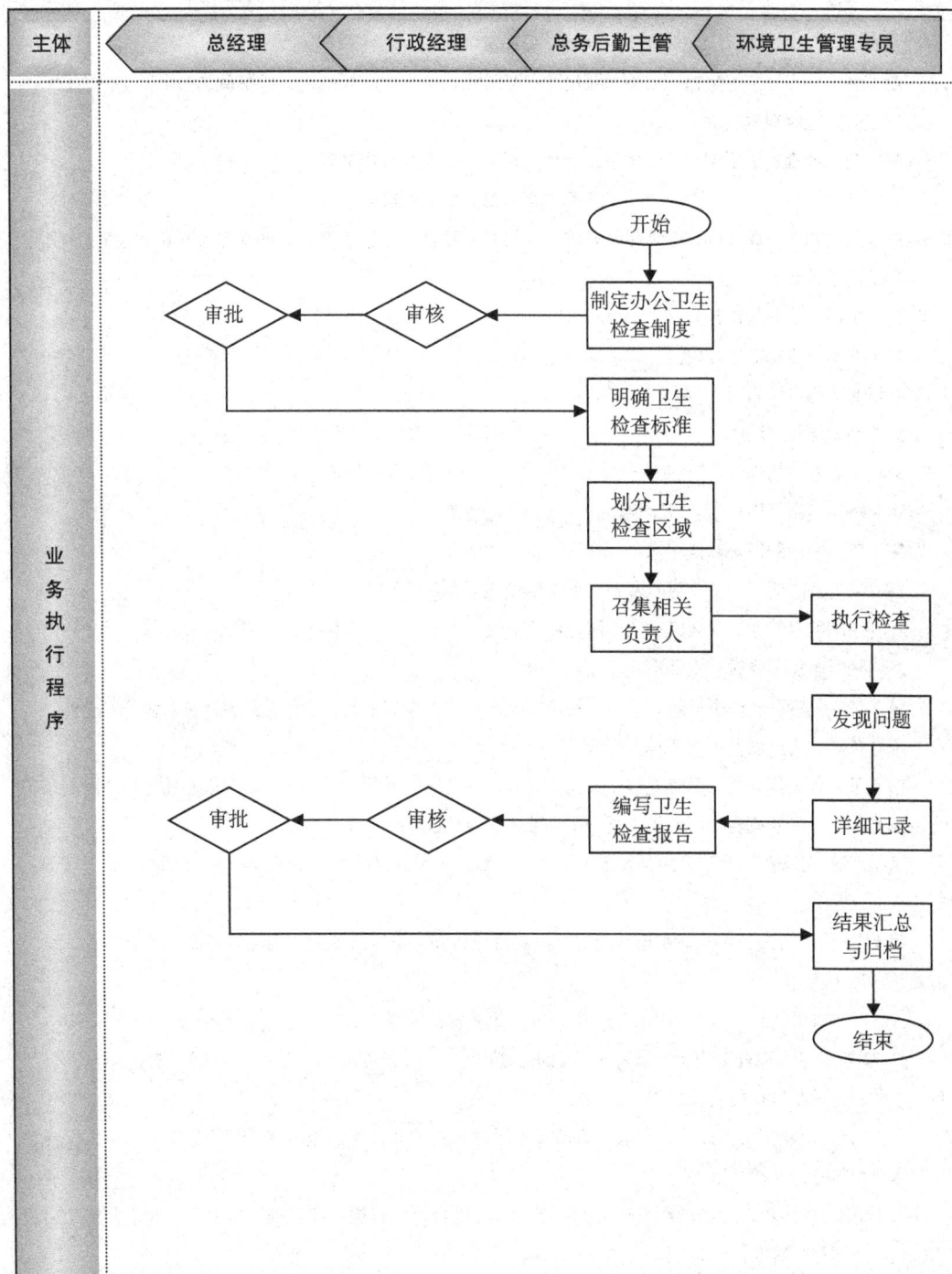

主体	总经理	行政经理	总务后勤主管	环境卫生管理专员

业务执行程序

```
                                              开始
                                                │
                         审核              制定办公卫生
      审批  ◀────  审核  ◀──────────────  检查制度
       │                                        │
       │                                   明确卫生
       └──────────────────────────────▶  检查标准
                                                │
                                           划分卫生
                                           检查区域
                                                │
                         召集相关              执行检查
                         负责人  ──────────▶      │
                                                │
                                           发现问题
                                                │
      审批  ◀──  审核  ◀──  编写卫生   ◀──  详细记录
       │                   检查报告
       │
       │                                   结果汇总
       └──────────────────────────────▶  与归档
                                                │
                                              结束
```

10.4.2 环境卫生检查管理制度

制度名称	环境卫生检查管理制度	编号	
		版本	

第一章 总则

第1条 为了保证卫生检查工作的制度化、日常化、标准化、规范化，维护员工健康及工作经营场所的环境卫生，特制定本制度。

第2条 本规定适用于公司全体员工及公司相关卫生检查工作事宜。

第二章 卫生检查标准

第3条 在工作场所内，必须保持整洁，不得存有垃圾、污垢或碎屑，具体有以下6个方面的标准。

1. 工作场所要保持安静。

2. 办公用品要摆放得整齐有序。

3. 工作场所不能随地吐痰。

4. 墙壁不得有污垢。

5. 玻璃要保持清洁明亮。

6. 垃圾要及时清理。

第4条 走道及楼梯，每日至少清扫一次，并保持清洁。

第5条 餐厅的饭菜和饮用水必须保证卫生、清洁。

第6条 洗手间、厕所、更衣室及其他卫生设施，必须保持清洁。

1. 洗手间的水管用后要及时关闭，厕所用后要及时用水冲洗，以保持清洁卫生。

2. 当厕所水压不足时应立即停止使用。

第7条 凡有可能产生异味、灰尘、粉末、噪声等的工作应尽量减少相关危害并注意做好安全防护。

第8条 各工作场所严禁随地大小便。

第9条 各工作场所应保持空气充分流通，并保持合适的温度、湿度。垃圾及废弃物等的清除必须符合卫生要求，垃圾要放置于规定的场所，不得乱倒乱堆乱放。

第10条 各部门的保洁区域须每天上午按时打扫完毕（会议室先占用场地除外），部门主管要每天定时检查。

第11条 住宿人员在住宿和值班期间，应保持住宿和值班场所的卫生清洁，物品应摆放整齐，垃圾应及时清理干净。

第三章 卫生检查流程

第12条 卫生检查工作由行政部具体负责。执行卫生检查时，行政部召集相关负责人，对各岗位、各区域的卫生状况进行检查。

第13条 行政部负责此项工作的主管需每年明确检查标准，并合理划分各部门分管区域，以保证检查工作严格执行，有据可依。

第14条 各岗位、各区域需根据卫生标准，每周进行一次自检。在自查过程中，出现不合格的岗位或区域应立即进行整改。

（续）

第 15 条　行政部每月组织一次卫生大检查，并按照本制度第二章所列卫生标准考核。

第 16 条　以百分制计算，岗位卫生合格线为 90 分，不满 90 分者按规定处理。行政部对检查结果进行详细记录。

第 17 条　行政部主管根据检查结果撰写卫生检查报告，在涉及重大问题时，需逐级报行政部经理乃至总经理，经审核、审批后对相关责任人予以处理。

第四章　卫生检查奖惩

第 18 条　行政部主管负责核对检查结果，经行政部经理审核后，划分卫生奖惩等级，确认奖罚条例。被行政专员以书面形式惩罚的负责人，要按照规范程序严格执行。

第 19 条　具体奖罚标准如下。

1. 在考评中得分 90 分以下的部门，扣罚该部门当月浮动工资的 10%，并给予通报批评。

2. 连续两个月得分在 90 分以下的部门，扣罚该部门当月浮动工资的 20%，并给予书面警告。

3. 连续三次考评未达到合格线 90 分的部门，扣罚该部门浮动工资的 50% 和当月奖金，并给予该部门主管人员记过处分。

第五章　附则

第 20 条　本制度由行政部制定并解释、补充，经公司总经理批准之日起执行。

编制日期		审核日期		批准日期	
修改标记		修改处数		修改日期	

第 11 章

安全管理

11.1 人员出入管理

11.1.1 人员出入管理流程

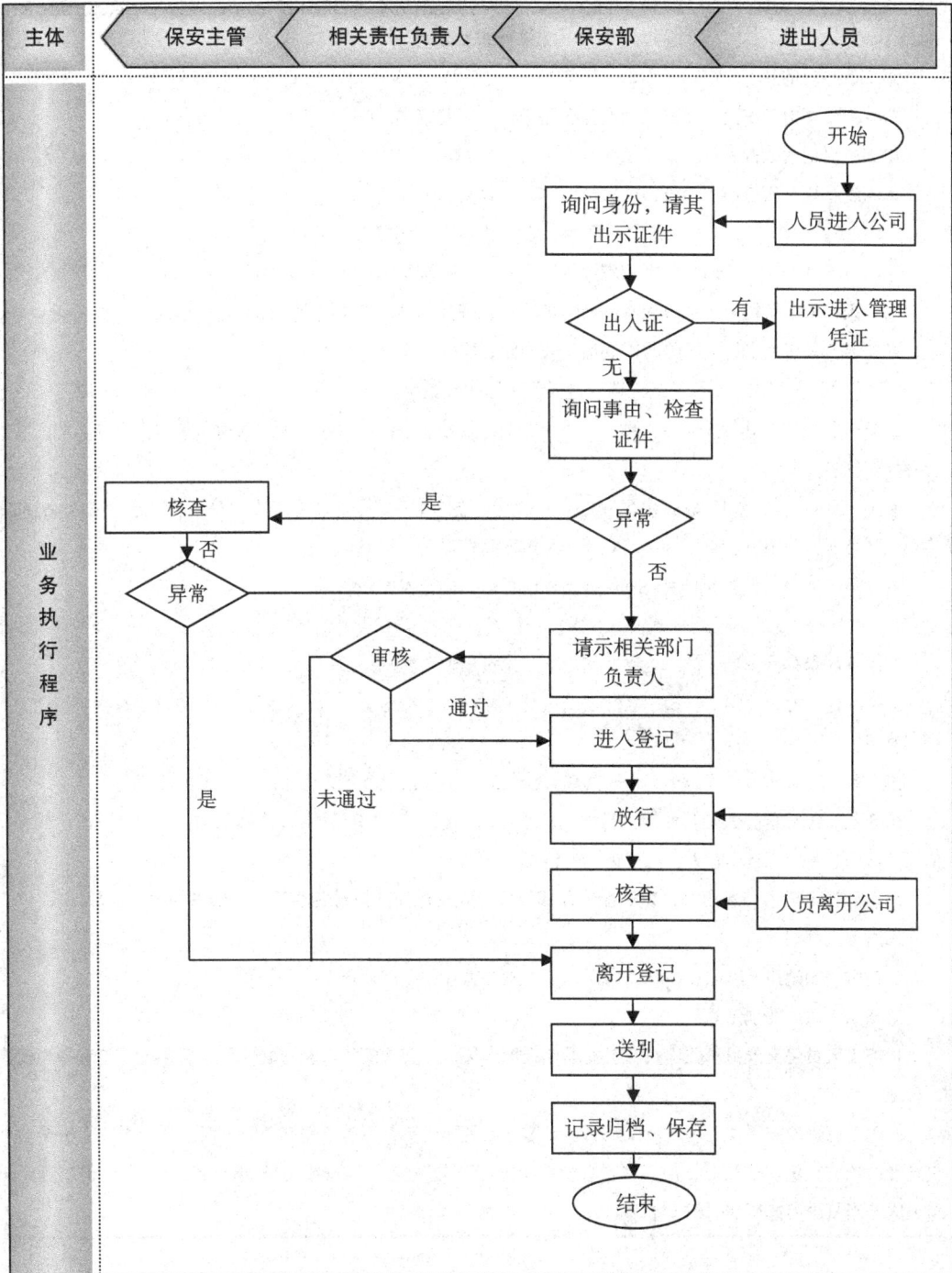

主体	保安主管	相关责任负责人	保安部	进出人员

业务执行程序

```
                                                              ┌──────────┐
                                                              │   开始    │
                                                              └────┬─────┘
                                                                   │
                                        ┌──────────┐         ┌──────────┐
                                        │询问身份，请其│◄────────│人员进入公司│
                                        │  出示证件  │         └──────────┘
                                        └────┬─────┘
                                             │
                                          ◇出入证◇────有────►┌──────────┐
                                             │无            │出示进入管理│
                                                            │   凭证    │
                                        ┌──────────┐         └──────────┘
                                        │询问事由、检查│
                                        │   证件    │
                                        └────┬─────┘
                                             │
    ┌────────┐              是           ◇异常◇
    │  核查   │◄────────────────────────────┤否
    └───┬────┘
        │否
     ◇异常◇──────────────────────────────────┐
        │是                                   │
                                        ┌──────────┐
                              ◇审核◇◄────│请示相关部门│
                                 │        │  负责人   │
                              通过│        └──────────┘
                                 ▼
                            ┌──────────┐
                            │  进入登记  │
                            └────┬─────┘
                                 │
                            ┌──────────┐         ┌──────────┐
                            │   放行   │◄────────│出示进入管理│
                            └────┬─────┘          凭证
                                 │
                            ┌──────────┐         ┌──────────┐
                            │   核查   │◄────────│人员离开公司│
                            └────┬─────┘         └──────────┘
          未通过                  │
                            ┌──────────┐
                            │  离开登记  │
                            └────┬─────┘
                                 │
                            ┌──────────┐
                            │   送别    │
                            └────┬─────┘
                                 │
                            ┌──────────┐
                            │记录归档、保存│
                            └────┬─────┘
                                 │
                            ┌──────────┐
                            │   结束    │
                            └──────────┘
```

11.1.2　人员出入管理制度

制度名称	人员出入管理制度	编号	
		版本	

第一章　总则

第 1 条　目的。

为维护公司财产安全，保证生产业务有序进行，特制定本制度。

第 2 条　适用范围。

本制度适用于所有出入本公司的人员、车辆和物品。

第二章　人员出入管理

第 3 条　本公司员工出入厂区均应穿着工作服、佩戴胸章。

第 4 条　因公事需要经常出入本公司的员工，经理为其颁发特制胸章，作为自由出入厂区的凭证。

第 5 条　值班人员因公事临时需要出入公司时，应持"木公司员工出入证"出入。

1. "本公司员工出入证"一式三联，且需经主管领导签字。

2. 第一联存放于其所属部门，第二、第三联交保安处签注出厂时间，第二联由员工本人携带，第三联暂存保安处。

3. 员工返厂时，将第二联交由保安处对照检查，连同第三联一起暂存于保安处。员工于次日 10 时前将第三联转送部门主管核查，将第二联转送考勤部门核对考勤记录。

第 6 条　非值班人员临时因公事需要出入公司时，应于保安处填写"本公司员工出入证"。

1. "本公司员工出入证"一式三联，经保安核对，签注出入厂时间。

2. 第一联留存保安处，第二、第三联由本人携带出入公司。

3. 员工返厂时，将第二、第三联交部门主管核对签注，交保安处检查对照，并连同第一联核对签注出公司时间。

第 7 条　本公司员工请假于工作时间离开公司时，应按规定办理请假手续，打卡出公司。

第 8 条　工程承包人及其雇用人员如因施工进入厂区，先由工程承包人填具"出入厂申请书"，作为向保安部门换发"工程承包人出入凭证"的依据。

1. 出入厂申请书一式两份，经工程主办部门负责人及保安处核对签注后，一份送相关业务部门审核，另一份送保安部门存查。

2. 在本公司施工的时间在一日以内者，可免送相关业务部门审核。

第 9 条　入厂的规定如下。

1. 施工人员将有效身份证件及"工程承包人出入凭证"交保安核对，在确认无误后换发"工程承包人入厂证"并佩戴入厂。

2. 因工程进度或原有工作人员未到而临时增加或更换人员，不能事先办理手续时，临时上岗人员持被更换者的出入证由保安核对，保安在收取相关身份证明文件后，发给其"工程承包人出入证"，但工程承包人应于当日内补办所需的相关手续。

（续）

第10条　施工人员完成当日工作出厂时，应交还"工程承包人出入证"，换回有效身份证件及"工程承包人出入凭证"。午间出厂及工作中出入公司时亦同。

第11条　厂商、客户前来洽谈业务时，保安或服务人员应先将其安排在会客室，并电话通知接待部门，接待部门应及时派人前来。

第12条　洽谈业务一般应在公司外或公司内会客室进行。对于不同的洽谈者，保安处应分别按下列规定办理。

1. 接待部门同意入厂洽谈者。接待部门应开具"车辆／人员出入证"，经部门主管级以上人员核对签注后，送保安处作为放行依据。

2. 需临时入厂洽谈者。保安或服务人员电话联络接待部门主管得到批准后，由保安处或服务人员代填"车辆／人员出入证"，经保安处负责人核对签注后，该洽谈者方可入厂。

3. 经核对签注入厂的公务人员应由保安处电话联络接待部门，接待部门应派人直接引导其入厂，洽谈结束后派人直接引导其出厂。

第13条　"车辆／人员出入证"一式三联，第一联由填单部门留存，第二、第三联经保安处签注入厂时间后，第二联交外来人员暂存，并用身份证明文件换发胸章佩戴入厂，第三联暂存保安处。

第14条　洽谈结束后，外来人员持接待人员签字的"车辆／人员出入证"，由保安处检出原存第三联，分别签注出厂时间并收回胸卡，退还身份证明文件后出厂；第二联由保安处留存；第三联于次日10时前送洽谈主办部门留存。

第15条　外部团体或本公司人员的亲友在必要情况下入厂参观时，由经办人或申请人按规定参观路线填写"参观申请登记表"，经总务部门主管核对签注后，由总务部门发放色别胸章（贵宾或五人以上团体免发），并派人（或要求有关部门派人）引导其参观。

第16条　参观人员入厂时，保安处应在"参观申请登记表"上核对签注入厂时间，出厂时核对签注出厂时间并收回胸章，于次日将胸章及"登记表"送总务部存查。

第17条　参观人员若请求参观规定区域之外的区域，应呈总经理核对签注。

第18条　由公司部门经理级别以上人员陪同参观规定区域者，事前可免办申请手续，但应于当日内补填"参观申请登记表"并送保安处核对签注出、入厂时间，之后送总务部门留存。

第19条　相关部门只可在上班时间内安排参观活动。想在假日参观的，应专函预约，并经部门经理核对签注方可予以安排。

第三章　胸章管理

第20条　本公司人员（包括正式员工和试用期员工）出入公司应佩戴胸章。

第21条　对未按规定佩戴胸章的员工，保安有权予以纠正。

第22条　员工入厂时如果未佩戴胸章，应在保安处登记，借用"临时出入证"，经保安核对并扣留考勤卡后入厂，待下班时以"临时出入证"换取考勤卡，方可打卡离开公司。

第23条　保安于次日上午将"借用临时出入证登记单"交总务部留存。员工年累计借用满三次以后，每借用一次即由总务部警告一次。

（续）

第 24 条　非值班人员因公事临时入厂而未佩戴胸章者，应向保安处借用"临时出入证"，并由保安将该号码登记于"本公司员工出入证"备注栏后，方可入厂，离开公司时需缴回。

第 25 条　员工一旦遗失胸章，应立即向主管部门申请补发，同时书面说明遗失经过并检讨，缴纳工本费（每枚 2 元）。年累计补发达三次以上者，总务部应给予当众警告。

第 26 条　使用他人胸章或伪造、涂改胸章者，一经查实，使用者、借予者、伪造涂改者均应受到免职处分。

第 27 条　本公司员工使用"临时出入证"出厂时应将该证归还给保安。未归还者将受到追究。遗失"临时出入证"者，应按前述丢失处理办法处理。保卫部门应适时换发新证以消除隐患。私自将"临时出入证"借给他人使用者，或借故不还者均应受到免职处分。

第 28 条　前来洽谈业务的客户若遗失"公务"胸章，可要求其补办。

第四章　附则

第 29 条　本制度经总经理通过后实施，修改时亦同。

第 30 条　本制度的解释权归行政部。

编制日期		审核日期		批准日期	
修改标记		修改处数		修改日期	

11.2 安全检查管理

11.2.1 安全检查管理流程

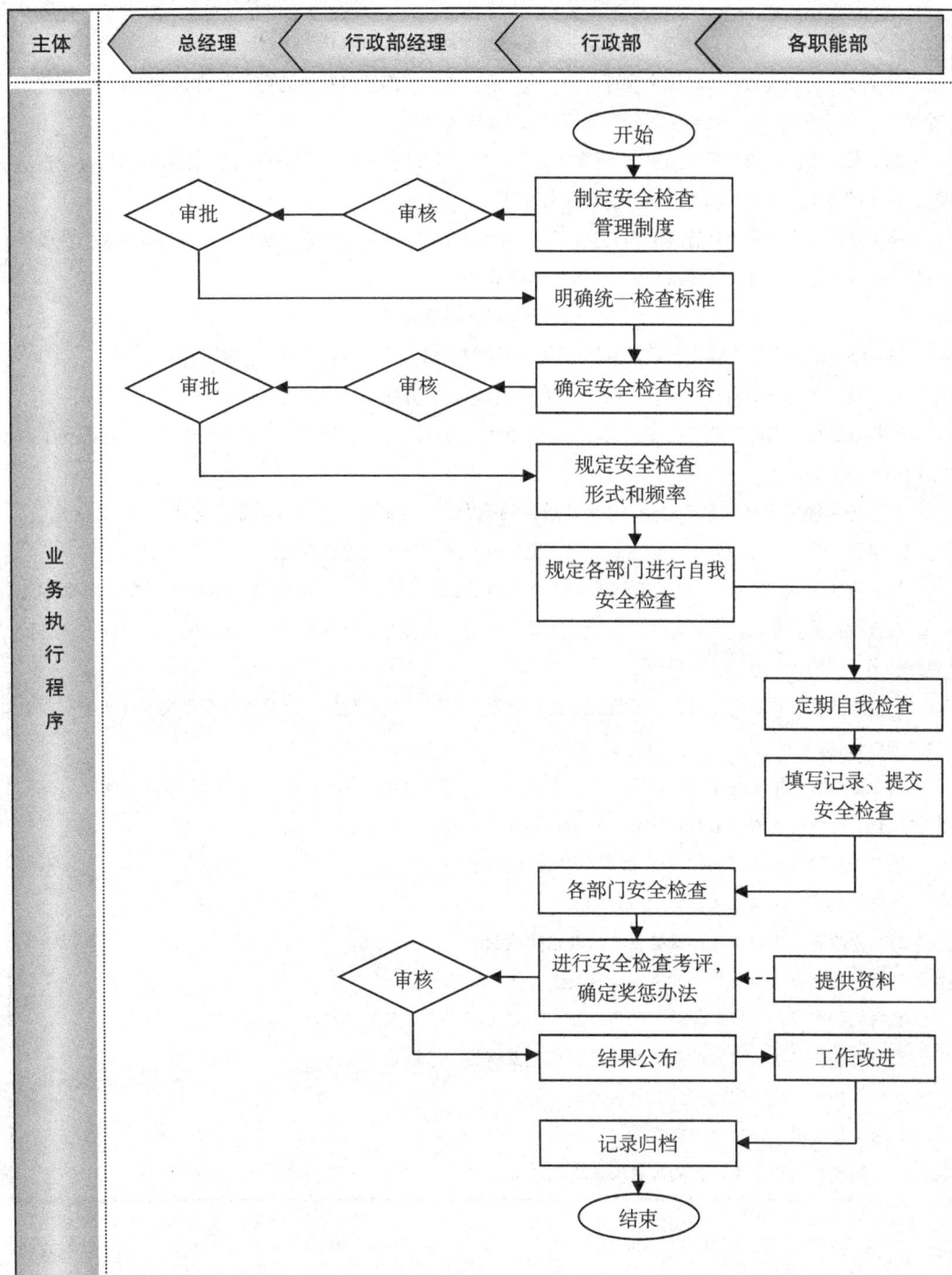

主体	总经理	行政部经理	行政部	各职能部

业务执行程序

开始

制定安全检查管理制度

审核 → 审批

明确统一检查标准

确定安全检查内容

审核 → 审批

规定安全检查形式和频率

规定各部门进行自我安全检查

定期自我检查

填写记录、提交安全检查

各部门安全检查

进行安全检查考评，确定奖惩办法 ← 提供资料

审核

结果公布 → 工作改进

记录归档

结束

11.2.2 安全检查管理制度

制度名称	安全检查管理制度	编号	
		版本	

第一章 总则

第1条 为切实做好公司安全管理工作，保护员工在生产经营过程中的安全和健康，确保公司财产不受损失，根据相关规定，结合公司的实际情况，特制定本制度。

第2条 安全检查工作是在生产经营活动中，为避免发生人员伤害和财产损失而采取的相应检查活动，以保证员工人身安全和生产经营活动顺利进行。

第3条 对在安全检查管理方面有突出贡献的集体和个人要给予奖励，对违反安全检查制度、造成事故的责任人要给予处理，触及法律的，可交由司法机关处理。

第二章 安全检查管理

第4条 安全检查工作由行政部具体负责，各职能部门要明确自我检查的标准。

第5条 各职能部门自行检查，检查内容包括以下几个方面。

1. 检查工作区域的安全，注意周围环境是否卫生，工序通道是否畅通，梯架台是否稳固，地面和工作台面是否平衡。

2. 检查所使用的材料的安全性，注意堆放或储藏方式，装卸地方面积大小是否合适，材料有无断裂、毛刺、毒性、污染或特殊要求，运输、起吊、搬运的设施其信号装置是否完好。

3. 检查工具的安全性，注意工具是否齐全、清洁，有无损坏，有何特殊使用规定、专门操作方法等。检查设备的安全性，注意防护、保险、报警装置情况，相应的控制机构、使用规程等要求的设备是否完好。

4. 检查其他防护的安全性，注意通风、防暑降温、保暖情况。防护用品是否齐全和被正确使用，有无消防和急救物品等。

第6条 行政部每年制定一次安全检查标准，确定安全检查内容。一般情况下，安全检查的方法有经常性检查、专业性检查、节假日检查、安全月和安全日群众性大检查。

第7条 行政部根据实际情况，对以下内容进行定期检查。

1. 每月检查一次有无进行安全教育。

2. 每周检查一次安全操作规程是否公开张挂或放置。

3. 随时检查布置生产任务时有无布置安全工作。

4. 每天检查安全防护、保险、报警、急救装置或器械是否完备。

5. 每天检查一次个人劳动防护用品是否齐全及使用方法是否正确。

6. 每周检查一次工作衔接配合是否合理。

7. 每天检查事故隐患是否存在。

8. 每周检查一次安全计划措施是否落实和实施。

（续）

第8条　行政专员对检查结果进行详细记录，行政部主管依据检查结果，逐级上报给行政部经理直至总经理，并对主要负责人进行奖惩。 第9条　行政部负责组织班组进行不定期自行检查及各班组互检。 第三章　附则 第10条　本制度由行政部制定并解释、补充，经公司总经理批准之日起执行。					
编制日期		审核日期		批准日期	
修改标记		修改处数		修改日期	

11.3 突发事件处理

11.3.1 突发事件处理流程

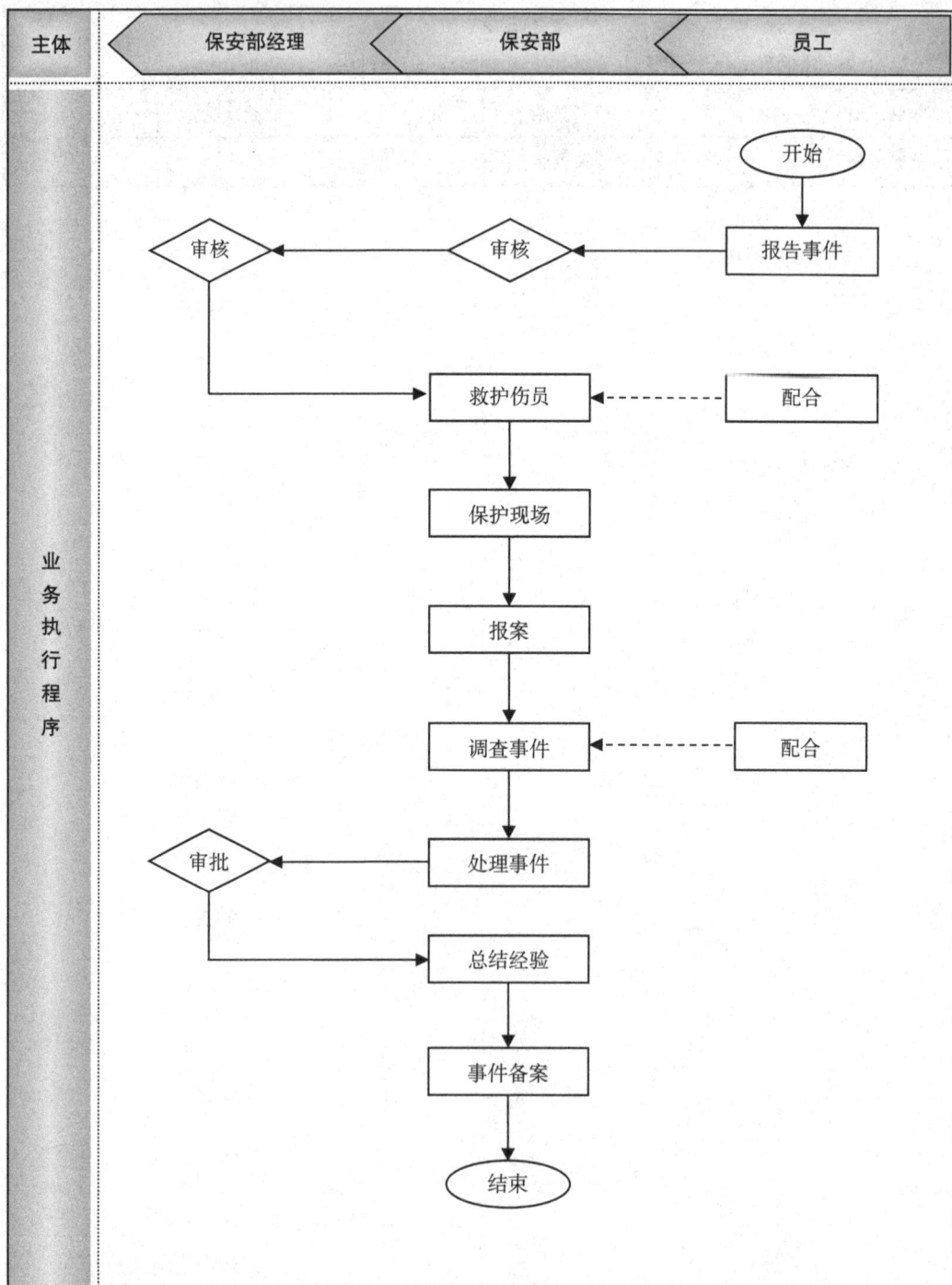

主体	保安部经理	保安部	员工

业务执行程序

开始

报告事件

审核 ← 审核 ← 报告事件

救护伤员 ← 配合

保护现场

报案

调查事件 ← 配合

审批 ← 处理事件

总结经验

事件备案

结束

11.3.2　突发事件处理规程

制度名称	突发事件处理规程	编号	
		版本	

第一章　总则

第 1 条　为提高对突发事件的应急处理能力，维护公司区域内的正常工作和生活秩序，保障有足够的人力和物力来应付治安、刑事案件及各类自然灾害事故，特制定本规程。

第 2 条　相关人员职责。

保安部经理负责指挥突发事件的处理，根据突发事件的性质，迅速组织人力、物力采取相应措施。保安部主管及班组长负责落实经理下达的命令，具体处理突发事件。

第二章　突发事件的处理原则

第 3 条　快速反应原则。

1. 值班班组长接警后，应在＿＿＿分钟内到达突发事件现场；＿＿＿分钟内对突发事件现场进行紧急控制处理。保安部主管在当值时执行同样要求。

2. 保安部主管在休息时接到突发事件报告后，应在 10 分钟内到达突发事件现场。

第 4 条　统一指挥原则。

1. 突发事件的处理由保安部经理负责统一指挥。

2. 在特殊情况下，由保安部主管负责统一指挥。

3. 保安部班组长需无条件服从保安部经理及主管的命令，协助指挥对突发事件的处理。

第 5 条　团结协作原则。

保安部作为突发事件的处理部门，行使公司赋予的指挥权和处理权，公司任何部门或个人不得干预。在保安部做出突发事件的处理决定时，各相关部门应团结一致，紧密协作，配合保安部处理好突发事件。

第三章　各类突发事件的处理程序

第 6 条　发生自然灾害事故时的处理程序如下。

1. 保安部经理接报后应立即做出统一指挥，调遣、指挥保安部的所有安全员处理各类灾害事件，同时通报医院、公安、消防等有关部门，请求救援，并报告公司总经理。

2. 如遇地震导致断电、停水等，当值安全干部及安全员应全力维护各楼层的秩序，稳定员工（客户）的情绪，带领员工有序撤离，保证楼层内不发生骚乱、趁火打劫等连锁事件。

3. 遇到台风水浸、火灾等灾害事故时，通知或协助员工做好防风措施，协助机电维修部对水浸做好疏导排泄工作，协助消防管理中心对火灾做好救援灭火工作。

第 7 条　发生治安或刑事案件时的处理程序如下。

1. 当值班安全员发现有治安或刑事现象或接到报案时，应立即用通信器材（对讲机或电话）向保安部主管、班组长报告；保安部主管了解案情及收集资料，进行甄别分析后向保安部经理汇报、请示做出进一步工作指示；保安部经理收集相关资料及信息后，根据案件损失的大小及影响程度向公安机关和总经理报告案情。

（续）

2.安全员向上级报告后，应留在案发现场或迅速赶赴案发现场，维护现场秩序，保护现场，禁止一切其他人员进入现场。

3.遇到打架斗殴事件时，相关人员应采取以下行动。

（1）安全员需制止该行为、防止其扩大并造成不必要的损伤，要将因打架斗殴而造成伤亡的人员，视其伤势轻重程度采取救助措施（重者应送医院抢救）。

（2）保安部主管应根据现场情况，调遣机动安全员对打群架的事件进行增援；调派车辆对重伤者和有生命危险的人员送医院抢救；对事态轻微的事件进行调解；将严重或造成不良影响的打架斗殴事件的当事人带回进行询问并做笔录，交由公安机关处理。

第8条 发生中毒事件（如食物中毒）时的处理程序如下。

1.当值班安全员发现有中毒情况发生或接到中毒事件报告时，应立即用通信器材报告给保安部主管，并留在现场或赶赴现场切断毒源，使毒物不再继续扩散；保安部主管接到报告后，应立即调遣人员进行支援，报告给经理并迅速赶赴现场参加抢救；保安部经理将情况通报给相关部门及总经理。

2.员工出现食物中毒，相关人员应采取以下行动。

（1）应尽快将中毒者撤离现场，消除口腔异物，维持呼吸通畅，注意身体保温并立即将其送往医院抢救。若中毒事件是属犯罪行为指导所致，应及时向公安机关报告。

（2）通知中毒者家属，进行对外协调工作。

第9条 其他突发事件的处理应服从公司的统一调度和布置。

第四章 附则

第10条 本规程由保安部负责解释、补充，自总经理批准之日起实施。

编制日期		审核日期		批准日期	
修改标记		修改处数		修改日期	

11.4 值班管理

11.4.1 值班管理流程

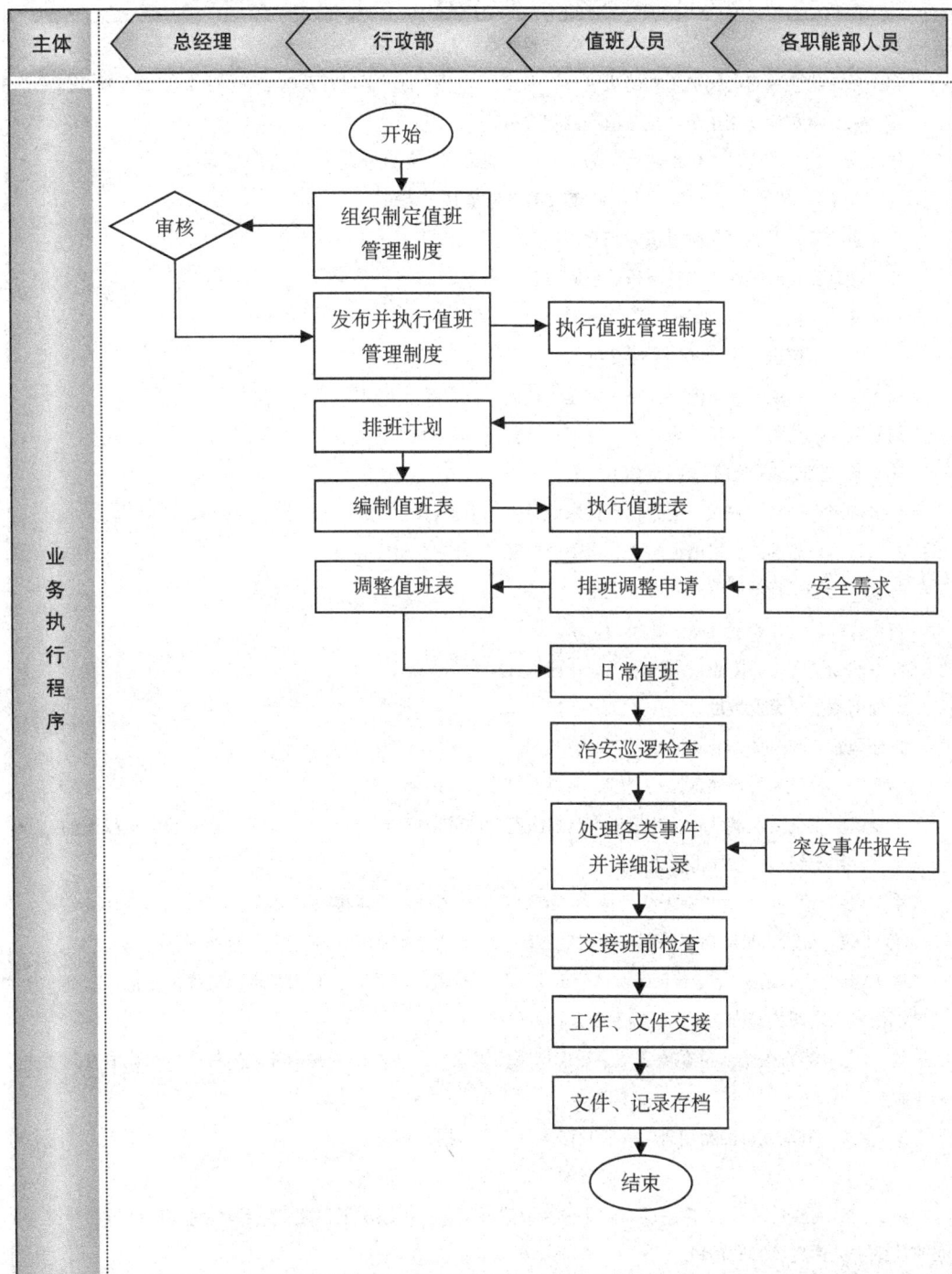

主体	总经理	行政部	值班人员	各职能部人员

业务执行程序

开始

组织制定值班管理制度

审核

发布并执行值班管理制度 → 执行值班管理制度

排班计划

编制值班表 → 执行值班表

调整值班表 ← 排班调整申请 ← 安全需求

日常值班

治安巡逻检查

处理各类事件并详细记录 ← 突发事件报告

交接班前检查

工作、文件交接

文件、记录存档

结束

11.4.2 值班管理制度

制度名称	值班管理制度	编号	
		版本	

第一章 总则

第 1 条 为规范对公司员工的值班管理，保障公司工作的正常进行及财产安全，特制定本制度。

第 2 条 本制度适用于公司员工值班的相关事宜。

第 3 条 本公司的员工值班制度分为普通员工值班与节假日管理人员值班。

第二章 普通员工值班

第 4 条 公司普通员工的值班时间有两种。

1. 工作日：值班时间为当日下班后至第二日上班前。

2. 休息日：白班：早 8:00——晚 8:00。

夜班：晚 8:00——早 8:00。

第 5 条 公司值班人员由办公室职员轮流担当，行政部负责安排值班次序并公布。

第 6 条 公司给予夜班值班人员一定的补贴。

第 7 条 值班人员的工作职责如下。

1. 接待来往的宾客并做好记录，包括来访时间、来访目的、所寻找的相关人员等。

2. 监查下班后的人员进出，防止公司财产失窃。

3. 接听与公司相关的电话并做好记录。

4. 接收邮件、公函等并做好相关的记录。

5. 不间断地巡视，防止公司发生火灾、漏水、安全等事故。

6. 处理或上报突发事件。

7. 公司领导临时交办的其他事项。

第 8 条 值班人员要注意保密制度，不得泄露公司的内部情况。

第 9 条 发生突发事件时，在值班人员权限范围内的由值班人员自己处理，超越值班人员权限的，需立即上报，由上级相关领导进行处理。

第 10 条 值班人员处理突发事件得当，减少公司损失的，公司将视情况给予奖励。

第 11 条 值班人员除巡视外不得擅离值班室，更不允许在值班室内喝酒、打牌、打麻将等。

第 12 条 当日值班人员不允许私自替班、换班，确因故不能在当日值班者，应提前上报行政部，由行政部做出人员调整安排，否则一经发现，将做出严肃处理。

第 13 条 当日值班人员在值班结束后应撰写值班报告，将值班过程中处理的事项向相关主管领导进行汇报。

第 14 条 值班人员的交接班纳入考勤体系，不得迟到、早退。

第三章 节假日管理人员值班

第 15 条 公司管理人员值班的时间主要为节假日（包括国家法定节假日），具体值班时间可参考普通员工值班中的休息日值班时间。

（续）

第 16 条	公司管理人员中的值班人员为各部门经理（含）级别以上人员。

第 16 条　公司管理人员中的值班人员为各部门经理（含）级别以上人员。

第 17 条　公司管理人员的值班名单由行政部出具，并由行政部负责通知相关人员。

第 18 条　公司管理人员值班的相关事宜可参考第二章的内容。

第 19 条　公司各级管理人员应为公司其他员工做表率，在值班期间若擅离职守，经发现或接到报告后将加大处理力度。

第四章　附则

第 20 条　本制度由行政部制定，其解释、修改权亦归行政部。

第 21 条　本制度经总经理办公会议审批，自颁布之日起实行。

编制日期		审核日期		批准日期	
修改标记		修改处数		修改日期	

11.5 安全事故管理

11.5.1 安全事故管理流程

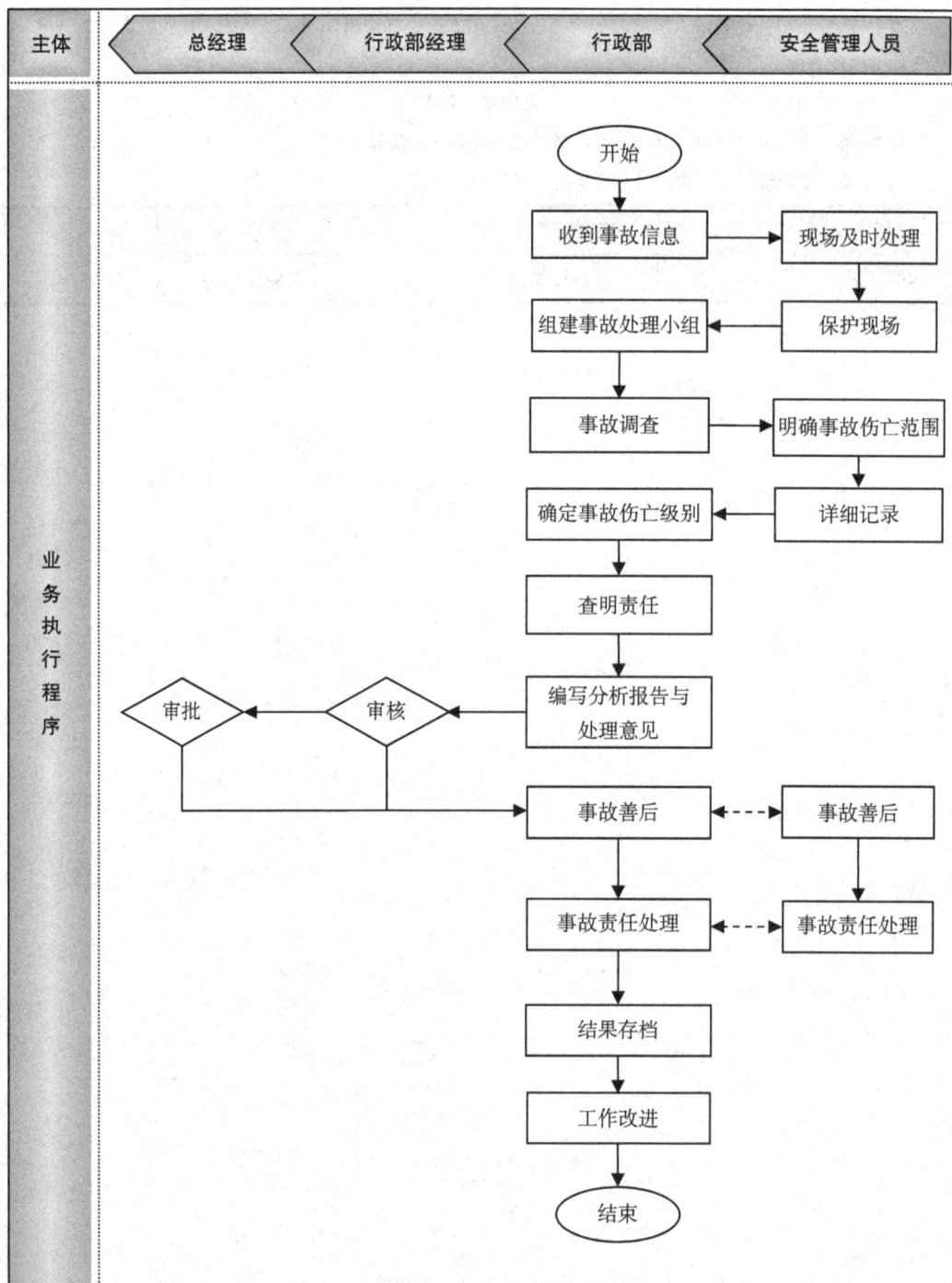

主体	总经理	行政部经理	行政部	安全管理人员

业务执行程序

```
                          开始
                           │
                           ▼
              收到事故信息 ────────► 现场及时处理
                                          │
                                          ▼
            组建事故处理小组 ◄──────── 保护现场

                事故调查 ──────────► 明确事故伤亡范围
                                          │
                                          ▼
            确定事故伤亡级别 ◄──────── 详细记录

                查明责任
                   │
                   ▼
    审批 ◄── 审核 ◄── 编写分析报告与处理意见
     │       │
     └───────┴────────► 事故善后 ◄-------- 事故善后
                           │                  │
                           ▼                  ▼
                      事故责任处理 ◄-------- 事故责任处理
                           │
                           ▼
                        结果存档
                           │
                           ▼
                        工作改进
                           │
                           ▼
                         结束
```

11.5.2　安全教育培训管理制度

制度名称	安全教育培训管理制度	编号	
		版本	

第一章　总则

第 1 条　目的。

为加强公司全体员工的安全教育培训管理，提升员工的安全防范意识及安全技能，防范各类安全事故的发生，特制定本制度。

第 2 条　适用范围。

本制度适用于公司所有员工的安全教育工作组织与实施的管理。

第 3 条　管理职责。

行政部负责组织安全教育培训工作；各部门负责组织实施本部门内部的日常安全教育活动。

第二章　安全教育的组织工作

第 4 条　每年年底，行政部负责制订下一年度的安全教育培训计划，并纳入公司员工年度培训计划。

第 5 条　行政部应结合每年的"安全生产月"活动，根据活动主题，利用标语、宣传栏等，组织开展安全宣传教育活动。

第 6 条　当出现以下情况时，公司应立即开展安全教育培训。

1. 公司准备举行大型活动之前。

2. 重要节假日之前。

3. 公司发现事故隐患或事故发生之后。

4. 外界有重大事故发生之后。

第 7 条　公司有新员工到来之后，行政部负责及时对其展开安全教育培训。

第 8 条　公司新员工、转岗员工到岗后，由其所属部门负责及时为其安排岗位安全知识培训。

第三章　安全教育的实施工作

第 9 条　安全教育培训类型。

对公司不同类型的人员进行相应的教育培训，培训类型主要有以下四种。

1. 对公司领导和部门负责人，主要进行有关安全生产方面的方针、政策、法律、法规、安全管理要求和管理职责，以及应急准备等方面的教育培训。

2. 对安全管理人员，主要进行安全法律、法规，安全生产管理知识，事故预防知识，安全事故案例等方面的教育培训。

3. 对公司员工，主要进行安全意识、安全职责，公司的消防设施情况及消防器材的操作方法，发生危险时的自救知识、事故案例等方面的教育培训。

4. 对公司的新进员工，主要进行公司安全保卫制度、安全知识及自救技能、公司消防重点区域等方面的教育培训。

（续）

第 10 条　日常安全教育培训。

各部门负责每月组织一次部门内部的日常安全教育培训，内容可包括以下几方面。

1. 国家颁布的与安全相关的法律法规。

2. 上级文件。

3. 安全生产规章制度。

4. 安全生产知识和技能。

5. 安全形势分析和对策。

6. 安全事故演练。

第 11 条　安全教育培训形式。

安全教育培训可采取会议、学习上级文件、竞赛、知识问卷、现场演练、专家授课等形式进行。

第 12 条　安全教育培训通知。

行政部按照公司的年度安全教育培训计划，负责组织和安排安全教育培训活动，并在培训前一周下达安全教育培训通知，详细说明培训的具体目的、内容、时间、地点、对象以及要求等。

第 13 条　安全教育培训总结。

培训结束后，参训人员应对培训记录进行整理和保存，写好培训总结，上交行政部。

第 14 条　资料管理。

行政部负责建立安全教育培训记录，明确掌握各类安全教育培训的具体情况，包括类别、内容、承办部门、人数等。各部门负责及时妥善地对安全教育培训资料进行整理并归档。

第四章　附则

第 15 条　本制度由公司行政部负责制定，修改亦同。

第 16 条　本制度自下发之日起执行。

编制日期		审核日期		批准日期	
修改标记		修改处数		修改日期	

11.6 消防管理

11.6.1 消防管理流程

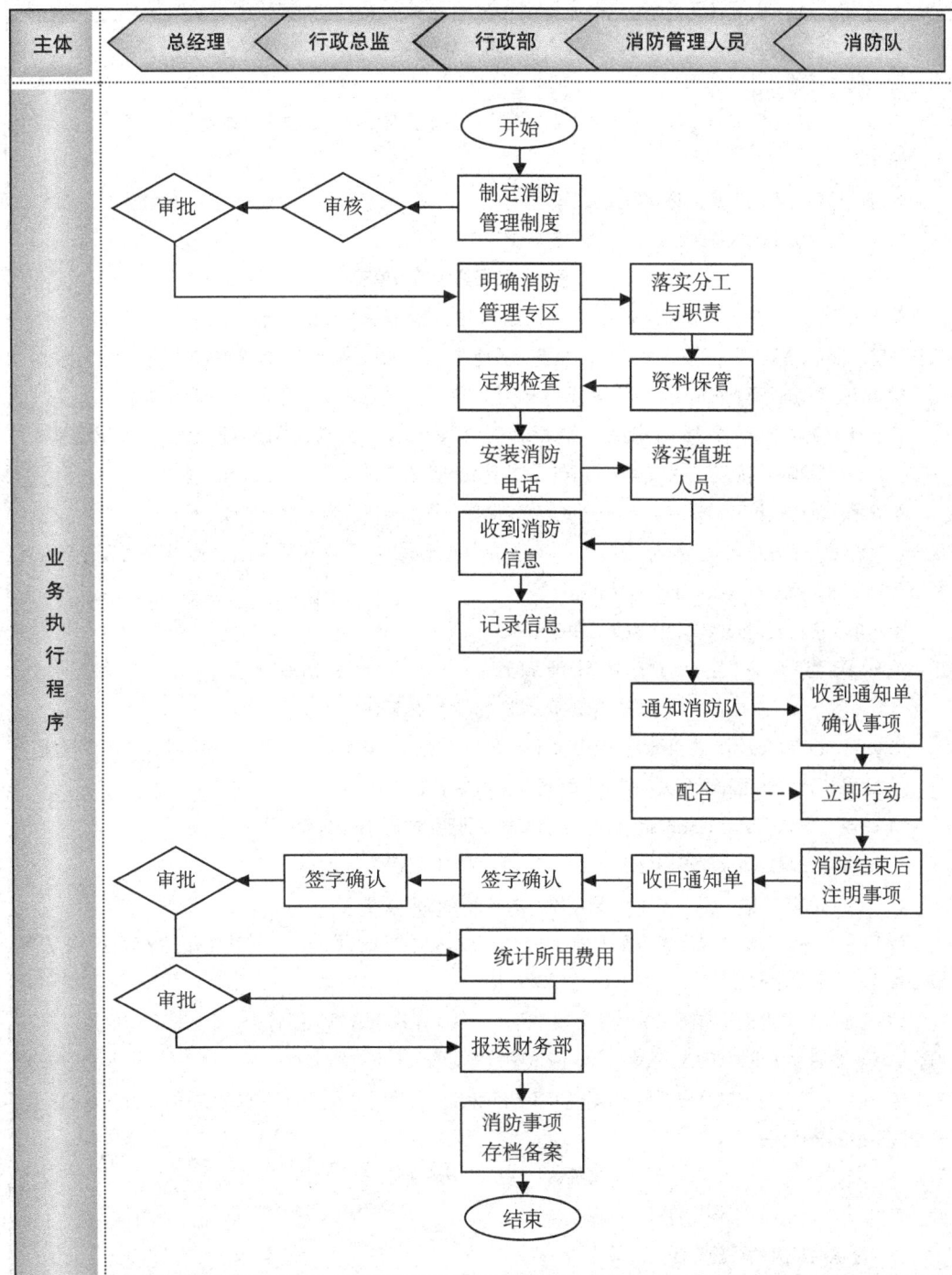

主体	总经理	行政总监	行政部	消防管理人员	消防队

业务执行程序

```
                                    开始
                                     │
        审批 ◂── 审核 ◂──── 制定消防
                               管理制度
         │
         └──▶ 明确消防 ──▶ 落实分工
               管理专区      与职责
                 │            │
               定期检查 ◂── 资料保管
                 │
               安装消防 ──▶ 落实值班
               电话          人员
                 │            │
               收到消防 ◂─────┘
               信息
                 │
               记录信息 ──────┐
                              │
              通知消防队 ──▶ 收到通知单
                              确认事项
                                 │
              配合 ┈┈▶ 立即行动
                              │
                          消防结束后
                          注明事项
                              │
       审批 ◂── 签字确认 ◂── 签字确认 ◂── 收回通知单
         │
         └──▶ 统计所用费用
       审批 ◂────────┘
         │
         └──▶ 报送财务部
                  │
               消防事项
               存档备案
                  │
                结束
```

11.6.2　消防安全管理制度

制度名称	消防安全管理制度	编号	
		版本	

第一章　总则

第 1 条　目的。

为加强公司的消防安全工作，保证公司财产安全、员工人身安全，特制定本制度。

第 2 条　职责范围。

1. 行政部责成专人负责消防管理各项工作。

2. 公司所有员工均应配合行政部的消防安全管理工作。

第二章　消防设施和器材管理

第 3 条　行政部消防管理人员应对公司内配置的各类消防设施和设备进行检查，保证符合消防要求和安全规定。另外，消防器材的配置种类、数量及配置地点，应当由专人负责，配置地点应当有明显的标志。

第 4 条　消防管理人员应将各种消防设备的性能、使用方法等编制成图册，并熟练掌握。

第 5 条　消防设施和器材不得随意挪作他用，禁止擅自更改、移动、拆除消防设备，如因装修需要，一定要经相应管理部门同意，由管理部门指定的专业工程队施工，其余人员不得擅自施工。

第 6 条　消防设施和器材应当定期进行检测、保养，发现损坏应当及时维修或更换，确保各类消防设施和器材随时处于完好状态。消防设施的维修需要专门的技术，特别是一些关键设备，应聘请具有合格消防资质的专业公司或技术服务部门来承担。

第 7 条　灭火药剂失效以后应当及时更换新药剂。

第 8 条　消火栓不得埋压，道路应当畅通无阻。

第三章　安全疏散设施管理

第 9 条　各部门必须按规定配备应急照明和疏散指示标志，按规定配备防火门和其他应急疏散设施。

第 10 条　疏散通道和安全出口必须保障畅通，不得堵塞。

第 11 条　应急照明灯和疏散指示标志必须按规定进行检修，保证完整、好用。

第 12 条　常闭式防火门不得处于开启状态，闭门器必须完整。

第四章　消防安全检查管理

第 13 条　各部门必须设立专人每天进行防火检查，及时纠正违章行为，妥善处置火灾危险，无法当场处置的，应及时上报。

第 14 条　行政部安全管理专员负责定期（每月不低于 1 次）进行消防检查，主要检查防火器材是否符合要求，是否存在重大火灾隐患等，并及时做好检查记录。

第 15 条　对于火灾隐患应抓紧整改，限期未整改者，应给予处罚；因客观原因不能及时整改的，应采取应急措施来确保安全。

第五章　消防安全培训管理

第 16 条　消防安全培训内容。

1. 安全消防编组的功能与任务。

（续）

2. 国家的消防法规，公司相关安全消防制度。

3. 火灾的形成及灭火方法。

4. 火灾的预防措施，报警、逃生、扑救等演习。

5. 消防器材的使用与操作。

6. 火灾案例的探讨与反省。

第 17 条　消防安全培训方式。

1. 讲课：通过授课、投影和录像的形式，向全体员工讲解。

2. 示范演练：进行灭火器材的讲解，操作示范。

3. 演习：对报警、扑救、逃生等进行小规模实况演习。

第 18 条　消防安全培训实施频率。

1. 新进员工"安全消防知识"训练。

2. 安委会每月进行一次讲课训练。

3. 演习每半年进行一次。

第六章　消防安全日常管理规定

第 19 条　禁止在防火安全危险的场所擅自动用明火。需要使用明火器具时，应事先提出申请，说明安全措施，经行政部经理批准后方可予以使用。

第 20 条　动用明火作业时，作业人员应当持证上岗，对电焊、气割、砂轮切割、煤气燃烧以及其他具有火灾危险的作业，必须依照相关安全要求操作。

第 21 条　禁止在办公和宿舍地使用自制或外购电炉取暖或做饭。

第 22 条　公司须划定禁烟区，员工不得在禁烟区吸烟。

第 23 条　公司员工一旦发现有火警，能自己扑灭的，应立刻采取措施，根据火警的性质，就近使用水或灭火器材进行扑救；公司任何人发现火灾或其他安全问题都应迅速报警，各部门或员工应为报警无偿提供方便，有为扑救火灾提供帮助的义务；公司在消防队到达前应迅速组织力量扑救、减少损失；火灾后应及时向投保的保险公司报案，保护好现场并协助查清火灾原因。

第七章　奖惩和处罚

第 24 条　公司定期或不定期地对公司各部门的安全、消防管理工作进行考核，决定相应的奖励或处罚。

第 25 条　因扑救火灾、消防训练、制止安全事故、见义勇为而受到损伤的，公司对其医疗、抚恤费用按照国家相关规定办理。

第 26 条　对各种安全事故的责任人和违反本办法的人员，将从严处罚，分别给予罚款、降级甚至辞退的处罚，严重者送交司法部门追究法律责任。

第八章　附则

第 27 条　本制度由行政部负责解释。

第 28 条　本制度自公布之日起实施。

编制日期		审核日期		批准日期	
修改标记		修改处数		修改日期	

第 12 章

党群建设管理

12.1 政策宣传管理

12.1.1 政策宣传管理流程

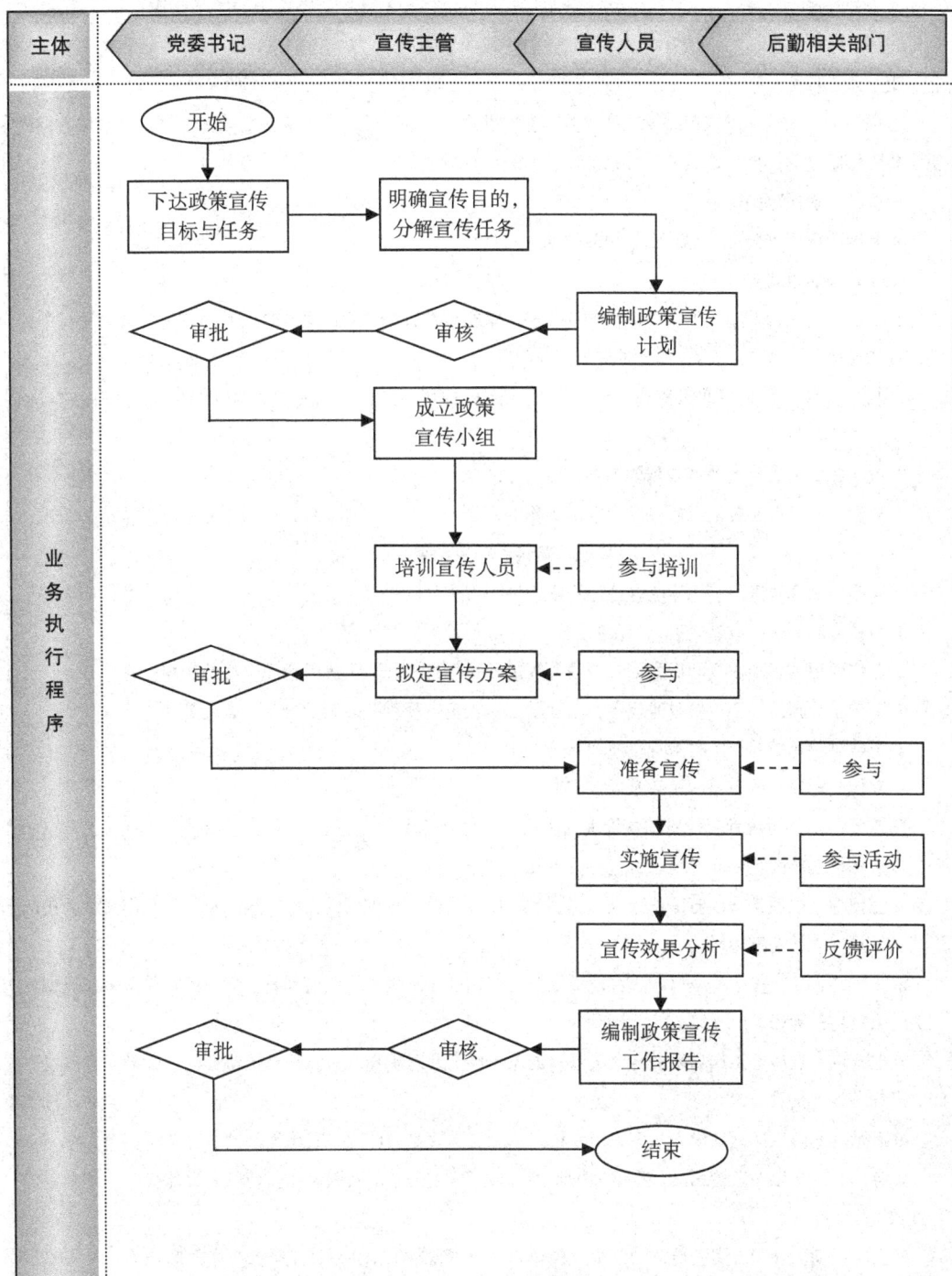

主体	党委书记	宣传主管	宣传人员	后勤相关部门

业务执行程序

```
            开始
             │
             ▼
        下达政策宣传 ────▶ 明确宣传目的，
        目标与任务          分解宣传任务
                                │
                                ▼
   审批 ◀──── 审核 ◀──── 编制政策宣传
    │                      计划
    │
    ▼
  成立政策
  宣传小组
    │
    ▼
  培训宣传人员 ◀---- 参与培训
    │
    ▼
  审批 ◀── 拟定宣传方案 ◀---- 参与
                │
                ▼
            准备宣传 ◀---- 参与
                │
                ▼
            实施宣传 ◀---- 参与活动
                │
                ▼
          宣传效果分析 ◀---- 反馈评价
                │
                ▼
          编制政策宣传
  审批 ◀── 审核 ◀── 工作报告
    │
    └──────────▶ 结束
```

12.1.2　政策宣传管理制度

制度名称	政策宣传管理制度	编号	
		版本	

第一章　总则

第1条　目的。

为进一步加大党和国家相关政策的宣传力度，围绕创建优质、文明、高效后勤的工作目标，使后勤政策宣传工作制度化，更好地服务于后勤工作，特制定本制度。

第2条　适用范围。

本制度适用于本公司所有后勤工作部门的政策宣传工作。

第3条　职责划分。

1.党委书记负责下达政策宣传的目标和任务，审查政策宣传方案的可行性，并对宣传的效果进行最终的审查和评估。

2.政策宣传主管负责政策宣传小组的组建、人员的培训工作，同时在相关人员的配合下拟定宣传方案。

3.政策宣传人员负责政策宣传的各项具体工作。

4.后勤各部门有义务配合后勤政策宣传工作的开展。

第二章　宣传的内容和宣传的方式

第4条　后勤政策宣传工作应包括但不限于以下五方面的内容。

1.宣传党和国家的方针政策，对后勤工作人员进行爱国主义教育。

2.宣传政府的各项法规和后勤的各项政策规定，对后勤工作人员进行遵纪守法的法规教育。

3.宣传本公司的各项后勤政策规定，对后勤工作人员解释相关政策的背景、意义等。

4.配合其他相关单位的政策宣传活动。

5.其他公司安排的有关后勤政策的宣传内容。

第5条　本公司后勤部门所辖各管理处（站）应综合运用各类资源，积极进行后勤政策的宣传工作。后勤政策宣传工作的主要方式至少应包括以下几个方面。

1.宣传栏。根据党和政府工作重点、国家时事以及后勤管理方面的工作，组织资料，采用图文并茂的形式，每月出版一期宣传栏。

2.小宣传板。在每个楼道口的小宣传板上及时张贴政策法规及有关后勤政策方面的宣传资料、通知和相关政策宣传的标语。

3.电子屏。在后勤工作场所的各个出入口的电子屏上及时更新政策宣传标语口号、后勤新闻，以及时间、天气等相关信息。

4.后勤网站。后勤网站设有政策宣传专栏，每周至少要更新两次，有重大活动时要及时更新。

5.宣传牌、横幅、宣用品。根据后勤政策宣传工作的需要，及时制作宣传牌、宣传横幅，印制宣传彩页和礼品。

6.宣传活动。开展各类宣传活动，扩大公司后勤政策宣传工作在后勤工作人员中的影响力。

（续）

第三章　宣传资料的收集、报道和日常管理					
第 6 条　公司后勤部门所辖各管理处（站）应在后勤工作人员中发展信息员和舆情员，及时了解后勤舆情，并按正规渠道上报，以便公司适时调整政策、提升服务质量。 第 7 条　每期政策宣传资料内容由政策宣传主管审定，外送新闻媒介的宣传稿件由党委书记审批通过后，方可发送。 第 8 条　后勤部门所辖各管理处（站）、个人不得擅自向涉外新闻机构投稿，对其电话采访，应予以婉拒。 第 9 条　加强对政策宣传工作的考核，后勤部门根据组织政策宣传报道的影响效果以及报送新闻线索的情况，对政策宣传工作成绩突出的先进单位和个人可以根据条件给予奖励。 第四章　附则 第 10 条　本制度由公司党群建设办公室制定、修改及解释。 第 11 条　本制度报总经理审批通过后，自公布之日起实施。					
编制日期		**审核日期**		**批准日期**	
修改标记		**修改处数**		**修改日期**	

12.2 后勤精神文明建设管理

12.2.1 后勤精神文明建设管理流程

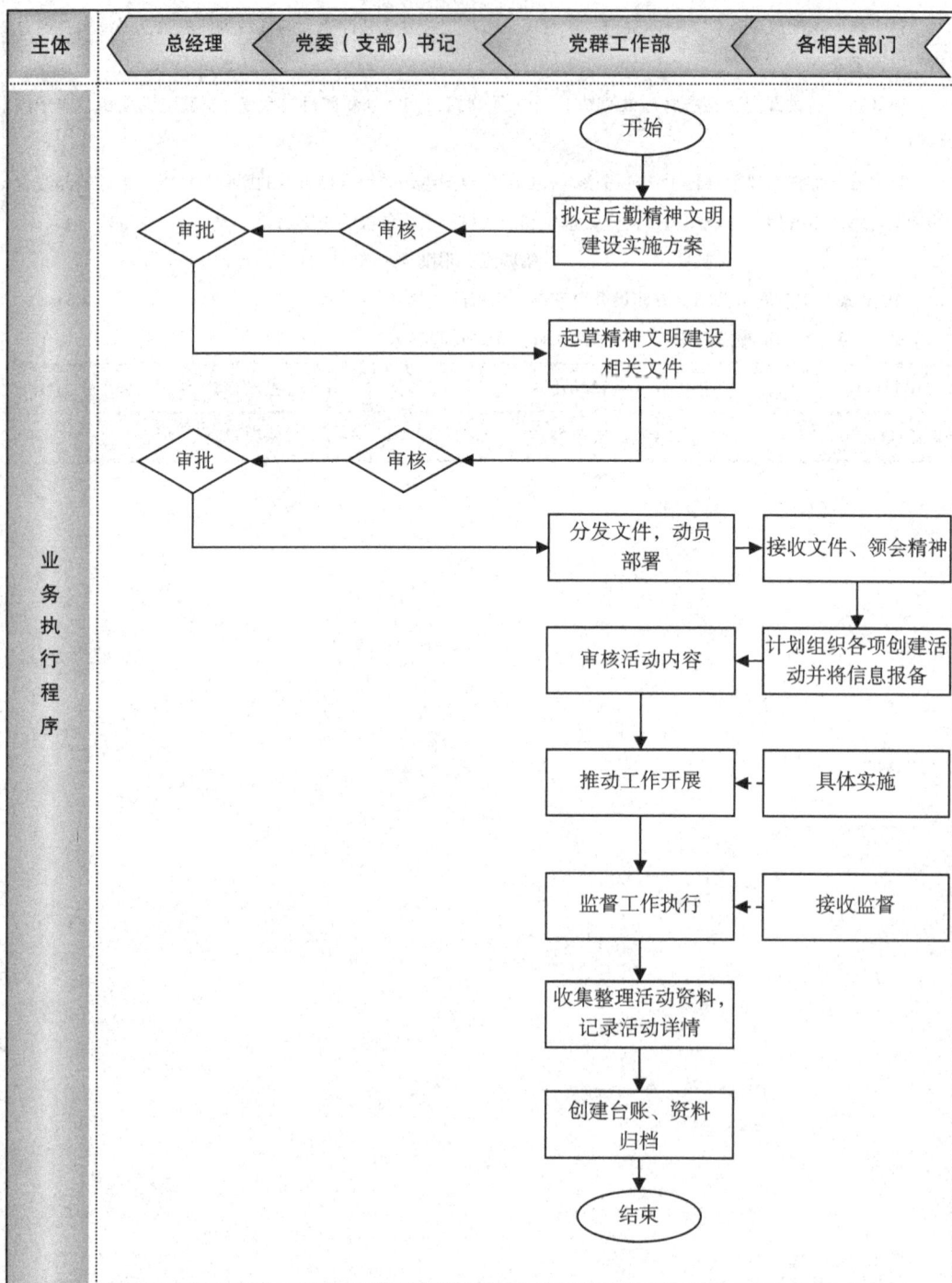

主体	总经理	党委（支部）书记	党群工作部	各相关部门

业务执行程序

```
                                                    ┌─────────┐
                                                    │  开始   │
                                                    └────┬────┘
                                                         │
                                              ┌──────────▼──────────┐
    ┌──────┐        ┌──────┐                  │ 拟定后勤精神文明    │
    │ 审批 │◄───────│ 审核 │◄─────────────────│ 建设实施方案        │
    └──┬───┘        └──────┘                  └─────────────────────┘
       │
       │                                      ┌─────────────────────┐
       │                                      │ 起草精神文明建设    │
       │                                      │ 相关文件            │
       │                                      └──────────┬──────────┘
       │                                                 │
    ┌──▼───┐        ┌──────┐                  ┌──────────▼──────────┐
    │ 审批 │◄───────│ 审核 │◄─────────────────│                     │
    └──┬───┘        └──────┘                  └─────────────────────┘
       │
       │                          ┌─────────────┐      ┌─────────────────┐
       └─────────────────────────►│ 分发文件，   │─────►│ 接收文件、领会精神│
                                  │ 动员部署    │      └────────┬────────┘
                                  └─────────────┘               │
                                                      ┌─────────▼─────────┐
                                  ┌─────────────┐     │ 计划组织各项创建活 │
                                  │ 审核活动内容 │◄────│ 动并将信息报备    │
                                  └──────┬──────┘     └───────────────────┘
                                         │
                                  ┌──────▼──────┐      ┌─────────────┐
                                  │ 推动工作开展 │◄─────│ 具体实施    │
                                  └──────┬──────┘      └─────────────┘
                                         │
                                  ┌──────▼──────┐      ┌─────────────┐
                                  │ 监督工作执行 │◄─────│ 接收监督    │
                                  └──────┬──────┘      └─────────────┘
                                         │
                                  ┌──────▼──────┐
                                  │ 收集整理活动资料，│
                                  │ 记录活动详情 │
                                  └──────┬──────┘
                                         │
                                  ┌──────▼──────┐
                                  │ 创建台账、资料│
                                  │ 归档        │
                                  └──────┬──────┘
                                         │
                                    ┌────▼────┐
                                    │  结束   │
                                    └─────────┘
```

12.2.2　后勤精神文明建设工作实施办法

制度名称	后勤精神文明建设工作实施办法	编号	
		版本	

第一章　总则

第 1 条　目的。

为深入推动公司精神文明建设健康发展，丰富公司文化要素，贯彻落实社会主义核心价值观，特制定本实施办法。

第 2 条　指导思想。

坚持党的路线与方针，紧密结合工作实际，全面加强各项精神文明创建工作。

第 3 条　责任部门。

党群工作部为精神文明建设活动的主管部门，其他相关部门配合协助。

第二章　具体措施

第 4 条　加强创建工作组织领导。

1.每年定期召开全员参与的精神文明建设专题会议，每月组织一次精神文明创建工作检查，年末严格按考核标准进行自查补缺。

2.相关部门做好精神文明建设的经费与后勤保障工作，确保精神文明建设工作顺利开展。

第 5 条　抓好理想信念教育。

1.持续开展"两学一做"，使学习教育常态化。以中央安排的专题教育活动为基点，深入学习和贯彻落实社会主义核心价值体系，在"学懂、弄通、做实"上下功夫，推动精神文明建设工作深入开展。全年组织____次以上爱国主义大学习。

2.开展中国特色社会主义和"中国梦"学习教育活动，利用公司的学习平台，组织全体员工集中学习，若有需要，可邀请党校讲师举办专题讲座。利用"七一""十一"等重大纪念活动和重要传统节庆，开展爱国主义教育活动。

3.广泛开展员工阅读活动，组织读书交流、读书演讲、知识竞赛等，开展读书心得体会评选活动，要做到会议有记录、讨论有笔记、评比有通报。

第 6 条　自觉践行社会主义核心价值观。

1.举办核心价值观专题讲座不少于____次，要求参加人员撰写学习体会。

2.深化文明经营、文明餐桌系列活动。

（1）开展文明经营活动，悬挂诚信宣传标语，发放"文明经营"宣传单，加强与工商局、税务局等相关部门的沟通，协调组织"文明诚信公司""文明诚信市场""文明诚信商户"的创建评比活动。

（2）开展文明餐桌行动，组织文明用餐签名活动，每月对公司的食堂卫生和文明用餐情况进行检查，开展文明餐桌、光盘行动宣传。

第 7 条　加强道德建设。

1.开展评选"文明部门""文明宿舍""先进个人"等活动，树立典型，表彰先进，用身边的事教育身边的人。

（续）

2. 围绕社会公德、职业道德、家庭美德、个人品德建设举办道德讲堂。道德讲堂可以唱歌曲、学模范、诵经典、发善心、送吉祥等形式进行。

3. 开展文明礼仪养成教育行动，开展文明礼仪知识讲座和知识竞赛活动。

第 8 条　抓好法治建设与合规经营。

1. 以我国《宪法》《公司法》《劳动合同法》等法律法规为重点，定期举办法律业务知识讲座，开展普法教育活动。

2. 结合工作业务，收集和整理推进依法行政、依法办事的规章制度。

第 9 条　加强诚信建设。

制定开展诚信建设活动的总体方案，明确具体责任部门、责任人、具体活动安排。开展诚信宣传教育活动，观看诚实守信教育短片，组织诚信经营法大讨论、大评议活动；组织诚信签名活动，营造诚信创建活动气氛；开展签订诚信承诺书活动和诚信考试宣誓活动；结合实际制定褒扬诚信、惩戒失信的制度措施。

第 10 条　加强网络文明传播。

制定员工文明上网的制度和规范要求，利用公司公众号等新媒体平台，定期发布精神文明建设活动和正能量信息。

第 11 条　开展文化体育活动。

1. 制定年度文化体育活动实施方案。视实际需要组建篮球、乒乓球、羽毛球、书画、摄影等富有特色的文体活动小组，举办各类活动，丰富员工的文化体育生活。

2. 利用春节、元宵、清明、端午、中秋、重阳等中华传统节日开展主题活动，重点开展民俗欣赏、走访慰问、文艺汇演和经典诵读等活动。

第 12 条　加强氛围营造。

1. 利用电子显示屏、文化墙、固定广告牌等设施刊播社会主义核心价值观、"讲文明树新风"等优质内容，完善健身室、阅览室、党员活动室等各类文明创建场所。

2. 确定专人负责维护，及时向公司申请补充器材和资料，经常开展活动。

第三章　有关要求

第 13 条　思想高度重视。文明创建工作任务重、要求严、标准高，各部门必须高度重视，明确目标，细化任务，全面动员，全员参与，全力保障，确保认识到位、领导到位、责任到位、各项工作落实到位。

第 14 条　严密组织筹划。要把文明创建工作列入党组议事日程，各部门要认真落实创建工作责任制，层层分解责任目标，做到事事有人管、层层抓落实，确保文明创建工作任务圆满完成。

第四章　附则

第 15 条　本办法由____部负责制定、修订与解释。

第 16 条　本办法自____年____月____日起实施。

编制日期		审核日期		批准日期	
修改标记		修改处数		修改日期	

12.3 后勤群众服务管理

12.3.1 后勤群众服务管理流程

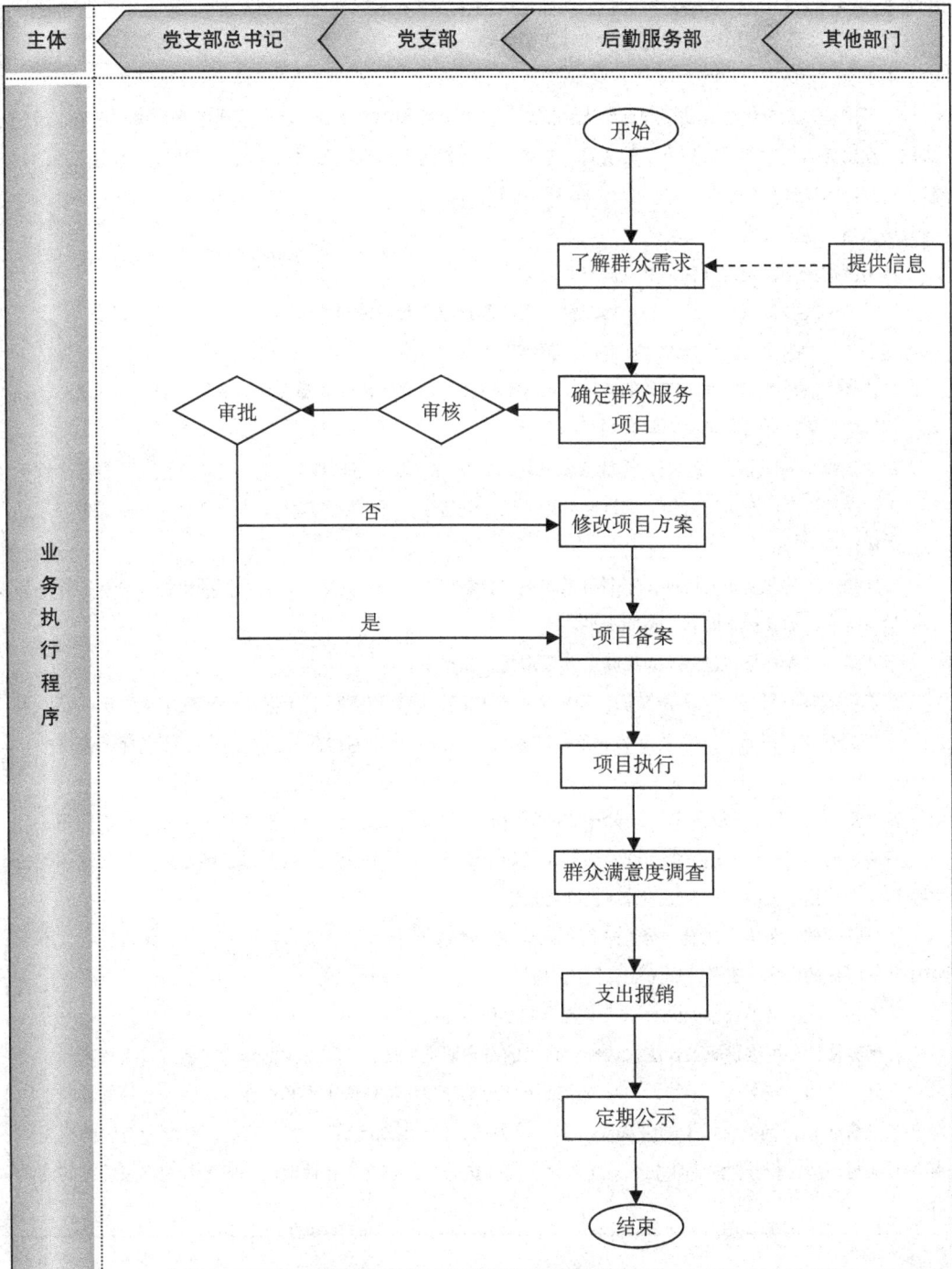

主体	党支部总书记	党支部	后勤服务部	其他部门

业务执行程序

```
                                              ┌──────┐
                                              │  开始 │
                                              └───┬──┘
                                                  ↓
                          ┌──────────┐      ┌──────────┐      ┌──────────┐
                          │了解群众需求│ ←----│          │      │ 提供信息 │
                          └────┬─────┘      └──────────┘      └──────────┘
                                                  ↓
    ◇审批◇ ← ◇审核◇ ←  ┌──────────┐
                          │确定群众服务│
                          │   项目   │
                          └──────────┘

         否 →              ┌──────────┐
                          │修改项目方案│
                          └────┬─────┘
                                ↓
         是 →              ┌──────────┐
                          │ 项目备案 │
                          └────┬─────┘
                                ↓
                          ┌──────────┐
                          │ 项目执行 │
                          └────┬─────┘
                                ↓
                          ┌──────────┐
                          │群众满意度调查│
                          └────┬─────┘
                                ↓
                          ┌──────────┐
                          │ 支出报销 │
                          └────┬─────┘
                                ↓
                          ┌──────────┐
                          │ 定期公示 │
                          └────┬─────┘
                                ↓
                          ┌──────────┐
                          │  结束   │
                          └──────────┘
```

12.3.2 后勤群众服务管理制度

制度名称	后勤群众服务管理制度	编号	
		版本	

第一章 总则

第1条 目的。

为了维护员工合法权益，带领后勤服务部以"优质服务促和谐"为目标，爱岗敬业、勇于创新、开拓进取，在服务科学发展、服务员工的实践中争取更大的作为，在促进公司的全面发展和进步中做出新的贡献，特制定本制度。

第2条 适用范围。

本制度适用于公司内部后勤群众服务管理。

第二章 后勤群众服务管理细则

第3条 加强员工队伍建设，提升员工整体素质。

1.认真组织员工学习和贯彻党的精神，引导全体员工用党的理论武装头脑、指导实践、推动工作，提高运用科学发展观分析和解决实际问题的能力。

2.加强员工的职业道德建设，用社会主义核心价值观、职业道德规范、"三服务三育人"服务宗旨引导员工，充分调动后勤员工工作的积极性、主动性、创造性，积极服务广大员工，为公司的发展做好后勤保障工作。

3.加强员工的职业技能培训，定期组织相关人员参加本职岗位的培训，利用假期组织部分员工外出参观、学习培训，提高员工的职业技能水平。

第4条 加强自身建设，不断提高工会工作能力和水平。

1.组织支部委员努力学习新知识，积极掌握新技能，确立服务和创新理念，不断探索和实践新时期工会工作的规律，提高支部会委员的业务、政策水平，进一步培养团队与协作精神，使支部工作再上新台阶。

2.注意调查研究，深入到职工群众中去，倾听职工的意见和建议，掌握职工群众关注的热点问题，及时了解职工的疾苦，满腔热情地为职工服务，做到上情下达、下情上报，使支部发挥联系党和群众职工的桥梁和纽带作用，提高工会工作的针对性和有效性。

3.加强"职工小家"建设，努力争创"模范职工小家"，把创建活动与创先争优活动紧密结合，不断赋予其新时代的内容，提升"职工小家"的内涵。

第5条 维护员工权益，关心职工生活，推进和谐建设。

1.后勤支部要把维护职工合法权益作为自己的基本职责，把关心职工生活作为一项重要工作来抓。要继续做好工会的"五必访"工作，关心和帮助困难职工和特殊群体的工作和生活；协助中心做好临时工的管理和教育工作；维护女职工的合法权益和特殊利益；关心未婚青年的个人成长，努力为他们搭建爱情桥梁和成材环境；积极树立青年职工，尤其是外聘人员的主人翁意识，让他们积极投身到和谐后勤的建设中去。

（续）

2. 贯彻"勤俭搞活动"的原则，严格执行财经管理制度，不断争取后勤行政的支持，积极为职工群众办实事和办好事，增加支部经费使用的透明度，确保支部经费合理有效地用于广大职工和公司事业。 **第三章　附则** 第 6 条　本制度由党支部制定，解释权和修改权归党支部。 第 7 条　本制度由公司总经理审批通过后，自发布之日起执行。					
编制日期		审核日期		批准日期	
修改标记		修改处数		修改日期	

12.4 后勤党建管理

12.4.1 后勤党建工作管理流程

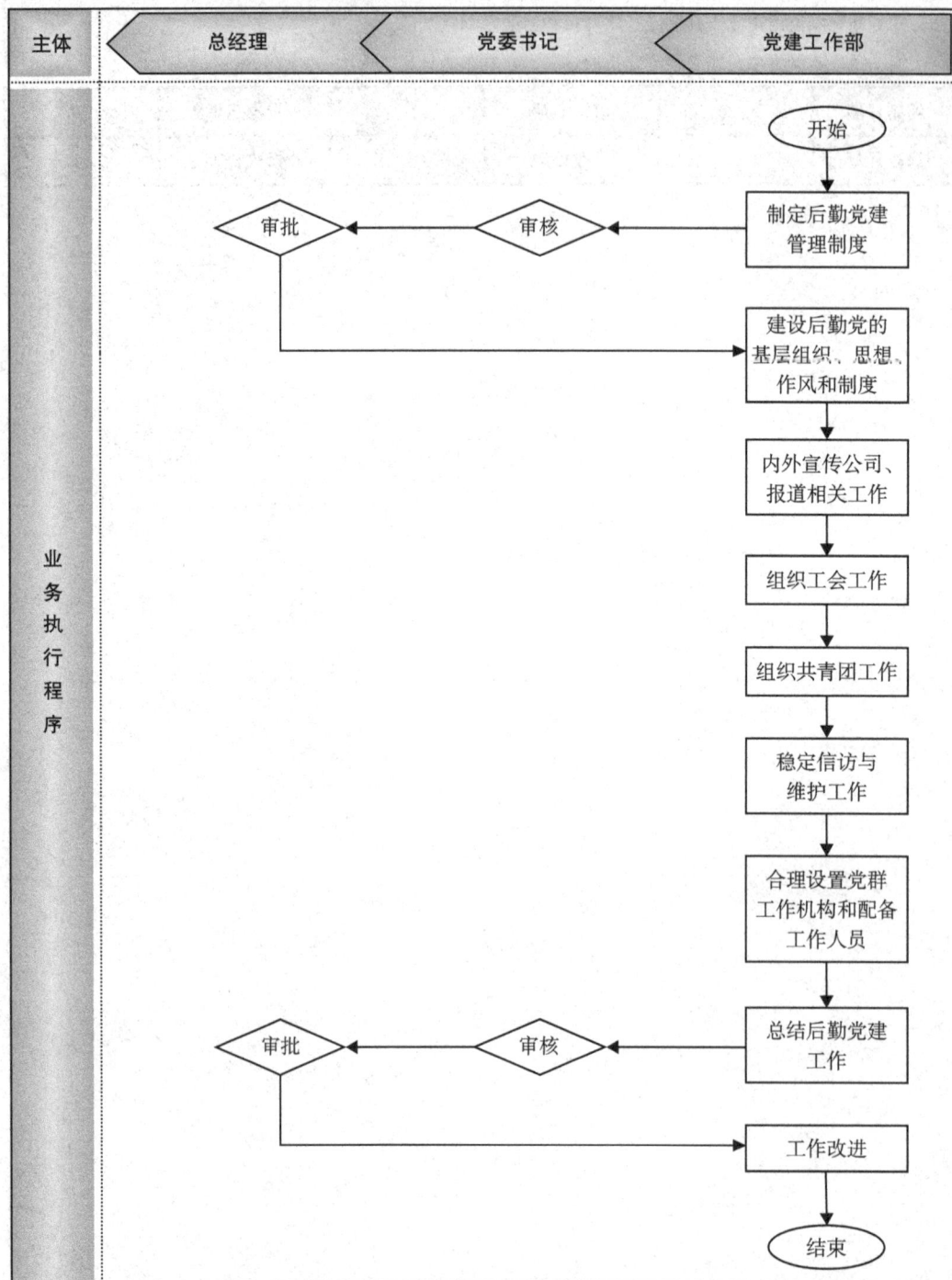

主体	总经理	党委书记	党建工作部
业务执行程序			开始 ↓ 制定后勤党建管理制度 ← 审核 ← 审批 建设后勤党的基层组织、思想、作风和制度 内外宣传公司、报道相关工作 组织工会工作 组织共青团工作 稳定信访与维护工作 合理设置党群工作机构和配备工作人员 总结后勤党建工作 ← 审核 ← 审批 工作改进 结束

12.4.2 后勤党建工作实施方案

制度名称	后勤党建工作实施方案	编号	
		版本	

第 1 条 目的。

1. 深入贯彻和落实社会主义核心价值观，充分发挥新形势下公司党委的政治核心作用，促进公司安全、高效、和谐发展，改进和加强公司的党建工作。

2. 从适应建立现代公司制度的要求出发，创新党建工作的机制和方法，努力把公司党组织建设成充分发挥政治核心作用、坚决贯彻执行党的路线方针政策、推动公司改革发展的坚强政治核心和战斗堡垒。

第 2 条 职责划分。

公司党委对全公司党建工作负责，党委书记为第一责任人，党委副书记、委员对分管的党建工作负责。

第 3 条 党建工作主要任务。

1. 坚持党对公司的政治领导，发挥政治核心作用，保证监督党的路线方针政策和国家法律法规在本公司的贯彻执行，保证公司改革发展的正确方向。

2. 参与公司重大事项、重要人事任免及奖惩、重大项目安排及大额度资金运作的决策，支持股东会、董事会、监事会、经理层依法行使职权，紧紧围绕公司改革发展和生产经营开展工作。

3. 坚持党管干部、党管人才的原则，全面推进人才强企战略。与公司相关人员一起研究决定中层以上经营管理人员的选拔、任用、奖惩及内部机构的设置调整，及时研究和推选后备干部人选，建设好后备人才队伍，为公司的改革发展提供人才支撑。

4. 全心全意依靠职工群众办公司，坚持和完善以职工代表大会为基本形式的民主管理制度，大力推行厂务公开，维护职工的合法权益。

5. 领导公司思想政治工作、精神文明建设和公司文化建设，培育"四有"职工队伍。

6. 坚持党要管党、从严治党的原则，坚持民主集中制，加强党的思想、组织、作风和制度建设，落实党风廉政建设责任制。

7. 领导工会、共青团等群众组织，指导和支持其依照各自章程独立自主地开展工作。

第 4 条 党建工作项目。

1. 加强党的基层组织、思想、作风和制度建设，进一步增强党员的工作影响力和党组织的凝聚力、战斗力。

（1）每年____%的党支部要达到先进党支部的标准，被评为各类先进的党员要达到在职党员总数的____%以上。

（2）根据公司经营管理机构的调整，要及时调整党支部的设置，选好、配好党支部书记，并定期对党支部书记进行培训，逐步完善支部的工作制度。

（3）每年对基层党支部党费的收缴、管理、使用和对入党积极分子的培养情况进行一次考核。

（4）不定期检查、督促基层党支部有效开展工作。检查、督促工作具体见附表。

（续）

2.强化公司内外宣传报道工作。

（1）积极向省、市新闻单位提供新闻稿件，投稿率每年不低于____次，上稿率力争达到____%以上。

（2）采取学习班、板报、专栏、简报、现场广播、电视等多种形式，大力宣传党的路线、方针、政策和国家法律法规，宣传公司形势与任务等。

（3）抓好普法教育工作和统一战线工作，为公司生产经营活动的健康发展营造良好的舆论氛围。

3.要加强工会工作。

（1）要坚持和完善以职工代表大会和职工持股会为基本形式的民主管理、民主监督制度，在公司研究决定经营方面的重大问题、制定重要的规章制度及涉及员工切身利益的重大事项时应当听取公司工会的意见。

（2）要深入开展公司任务公开工作，促进公司建立科学的决策、执行和监督体系。

（3）工会要依法积极维护职工合法权益，参与劳动合同的签订，探索和完善维权与帮困救助工作机制，尽力解决员工尤其是技术骨干员工在生产和生活上的困难。

（4）鼓励员工充分参与环境健康安全管理，保持与员工的信息交流与沟通，配合安全管理部门做好劳动保护工作。

（5）倡导文明、健康、科学的寓教于乐文体活动，指导基层工会在重大节日和施工现场开展的文化娱乐活动每年不少于____次，计划生育工作"三率"（领证率、生育率、节育率）要达到100%。

4.要加强共青团工作。

（1）公司各级党组织要定期听取团组织的工作汇报，加强工作指导，帮助解决工作中存在的困难，通过加强"党建带团建"工作，进一步优化团组织结构和组织体系。

（2）团组织围绕建立"四好"（班子建设好、主题活动好、支部建设好、阵地建设好）和"五有"（有班子、有队伍、有活动、有制度、有阵地）的目标任务，通过开展基层"五四红旗团支部"活动，发挥团员青年在公司生产经营中的作用。

5.加强信访与维护稳定工作。

（1）公司党委定期召开信访稳定工作会议，传达、贯彻上级维稳工作精神，分析公司信访和稳定工作形势，明确领导责任，采取措施解决问题。

（2）做好各层面人员的思想政治工作，及时排查、调和并化解各类矛盾纠纷，防止集体上访事件的发生，特别是重大节日和重要活动期间要加大工作力度，全力维护公司稳定。

6.合理设置党群工作机构和配备工作人员。

（1）建立精干、高效的政工人员队伍，按上级要求，人员按职工总数____%的比例配备，活动经费按职工年度工资总额的____%从公司管理费中列支。

（2）党群工作人员努力加强自身建设，不断提高政治理论和市场经济、公司管理等方面的知识水平，探索党建工作新办法，解决新问题，以适应形势与任务的需要。

附表：检查、督促工作说明表

（续）

附表：	检查、督促工作说明表
检查、督促项目	检查、督促标准
三会一课	每季度召开＿＿＿次支委会，每两月召开＿＿＿次党小组会，每半年上＿＿＿次党课
党员学习	每＿＿＿月组织公司党员学习，并对学习进行考核
民主评议党员	每年对在岗党员进行＿＿＿次民主评议
民主生活会	每年必须召开＿＿＿次领导班子民主生活会
党风廉政建设	每年开展＿＿＿次"讲廉洁、干实事、塑形象"活动
发展党员	按照党委规定吸收优秀员工入党
党员先进性的长效机制	修订并完善《党支部考核评价细则》和《党员管理办法》
党组织的工作方式、方法	每季度倡导党员学技术、学业务、学管理，每年开展＿＿＿次"创先争优""党员责任区""党员先锋岗"等活动

编制日期		审核日期		批准日期	
修改标记		修改处数		修改日期	

第 13 章

后勤人员管理

13.1 人员招聘管理

13.1.1 后勤人员招聘管理流程

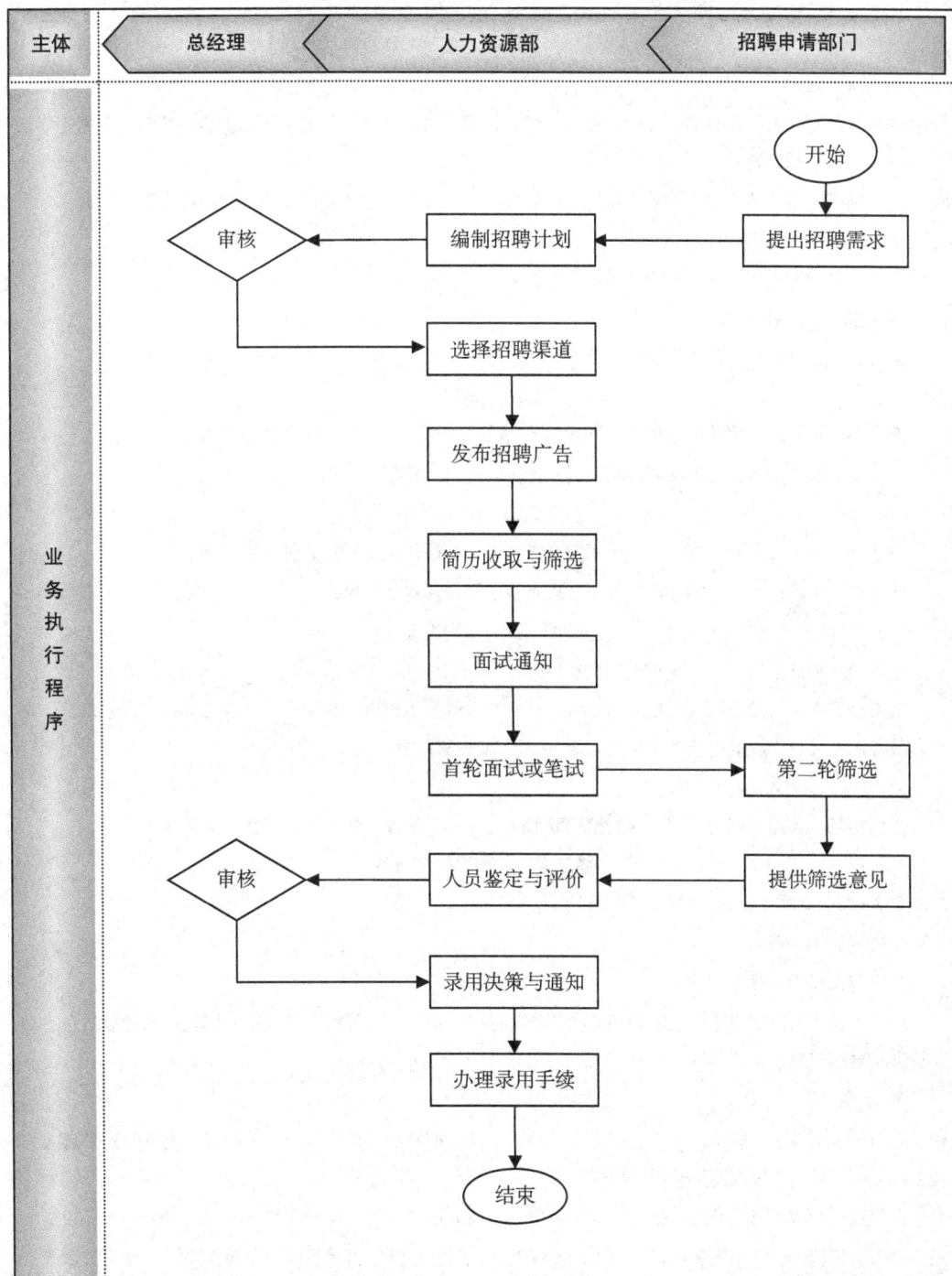

主体	总经理	人力资源部	招聘申请部门

业务执行程序

开始 → 提出招聘需求 → 编制招聘计划 → 审核 → 选择招聘渠道 → 发布招聘广告 → 简历收取与筛选 → 面试通知 → 首轮面试或笔试 → 第二轮筛选 → 提供筛选意见 → 人员鉴定与评价 → 审核 → 录用决策与通知 → 办理录用手续 → 结束

13.1.2　人员招聘管理制度

制度名称	人员招聘管理制度	编号	
		版本	

第一章　总则

第 1 条　目的。

为规范公司人员招聘管理，优化公司人员结构，满足公司持续、快速发展的需要，特制定本制度。

第 2 条　招聘原则。

人员招聘坚持"精心组织策划，全面科学考核，善于发现人才，择优录用，宁缺毋滥"的原则。

第 3 条　适用范围。

公司人员招聘管理各项工作均参照本制度执行。

第 4 条　权责单位。

人力资源部为人员招聘工作的归口管理部门。

第二章　招聘申请

第 5 条　各部门根据业务发展需要和人员使用状况，向人力资源部提出招聘需求。

第 6 条　人力资源部将各部门的招聘需求汇总，制订人员招聘计划。

第三章　招聘准备

第 7 条　人力资源部根据各部门的招聘需求和公司实际情况，制订人员招聘计划。

第 8 条　人力资源部将招聘计划报总经理审核，审批通过后方可进行。

第四章　招聘途径

第 9 条　内部招聘。

所有公司正式员工都可以提出应聘申请，且公司鼓励员工积极推荐优秀人才或提供优秀人才信息，对内部推荐的人才可以在同等条件下优先录取，但不降低录用的标准。

第 10 条　外部招聘。

外部招聘主要通过网络招聘、现场招聘等形式发布招聘信息，挑选合适的候选人。

第五章　人员选拔与录用

第 11 条　应聘者资料的收集。

1. 应聘者个人简历。

2. 应聘人员求职登记表。

应聘人员个人简历与求职登记表是公司初步筛选的手段之一，目的在于获取应聘人员的背景信息，对不合要求者予以淘汰。

第 12 条　人员选拔。

人力资源部成立招聘小组负责应聘人员的筛选工作。招聘小组由三部分人员组成，人员分别来自人力资源部、用人部门、公司高层领导或外部专家。

1. 初选。招聘信息发布后，公司会收到大量的应聘人员的资料，招聘小组对所收集的资料进行初步审核，对初步挑选出的合格应聘者，以电话或邮件的方式进行告知，邀请其前来公司参加下一环节的甄选。

（续）

2. 面试。对初步筛选合格的应聘者，安排他们参加下一轮的选拔。考察的主要内容包括以下方面。

（1）个人基本信息。

（2）举止仪表：指应聘者的外貌、穿着、言谈举止及精神状态等方面。

（3）专业知识技能：从专业的角度了解应聘者所掌握的专业知识的深度和广度，以及技能的高低等。

（4）工作经历：包括过去所在的工作单位、所担任的职务、工作业绩、薪酬情况和离职原因等。

（5）语言表达能力。

（6）应变能力和反应能力。

（7）工作态度和求职动机。

（8）兴趣和爱好。

3. 在面试过程中，招聘小组要在求职表上填写面试记录，表明对应聘者的评语及结论，作为下一步行动的依据。

4. 必要时还可以对应聘者进行笔试，测评应聘人员对应聘岗位所需知识和能力的掌握情况。

第六章　录用

第 13 条　通过笔试、面试环节的选拔，经公司考核合格的应聘人员，公司在做出录用决策后的____个工作日内，对其发出录用通知。

第 14 条　对未被公司录用的人员，人力资源部也应礼貌地以电话、邮件或者信函的形式告知对方，并感谢其对本公司的关注和支持。

第七章　报到

第 15 条　被录用的员工在接到公司的录用通知后，必须在规定的时间内到公司报到。若在发出录用通知的____天内不能按时报到者，公司有权取消其录用资格，特殊情况经批准后可延期报到。

第 16 条　被录用人员按规定时间来公司报到后，须办理如下手续。

1. 将体检合格证明、身份证、学历证书、职称证等相关资料的复印件交与人力资源部。

2. 签订劳动合同。

3. 申领相关办公用品。

第八章　附则

第 17 条　本制度未尽事宜参照公司相关规定执行。

第 18 条　本制度由公司人力资源部负责制定、修订和解释。

第 19 条　本制度自____年____月____日起实施。

编制日期		审核日期		批准日期	
修改标记		修改处数		修改日期	

13.2 人员考勤管理

13.2.1 后勤人员考勤管理流程

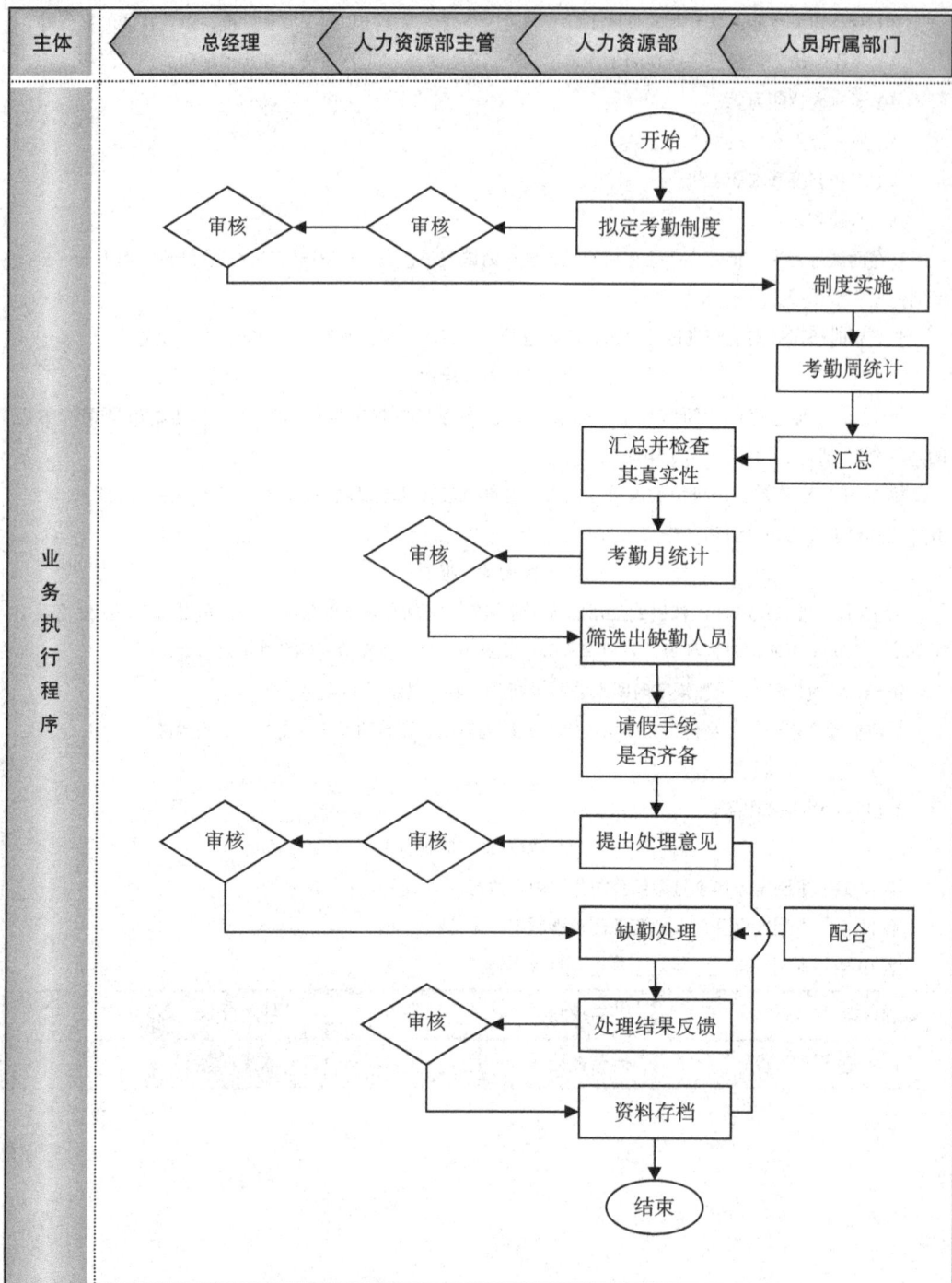

主体	总经理	人力资源部主管	人力资源部	人员所属部门

业务执行程序

```
                                              开始
                                               │
          审核 ◄──── 审核 ◄──────────── 拟定考勤制度
           │                                              │
           └──────────────────────────────────► 制度实施
                                                           │
                                                     考勤周统计
                                                           │
                              汇总并检查          ◄──── 汇总
                              其真实性
                                   │
                审核 ◄──── 考勤月统计
                 │
                 └──► 筛选出缺勤人员
                           │
                      请假手续
                      是否齐备
                           │
          审核 ◄──── 审核 ◄──── 提出处理意见
           │                              │
           └───────────────► 缺勤处理 ◄─ ─ ─ 配合
                                   │
                审核 ◄──── 处理结果反馈
                 │
                 └──► 资料存档
                           │
                         结束
```

13.2.2 人员考勤管理制度

制度名称	员工考勤管理制度	编号	
		版本	

第一章　总则

第 1 条　目的。

为规范本公司考勤管理工作秩序，根据国家相关政策法规，并结合本单位的实际情况，特制定本制度。

第 2 条　管理部门。

公司的考勤管理由人力资源部主导，各部门主管配合。

第 3 条　适用范围。

公司所有人员的考勤管理工作均参照本制度执行。

第 4 条　人力资源部考勤人员的职责。

1. 按规定及时、准确地记录考勤情况。

2. 如实反映本单位考勤中存在的问题。

3. 妥善保管各种休假凭证。

4. 及时汇总考勤结果，并做出报告。

第二章　考勤规定

第 5 条　公司正常上班时间为上午__:__至__:__、下午__:__至__:__，每周实行 5 个工作日制。

第 6 条　除特定人员外，所有员工均需于公司指定处打卡。

第 7 条　各部门主管应于月终前将下月排班表送人力资源部备查。

第 8 条　如需变更出勤与轮休时间，或补充新进人员出勤时间，应填写《出勤时间调整表》，经权限主管核准后，转人力资源部登记备查。

第 9 条　员工因故延长上班时间或在假日出勤，应先至人力资源部领取《加班申请表》，经权限主管核准后，登记于考勤表上。

第 10 条　员工因公于上班期间外出，应填《因公外出表》，送最高主管领导核准后，交人力资源部登记。

第 11 条　因公而未打卡，应报备人力资源部，领取《未打卡证明表》，填写后经部门主管签字后转人力资源部，并登记于考勤表上。

第 12 条　下班忘记打卡，可由本人填写《未打卡证明表》，呈部门主管签字，否则按旷工处理。

第 13 条　考勤员应每日检视考勤表，遇异常状况或违规事情，立即办理，并与相关人员联络。

第三章　出勤处罚办法

第 14 条　迟到规定。

从早上__:__、中午__:__后开始计算迟到，如迟到超过____分钟，扣绩效工资____元/次；迟到____分钟~____分钟，扣绩效工资____元/次；迟到____分钟以上，按旷工处理。

（续）

第 15 条　早退规定。 公司员工凡早退____分钟以内的，扣绩效工资____元 / 次；____分钟以内，扣绩效工资____元 / 次；超过____分钟的按旷工处理。 第 16 条　旷工规定。 旷工扣发当日日薪的____倍。 第 17 条　请假规定。 1. 员工请假包括事假、病假、年休假、婚嫁及其他国家规定的相关假期，员工请假需填写《请假申请表》。 2. 员工办理事假手续后，方可休假；未办理请假手续，视不同情况，按早退、旷工处理。 3. 因特殊情况不能提前履行请假手续者，须于当日按审批权限通过电话向相关负责人说明原因，事后补办请假手续。 4. 其他假期待遇规定参照国家相关规定执行。 <div align="center">第四章　附则</div>第 18 条　本制度由____部负责制定、修订与解释。 第 19 条　本制度自____年____月____日起实施。					
编制日期		审核日期		批准日期	
修改标记		修改处数		修改日期	

13.3 人员培训管理

13.3.1 后勤人员培训管理流程

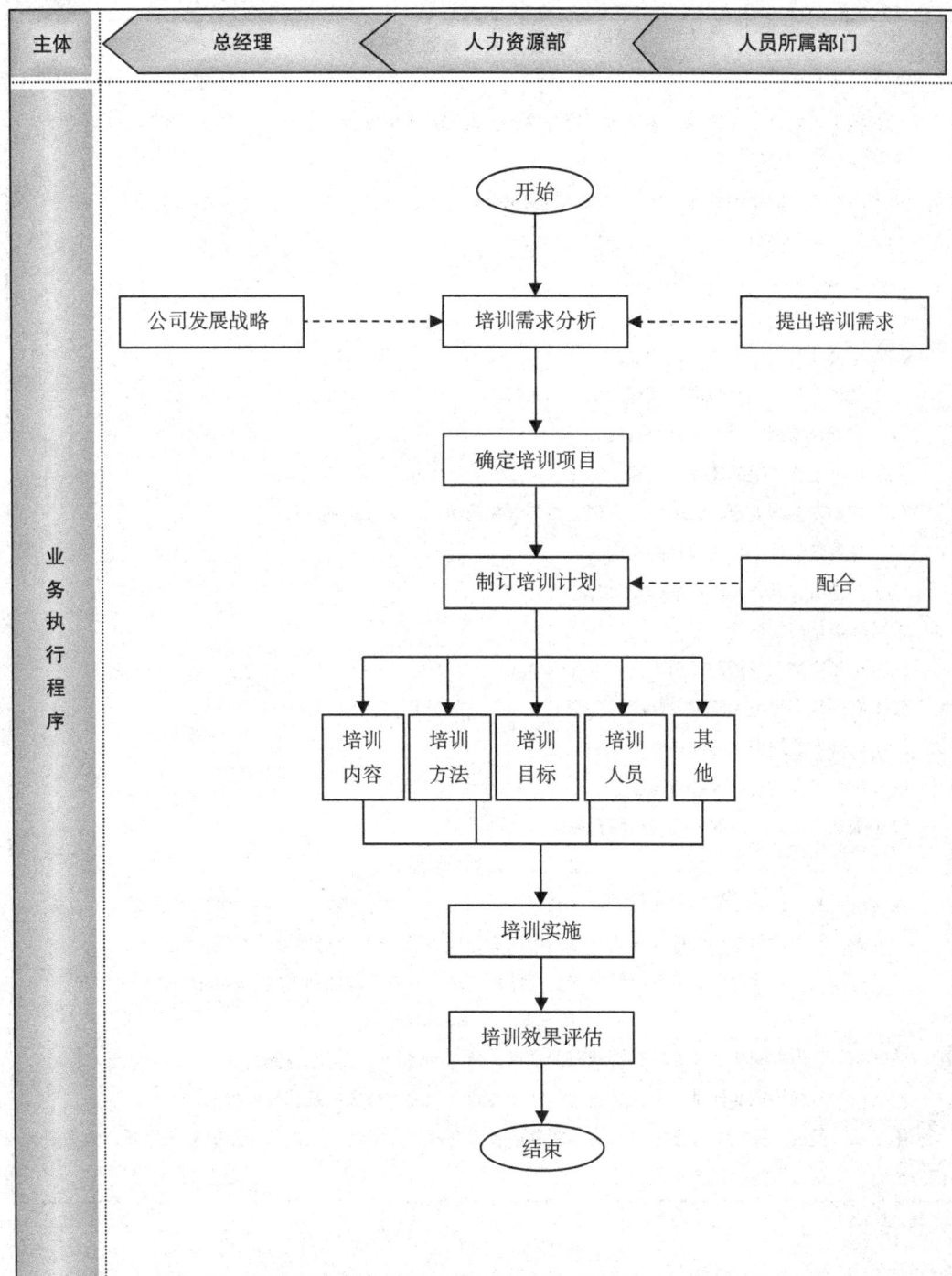

主体	总经理	人力资源部	人员所属部门

业务执行程序

开始

公司发展战略 ┈┈► 培训需求分析 ◄┈┈ 提出培训需求

确定培训项目

制订培训计划 ◄┈┈ 配合

培训内容 / 培训方法 / 培训目标 / 培训人员 / 其他

培训实施

培训效果评估

结束

13.3.2 人员培训管理制度

制度名称	人员培训管理制度	编号	
		版本	

第一章 总则

第1条 目的。

为规范员工培训工作秩序，优化培训管理模式，特制定本制度。

第2条 适用范围。

公司所有人员的培训管理工作均参照本制度执行。

第3条 职责划分。

1.人力资源部培训中心的职责如下。

（1）培训制度的制定及修改。

（2）全公司共同性培训课程的实施。

（3）全公司年度、月份培训课程的拟定、呈报。

（4）共同性培训教材的编撰与修改。

（5）培训实施情况的督导、追踪、考核。

（6）相关部门培训申请的审核与办理、培训效果的评估、培训问题的处理。

（7）各项培训计划费用预算的拟定。

（8）其他有关人才发展方案的拟定与执行。

2.各职能部门的职责如下。

（1）全年度培训计划的汇总呈报。

（2）专业培训规范的制定及修改，讲师或助教人选的推荐。

（3）内部专业培训课程的举办及成果汇报。

（4）专业培训教材的编撰与修改。

（5）受训人员完训后的督导与追踪，以确保培训成果。

第二章 培训计划管理

第4条 各部门根据实际工作的需要，制定"部门员工培训计划表"，送人力资源部审核。

第5条 临时性的培训课程，亦需填写"培训实施计划表"，审核后实施。

第6条 人力资源部应就各部所提出的培训计划汇编"年度培训计划表"，呈报公司总经理审核。

第三章 培训的实施

第7条 人力资源部负责安排、管理培训项目，参与并督导各部门的内部培训。

第8条 各项培训实施时，参加受训的学员应签到，相关人员应记录其签到状况。

第9条 受训人员应准时出席，因故不能参加者应办理请假手续。凡迟到、早退或不到者，人力资源部应按照《人员考勤管理制度》进行处理。

（续）

第 10 条　每次培训结束后，人力资源部安排考评，检查、评估各项训练课程的实施成果并记录，再送交各有关部门。

第 11 条　派外培训。

1. 因岗位变动、职务调整等原因需要派外培训的，各部门将培训需求送人力资源部审核报备，人力资源部审核后将其呈报给公司总经理审批，审批通过后方可安排派外培训。

2. 派外培训人员返回后，应将培训的书籍、教材及资格证件等有关资料送人力资源部归档保管。

3. 如有需要，派外培训人员应将受训所习知识整理成册，作为培训教材，并举办讲习会，分享培训的收获。

第 12 条　培训成果检验。

每项（期）培训结束后，人力资源部应组织考核检验，将"培训测验成绩表"连同测验资料送人力资源部，建立完善的培训资料。

第四章　培训效果的评估

第 13 条　每项（期）培训结束时，培训工作人员应视实际需要分发"培训学员意见调查表"，供学员填写后与测验卷一并收回，呈交人力资源部进行整理和分析。

第 14 条　效果考评的形式为书面问卷结合口头问答及岗位抽查（岗位抽查指人力资源部与相关部门就所讲授的课程内容是否被学员运用到实际工作中进行随机考核）。

第 15 条　培训人员的培训考核成绩可提供给人力资源部门，作为年度考核、晋升等的参考依据。

第五章　附则

第 16 条　本制度由＿＿＿部负责制定、修订与解释。

第 17 条　本制度自＿＿＿年＿＿＿月＿＿＿日起实施。

编制日期		审核日期		批准日期	
修改标记		修改处数		修改日期	

13.4 人员绩效管理

13.4.1 后勤人员绩效管理流程

主体	总经理	人力资源部	人力资源部绩效主管	人员所属部门

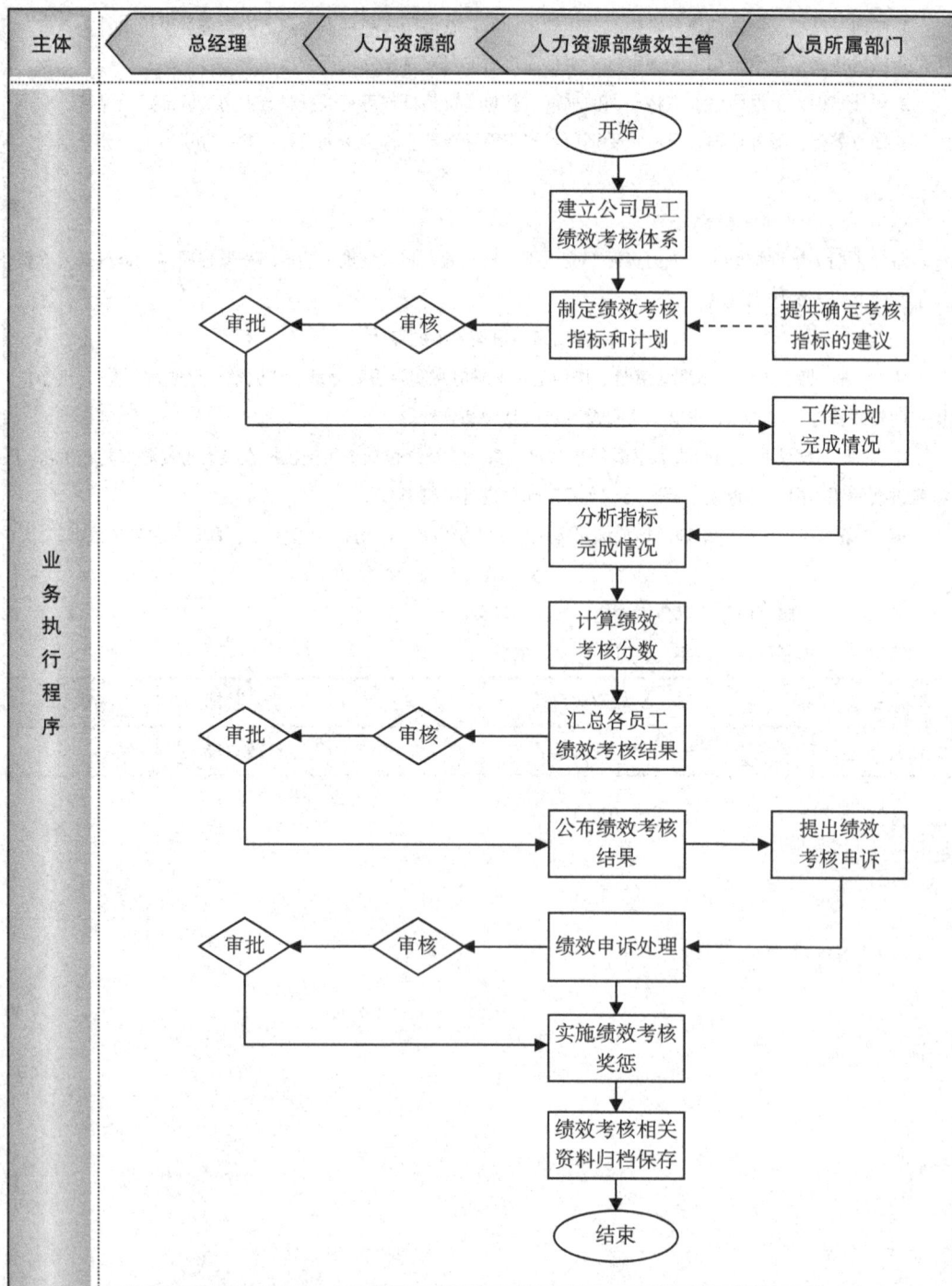

13.4.2 人员绩效管理制度

制度名称	人员绩效管理制度	编号	
		版本	

第一章 总则

第 1 条 目的。

为规范本公司绩效管理工作秩序，提高公司员工工作效率，促进公司持续、高效发展，特制定本制度。

第 2 条 适用范围。

公司所有人员的绩效管理工作均参照本制度执行。

第 3 条 绩效考核原则。

公司绩效考核工作遵循以下原则。

1. 考核者在进行考核时要客观、公正，不得徇私舞弊，切忌带入个人主观因素或武断猜想。

2. 只对员工在考核期和工作范围内的表现进行考核，不得对此以外的事实和行为做出评价。

3. 考核要客观反映员工的实际工作情况，避免因光环效应、主观偏见等产生误差。

4. 考核者和被考核者在绩效考核过程中需要进行充分沟通，以确保考核结果的准确、合理。

5. 考核者应及时将考核结果反馈给被考核者，同时应就考核结果进行说明和解释。

第 4 条 考核职责。

1. 人力资源部。

（1）制定并不断完善公司的绩效考核管理制度。

（2）建立公司各部门岗位的绩效考核指标及考核标准体系。

（3）对各部门考核负责人进行岗位考核培训和辅导。

（4）定期组织实施、推进公司的绩效考核工作。

（5）监控、稽查各部门绩效考核的过程和结果。

（6）接受、协调处理员工的考核申诉。

（7）负责绩效考核结果的应用管理。

2. 各部门负责人。

（1）确定本部门员工的考核指标、标准及权重。

（2）协助被考核者制定个人绩效目标。

（3）在实施考核的过程中，与被考核者进行持续沟通，并给予必要的资源帮助和支持。

（4）记录、收集被考核者的绩效信息，为绩效评估提供事实依据。

（5）考核评价被考核者的工作绩效。

（6）与被考核者进行绩效沟通，提出绩效改进建议，共同制订绩效改进计划。

第二章 绩效考核的内容与频率

第 5 条 主管级（含）以上人员的考核内容。

公司主管级（含）以上人员的绩效考核指标体系包括以下四个方面，不同的考核岗位应选择不同的指标组合和权重。

（续）

1. 财务指标：指公司考核期的收入和利润目标完成情况。

2. 客户指标：指客户、市场满意度及市场维护相关指标的完成情况。

3. 内部过程指标：指部门或者岗位的考核期重点工作的完成情况。

4. 学习成长指标：指部门或岗位业务能力和创新能力的提升情况。

第6条 主管级以下员工的考核内容。

公司主管级以下员工的绩效考核指标体系包括以下3个方面。

1. 工作业绩：即本职工作的完成情况，从工作效率、工作任务、工作效益等方面进行衡量。

2. 工作能力：即员工胜任本工作所需具备的各种能力，从知识结构、专业技能、一般能力等方面进行考核。

3. 工作态度：即员工对工作所持有的评价与行为倾向，要从工作的认真程度、努力程度、责任心、主动性等方面进行衡量。

第7条 考核频率。

公司所有人员的考核分为月度考核、季度考核、年度考核三种。

1. 月度考核。对员工当月的工作绩效进行考核，考核时间为下月的____日至____日，遇到节假日顺延。

2. 季度考核。对员工当季的工作绩效进行考核，考核时间为下季度第一个月的____日至____日，遇到节假日顺延。

3. 年度考核。对员工当年的工作绩效进行考核，考核时间为下年度一月份的____日至____日，遇到节假日顺延。

第三章 绩效考核的实施

第8条 月度绩效考核。

1. 月度考核分为员工自评和直接上级考评两个环节。

2. 员工自评是员工按照本岗位考核表给自己评分，员工应认真、严肃、客观地进行自评。

3. 直接上级考核是直接上级根据员工的当月表现和实际工作业绩对员工进行评分，直接上级应本着"对事不对人"的客观态度对下级进行评分。为避免对下级可能存在的信息失真，在评分时应适当参照员工的自评情况。

4. 各部门考核负责人提交"××岗位绩效考核表"，人力资源部会同部门负责人进行复核，防止人为因素影响考评的客观性。

5. 人力资源部将考核表发给被考核者，由其本人确认。

6. 被考核者如有异议，由考核者进行再确认，确认工作必须在考核期结束后的第____个工作日完成。

7. 复核无异议后，人力资源部汇总考核表，并按以下权重计算统计员工的考核得分。

8. 各员工的最终得分 = 员工自评分 × ____%+ 直接上级考评 × ____%。

9. 如需要对绩效考核指标和方案进行修订，应上报总经理并获得批准后，在下个考核周期执行。

第9条 季度绩效考核方法与月度绩效考核的方法相同。

（续）

第 10 条　年度绩效考核。

1. 人力资源部统一安排年度考核。

2. 考核程序是首先员工自评、部门自评，然后由人力资源部和总经理进行考评。

3. 年度考核期结束后的第____个工作日，人力资源部将考核结果反馈给各被考核者，报总经理处理和财务部备份。

第 11 条　有下列情形之一者，根据事由、动机、影响力等报请升职、加薪、直接奖励，并记入考核记录。

1. 对本公司业务或技术有特殊贡献的。

2. 对于危害本公司产业或设备的意图，能防患于未然，并妥善防护消灭，因而避免损害的。

第 12 条　有下列情形之一者，视其情节的轻重程度，报请降职、降薪等，并记入考核记录。

1. 行为不检，屡教不改或破坏纪律情节严重的。

2. 对可预见的灾害没有察觉或临时急救措施失当，导致本公司遭受不必要的损失的。

3. 个人对公司造成重大经济损失的。

第四章　绩效反馈与面谈

第 13 条　绩效考核面谈。

1. 考核结束后，组织被考核者和其直接上级进行绩效考核面谈，并报人力资源部备案。

2. 面谈时，直接上级应明确指出被考核者工作需要改进的地方，协助被考核者制订改进工作的计划，并确认下一阶段绩效工作目标、计划。

第 14 条　绩效结果申诉。

被考核者对考核结果有异议且与所在部门主管沟通无效，并在确有证据证明的情况下，可与人力资源部沟通进行考核结果申诉。

第五章　考核结果的运用

第 15 条　公司将员工考核结果划分为 A、B、C、D、E 共五个等级，具体划分标准如下。

1. A 级：年度绩效考核 90 分及以上。

2. B 级：年度绩效考核为 80~90 分。

3. C 级：年度绩效考核为 70~80 分。

4. D 级：年度绩效考核为 60~70 分。

5. E 级：年度绩效考核未满 60 分。

第 16 条　员工工资级别的调整。

1. 对于年度绩效考核为 A 级的员工，其岗位工资等级在本岗位职级范围内自动升一档。

2. 对于连续两次年度绩效考核达到 B 级标准的员工，其岗位工资等级在本岗位职级范围内自动升一档。

3. 对于年度绩效考核为 E 级的员工，其岗位工资等级在本岗位职级范围内自动降一档。

（续）

第 17 条　员工岗位调整。	

1. 年度绩效考核结果是人力资源部决定员工是否晋升的主要依据，对绩效成绩为 A 的员工，人力资源部根据公司当时的用人需求情况，制定员工晋升提案，并上报公司管理层。

2. 年度绩效考核为 E 级的员工，如果被考核者认为在别的岗位能发挥其能力并提高工作业绩，可以考虑进行公司内部岗位调动。

第六章　附则

第 18 条　本制度由＿＿部负责制定、修订与解释。

第 19 条　本制度自＿＿年＿＿月＿＿日起实施。

编制日期		审核日期		批准日期	
修改标记		修改处数		修改日期	

13.5 后勤员工工服管理

13.5.1 后勤员工工服管理流程

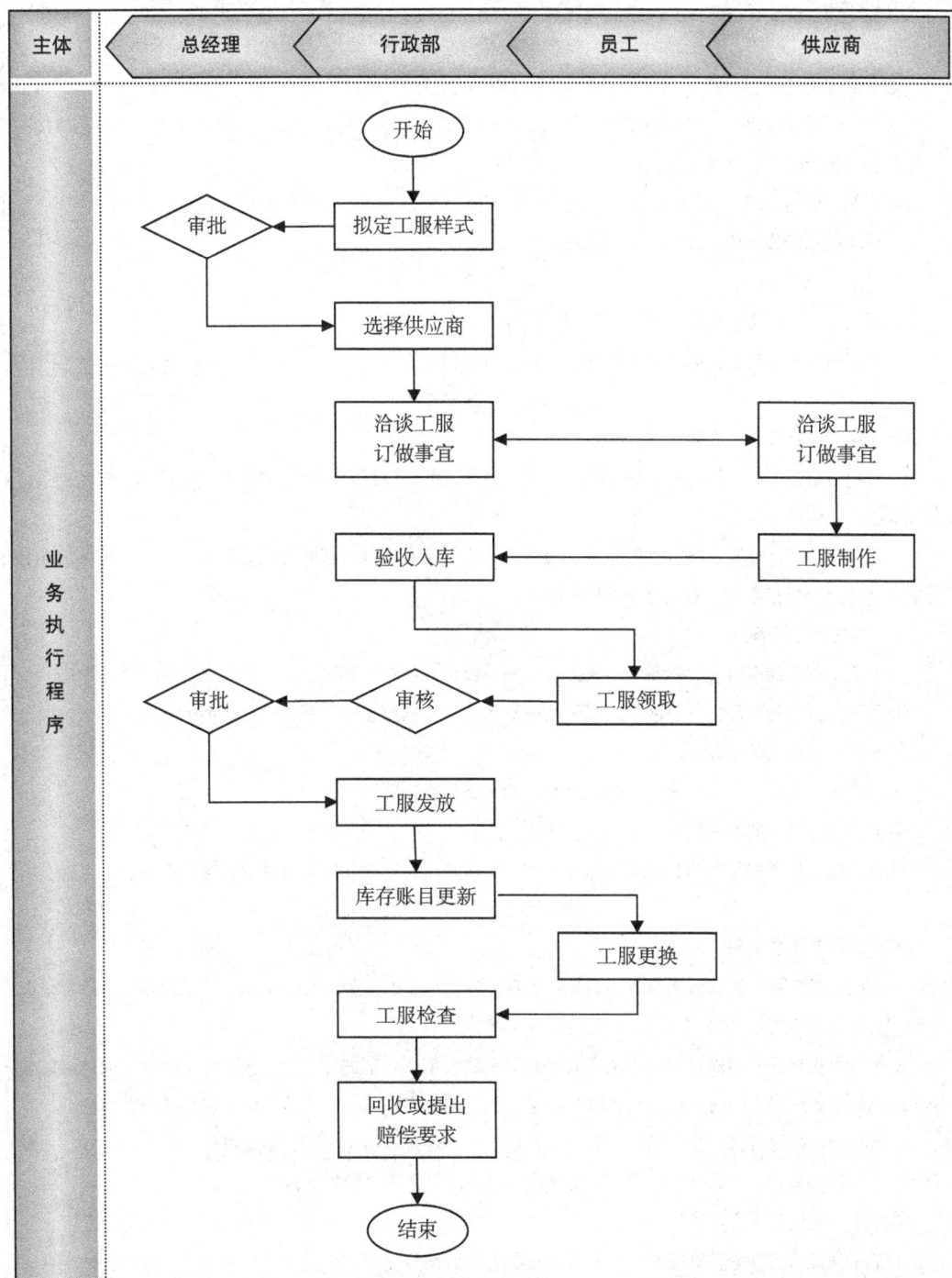

主体	总经理	行政部	员工	供应商

业务执行程序

```
                        开始
                         │
    审批 ◂──────── 拟定工服样式
     │
     └──────▸ 选择供应商
                         │
              洽谈工服订做事宜 ◂──────▸ 洽谈工服订做事宜
                         │                      │
              验收入库 ◂──────────────── 工服制作
                  │
                  └──────────▸ 工服领取
    审批 ◂── 审核 ◂─────────
     │
     └──────▸ 工服发放
                         │
                库存账目更新 ──────▸ 工服更换
                         │                │
                工服检查 ◂──────────────
                         │
              回收或提出赔偿要求
                         │
                        结束
```

13.5.2 员工工服管理制度

制度名称	员工工服管理制度	编号	
		版本	

第一章 总则

第1条 目的。

为树立公司良好形象，增加员工福利待遇，提高员工对工服的爱护意识，妥善管理员工工服，体现公司的专业化和规范化，特制定本制度。

第2条 适用范围。

本制度适用于公司所有工服的管理工作。

第3条 职责分工。

1. 行政部统一负责工服的定制、入库保管、发放、检查等工作。

2. 工服使用人员负责工服的使用、保管、清洗等工作。

第二章 工服着装要求

第4条 所有员工的着装要求。

1. 公司所有员工在工作时间必须按照公司规定穿着工服，以保持良好的精神面貌，体现工作的专业性和规范性；节假日加班时可穿休闲服。

2. 在工作时间，员工工服应穿着整齐、得体、大方，穿着工服应搭配合适的衬衣、裤子、鞋等。在公司工作范围内，禁止赤脚、穿拖鞋和拖鞋式凉鞋。

3. 员工在穿着工服时必须佩戴相应的工牌。

4. 员工工服应经常换洗、晾晒，尽量避免工服掉扣、脱线及有异味、发霉等现象。

5. 公司员工应时刻保持口腔清洁，双手及面部整洁；应勤剪指甲，不得涂抹指甲油。

第5条 男员工的着装要求。

公司男员工在穿着工服时禁止敞胸、挽袖、挽裤腿等不文明行为。

第6条 女员工的着装要求。

公司女员工在工作时间的着装应以保守为宜，不得穿着低胸衫、超短裙及个性怪异服装。

第三章 工服管理规定

第7条 工服的定制。

1. 行政人员应统计汇总各岗位、职位员工人数，以及员工的工服型号，根据员工工服需求及库存情况编制"工服定制审批单"（见附表1），交上级领导审批。

2. 行政人员根据公司确定的款式及工服定制清单联系生产厂家进行定制，在签订定制合同或达成定制协议时，应重点注明工服的完成、到货时间，逾期、违约、出现质量问题等方面的责任及处罚办法。

3. 若公司有指定工服制作厂家，则联系该指定厂家；若没有指定厂家，则应进行工服市场调查，选择最优的生产厂家进行定制。确定生产厂家时必须经过行政经理及总经理的审批。

第8条 工服的入库保管。

1. 工服到货后，行政人员应先验收工服，验收完毕后编号登记。

（续）

2. 行政人员应将工服分类摆放，并在固定地点存放、保管，同时应做好防潮、防虫等工作。

3. 行政人员应定期对库存工服进行清理、检查，如发现问题应立即上报有关领导进行处理。

第9条 工服的发放。

1. 公司各部门根据员工的需求，向行政部提出工服领用申请，经行政经理审批签字后领用。

2. 各部门人员按领用审批的先后顺序，亲自到行政部领取工服，并在"工服领用表"上登记签字。

第10条 工服的使用和检查。

在工作时间，公司员工必须整齐穿着工服，保持良好的工作形象。各部门管理人员及公司监察人员负责员工工服穿着情况的检查工作。

第11条 其他规定。

1. 公司工服不向员工收取任何费用，并每年定期为员工发放新工服。

2. 发放工服时配发工牌，员工在工作时间必须穿着工服和佩戴工牌。

3. 凡与公司签订劳动合同或试用协议的员工均可领取工服。

4. 公司工服分为夏季和冬季两种。夏季工服每年4月15号至20号发放；冬季工服每年10月15号至20号发放。

5. 员工工服不得擅自转借他人使用。

第12条 惩罚措施。

1. 凡不爱护工服造成工服人为损坏、丢失的，罚款200元，并重新发放工服。

2. 凡在工作时间，不按公司规定穿着工服的，每发现一次扣罚30元。

3. 公司员工的工服、仪表情况将作为员工的考核项目之一。

第四章 附则

第13条 行政部负责本管理办法的制定、修改和解释工作。

第14条 本管理办法经有关领导审批后，自____年____月____日起开始执行。

附表1：工服定制审批单

附表2：工服领用表

附表1： **工服定制审批单**

编号： 时间：

工服款式		□A型	□B型	□C型		工服季节	□夏季	□冬季
工服类型		型号	单位	数量	单价	生产厂家	到货时间	备注
西服	管理岗位 男式							
	管理岗位 女式							
	一般岗位 男式							
	一般岗位 女式							
生产工服	男式							
	女式							

（续）

（续表）

行政主管意见	签字： 日期：　年　月　日
行政经理意见	签字： 日期：　年　月　日
备注	

附表2：　　　　　　　　　　　工服领用表

序号	员工姓名	部门	职位	工服类型	工服件数	领取时间	员工签字	备注

编制日期		审核日期		批准日期	
修改标记		修改处数		修改日期	

第 14 章

信息管理

14.1 信息保密管理

14.1.1 信息保密管理流程

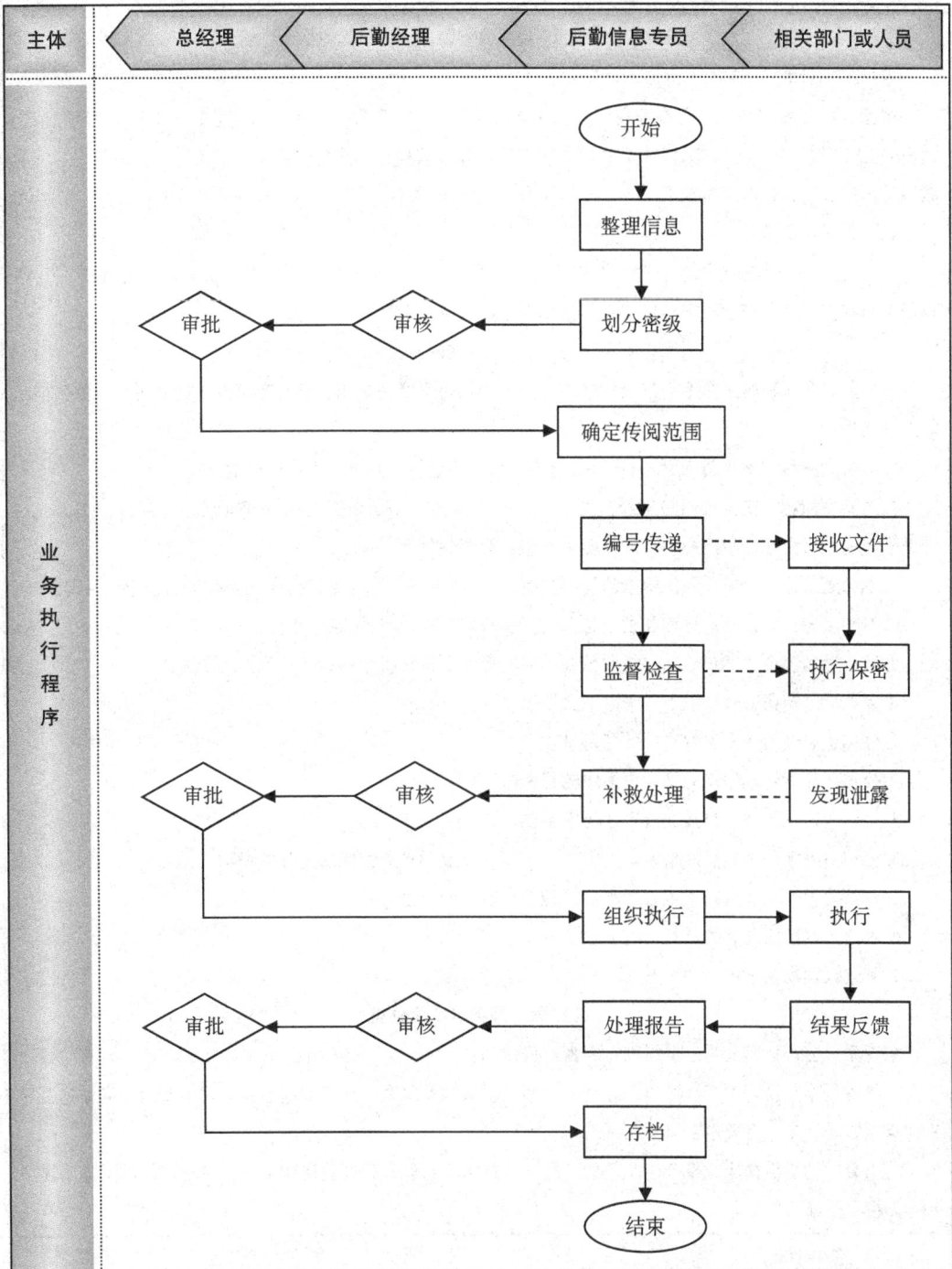

主体	总经理	后勤经理	后勤信息专员	相关部门或人员

业务执行程序

开始 → 整理信息 → 划分密级 → 审核 → 审批 → 确定传阅范围 → 编号传递 → 接收文件 → 监督检查 → 执行保密 → 补救处理 ← 发现泄露；补救处理 → 审核 → 审批 → 组织执行 → 执行 → 结果反馈 → 处理报告 → 审核 → 审批 → 存档 → 结束

14.1.2　信息保密管理制度

制度名称	信息保密管理制度	编号	
		版本	

第一章　总则

第1条　目的。

根据我国《关于禁止侵犯商业秘密行为的若干规定》，结合我公司《公司商业秘密和信息管理规定》《公司知识产权管理规定》，为保障本公司的整体利益和长远利益，使公司长期、稳定、高效地发展，适应激烈的市场竞争，特制定本制度。

第2条　适用范围。

本制度适用于本公司所有后勤工作相关部门人员及其他职能部门人员（以下简称"公司员工"），每位员工都有保守公司商业秘密和保护公司信息安全的义务。

第二章　保密的范围

第3条　公司秘密是指不为公众所知悉、能为公司带来经济利益、具有实用性并被公司采取保密措施的技术信息和经营信息。

1. 本制度所称"不为公众所知悉"，是指该信息是不能从公开渠道直接获取的。

2. 本制度所称"能为公司带来经济利益、具有实用性"，是指该信息具有确定的可应用性，能为公司带来现实的或者潜在的经济利益，或者能使公司具有竞争优势。

3. 本制度所称"公司采取保密措施"，包括订立保密协议、建立保密制度及采取其他合理的保密措施。

4. 本制度所称"技术信息和经营信息"，包括内部文件、设计资料、程序文件、产品配方、制作工艺、制作方法、管理诀窍、客户名单、货源情报、产销策略、招投标中的标底及标书等信息。

第4条　公司秘密包括但不限于以下具体事项。

1. 公司生产经营、发展战略中的秘密事项。

2. 公司就经营管理做出的重大决策中的秘密事项。

3. 公司生产、科研、科技交流中的秘密事项。

4. 公司对外活动（包括外事活动）中的秘密事项以及对外承担保密义务的事项。

5. 维护公司安全和追查侵犯公司利益的经济犯罪中的秘密事项。

6. 客户及其网络的有关资料。

7. 其他公司秘密事项。

第三章　保密的秘级分类

第5条　公司秘密分为三个级别：绝密、机密和秘密。

1. 绝密是指与公司生产、科研、经营、人事有重大利益关系，一旦泄露会使公司的安全和利益遭受特别严重损害的事项，主要包括以下几项。

（1）公司的股份构成，投资情况，新产品、新技术、新设备的开发研制资料，各种产品的配方、图纸和生产模具图纸。

（续）

（2）公司总体发展规划、经营战略、营销策略、商务谈判内容及载体，正式合同和协议文书。

（3）按档案法规定属于绝密级别的各种档案。

（4）公司重要会议纪要。

2. 机密是指与本公司的生产、科研、经营、人事有重要利益关系，一旦泄露会使公司安全和利益遭到严重损害的事项，主要包括以下几项。

（1）尚未确定的公司重要人事调整及安排，人力资源部门对管理员的考评材料。

（2）公司与外部高层人士、科研人员的来往情况及其载体。

（3）公司薪金制度，财务专用印鉴、账号，保险柜密码，月、季、年度财务预算和决算报告以及各类财务、统计报表，电脑开启密码，重要磁盘、磁带的内容及其存放的位置。

（4）公司大事记。

（5）各种产品的制造工艺、控制标准、原材料标准、成品及半成品检测报告，进口设备仪器的图纸及相关资料。

（6）按档案法规定属于机密级别的各种档案。

（7）获得竞争对手情况的方法、渠道及公司相应对策。

（8）外事活动中内部须掌握的原则和政策。

（9）公司总监（助理级别）以上管理人员的家庭住址及外出活动去向。

3. 秘密是指与本公司生产、经营、科研、人事有较大利益关系，一旦泄露会使公司的安全和利益遭受损害的事项，主要包括以下几项。

（1）消费层次调查、市场潜力调查预测和未来新产品市场预测及其载体。

（2）广告企划方案、营销企划方案。

（3）总经办、财务部、商务审核部等有关部门调查的违法、违纪事件和责任人情况及其载体。

（4）生产、技术、财务部门的安全保卫措施。

（5）各类设备图纸、说明书，基建图纸，各类仪器资料，各类技术通知、文件等。

（6）档案法规定属于秘密级别的各种档案。

（7）各种检查表格和检查结果。

第四章 各密级内容的保密措施

第 6 条 明确公司各密级内容的知晓范围，具体要求如下。

1. 绝密级：董事会成员、总经理、监事会成员及与绝密内容有直接关系的工作人员。

2. 机密级：总监（助理）级别以上的管理人员以及与机密内容有直接关系的工作人员。

3. 秘密级：部门经理级别以上的管理人员以及与机密内容有直接关系的工作人员。

第 7 条 公司员工必须具有保密意识，必须做到不该问的绝对不问，不该说的绝对不说，不该看的绝对不看。

第 8 条 总经理全面领导保密工作，各部门负责人为本部门的保密工作负责人，各部门及下属单位必须设立兼职保密员。后勤经理为后勤工作的整体保密负责人，后勤信息专员兼任保密员。

第 9 条 在后勤工作中，当对外交往与合作中需要提供公司的秘密事项时，应先由总经理批准。

（续）

第 10 条　严禁在公共场合、公用电话、传真上交谈或传递保密事项，不准在私人交往中泄露公司秘密。	

第 11 条　公司员工在发现公司秘密已经泄露或可能泄露时，应立即采取补救措施并及时报告总经理办公室，总经理办公室应立即做出相应处理。

第 12 条　董事长、监事会主席、总经理、总监（助理）办公室及各机要部门必须安装防盗门窗，非本部门人员在获准后方可进入，人走要落锁，清洁卫生要有专人负责或在专人监督下进行。

第 13 条　有计算机、复印机、传真机等设备的后勤相关部门要依据本制度制定本部门的保密细则，并严格执行。

第 14 条　文档人员、保密员在工作变动时应及时办理交接手续，交主管领导签字。

第 15 条　商务车司机对管理人员在车内的谈话内容须严格保密。

第五章　违纪处理

第 16 条　对违反本制度的人员，视情节轻重，分别给予教育、经济处罚和纪律处分。情节特别严重的，公司将依法追究其刑事责任。泄露公司秘密，尚未造成严重后果的，给予警告处分，并处以 100~1 000 元的罚款。

第 17 条　利用职权强制他人违反本制度的，给予除名处理，并处以 1 000 元以上的罚款。

第 18 条　泄露公司秘密造成严重后果的，给予开除处理，并处以 100 000 元以上罚款，必要时依法追究其法律责任。

第六章　附则

第 19 条　本制度由总经理办公室指导后勤部制定，总经理审阅批准后由后勤部执行。

第 20 条　本制度由总经理办公室负责解释，自发布之日起执行。

编制日期		审核日期		批准日期	
修改标记		修改处数		修改日期	

14.2 信息存储管理

14.2.1 信息存储管理流程

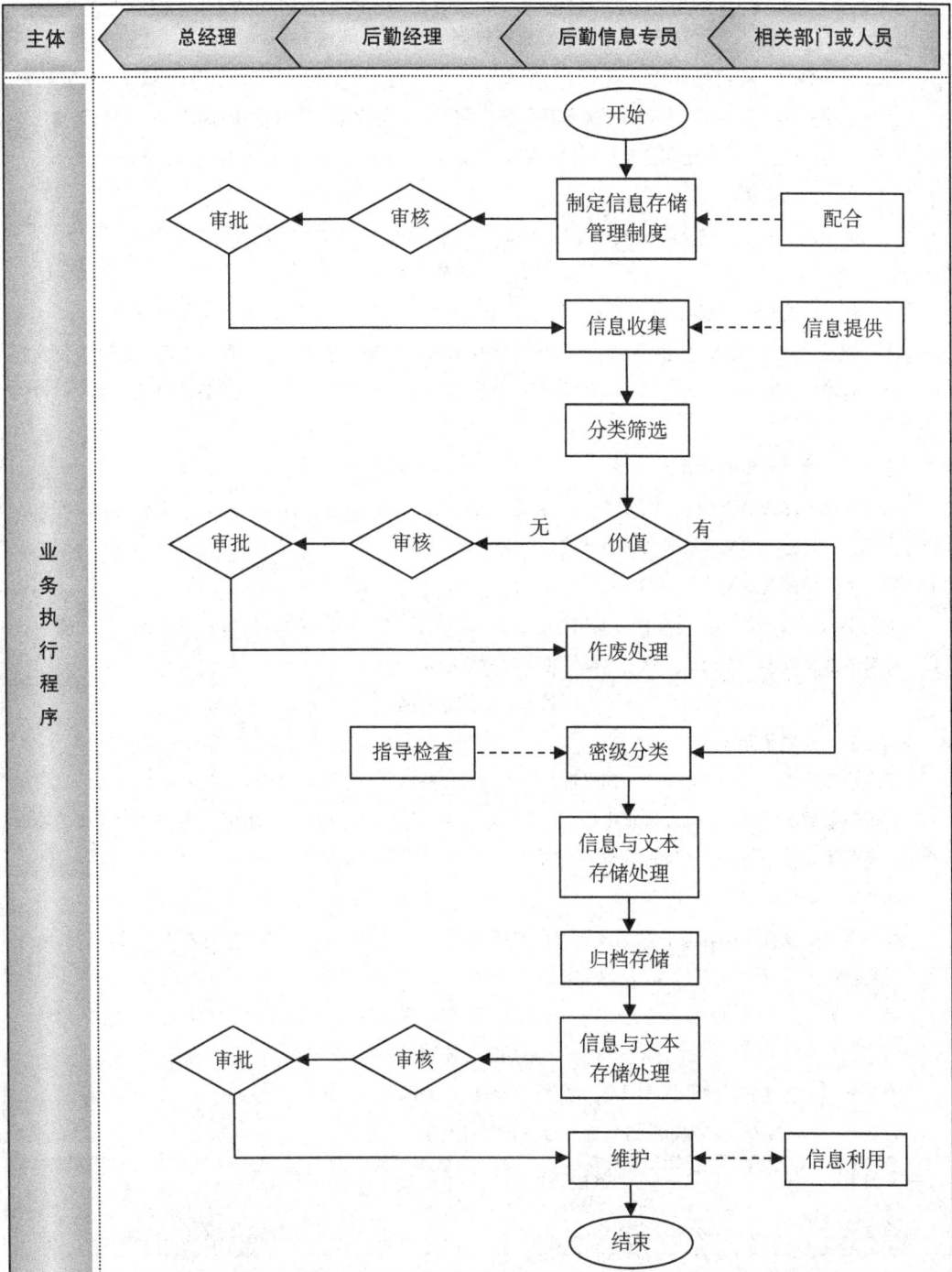

主体	总经理	后勤经理	后勤信息专员	相关部门或人员

业务执行程序

```
                                              开始
                                               │
                                               ▼
         审批 ◄── 审核 ◄──  制定信息存储    ◄----  配合
                           管理制度
                               │
           └──────────────►  信息收集  ◄----  信息提供
                               │
                           分类筛选
                               │
                               ▼
         审批 ◄── 审核 ◄─无─ 价值 ─有─┐
                               │        │
           └──────────────► 作废处理   │
                                        │
           指导检查 ----► 密级分类 ◄────┘
                               │
                         信息与文本
                         存储处理
                               │
                           归档存储
                               │
                         信息与文本
         审批 ◄── 审核 ◄── 存储处理
                               │
           └──────────────►  维护  ◄--►  信息利用
                               │
                              结束
```

14.2.2 信息存储管理制度

制度名称	信息存储管理制度	编号	
		版本	

第一章 总则

第1条 目的。

为建立规范化的信息存储管理程序，提高信息存储管理工作效率，提升信息利用频率，确保信息的合理安全存储与高效利用，避免信息泄露，特制定本制度。

第2条 适用范围。

本制度适用于公司后勤工作相关部门所有的信息收集、整理、存储、使用等方面的管理工作。

第二章 信息收集

第3条 信息收集的范围。

后勤信息专员对后勤工作范围内所产生的全部信息进行收集，包括办公室用品与设备管理、食堂管理、宿舍管理、车辆管理、安全管理、环境卫生管理、人员管理、财务管理、动力保障管理、党群建设管理等。

第4条 信息收集的渠道。

通过收集日常工作产生的文书、资料、数据、来往信函、图片、音像视频、多媒体资料、单据、凭证、报表、招投标中的文件等重要信息载体收集信息。

第5条 后勤信息化系统的建立。

后勤部根据公司的实际情况自建或招标，建设公司后勤信息化系统，及时录入信息和数据，实现全面、完整的信息收集，为规范信息的存储管理工作做好准备。

第三章 信息存储

第6条 处理无价值信息。

信息收集完成，后勤信息专员对信息进行分类筛选，挑出冗余、无效、废弃等类似的无价值信息，编制无价值信息清单，提交后勤经理审批后，报总经理审批。经审批通过后，后勤信息专员按照具体的处理批示和《公司商业秘密和信息管理规定》处理无价值信息。

第7条 信息的存储。

针对有价值及高价值信息，后勤信息专员按照公司信息保密管理制度的规定对其进行具体的密级分类，后勤经理负责指导与监督。

后勤信息专员对存储的信息进行整理、封装、签注等，完毕后按规定将相关载体保存至指定的位置。

第四章 附则

第8条 本制度由后勤部负责制定，最终解释权归后勤部。

第9条 本制度经总经理审批通过后，自公布之日起生效。

编制日期		审核日期		批准日期	
修改标记		修改处数		修改日期	

14.3 后勤信息化系统管理

14.3.1 后勤信息化系统管理流程

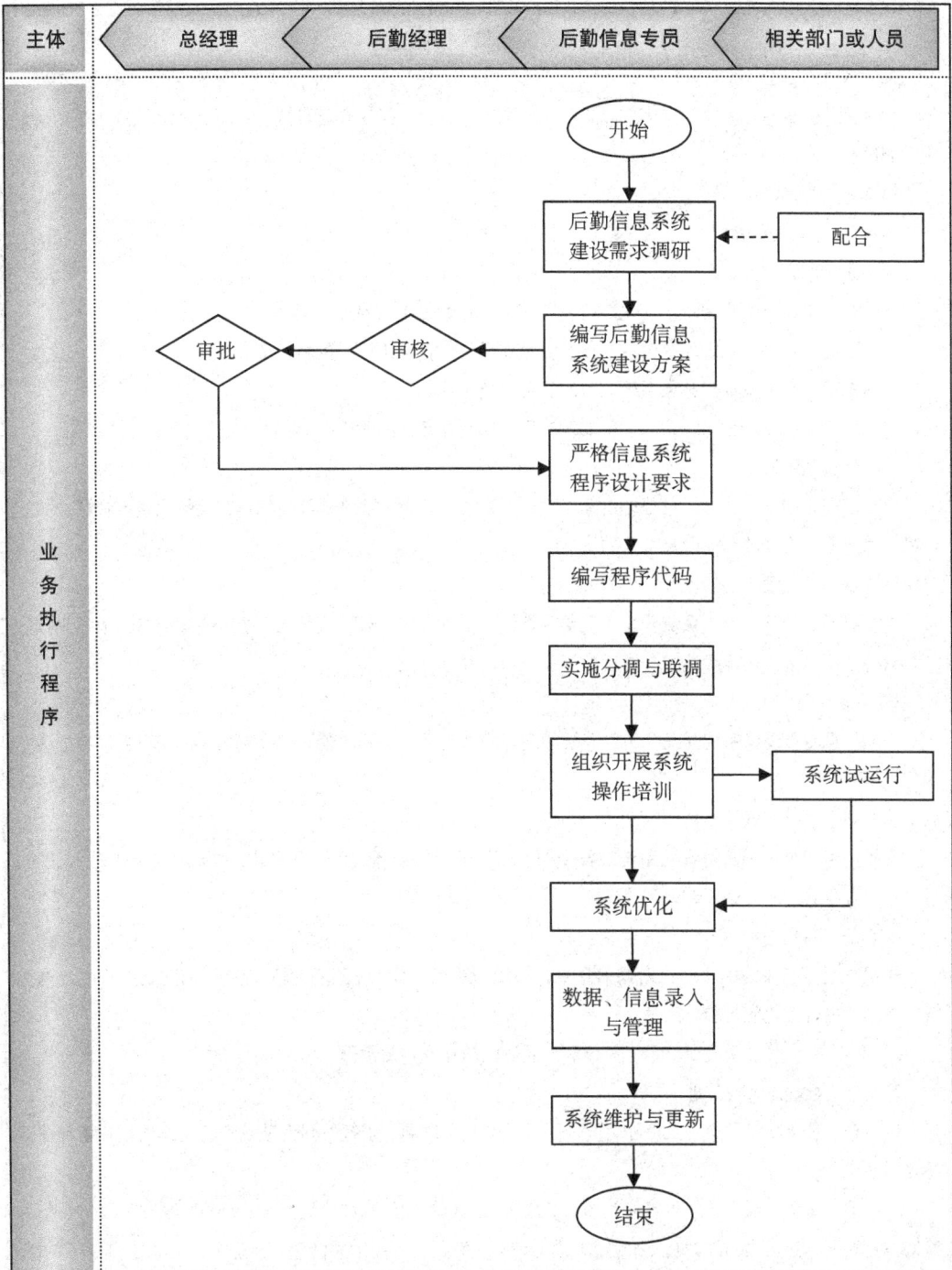

主体	总经理	后勤经理	后勤信息专员	相关部门或人员

业务执行程序

开始

后勤信息系统建设需求调研 ◂---- 配合

编写后勤信息系统建设方案

审批 ◂ 审核

严格信息系统程序设计要求

编写程序代码

实施分调与联调

组织开展系统操作培训 → 系统试运行

系统优化

数据、信息录入与管理

系统维护与更新

结束

14.3.2　后勤信息化系统管理制度

制度名称	后勤信息化系统管理制度	编号	
		版本	

第一章　总则

第1条　目的。

为规范后勤信息化系统管理工作，提高工作效率，降低后勤工作管理成本，提高后勤服务水平，特制定本制度。

第2条　适用范围。

本制度适用于公司后勤信息化系统与后勤工作相关部门的全部工作人员。

第3条　职责划分。

1. 后勤信息专员负责调研信息化系统建设需求，并编写系统建设方案。

2. 后勤经理负责统筹管理后勤信息化系统的建设、优化、维护、更新等重大工作。

3. 后勤信息专员负责信息化系统运行的日常运营工作。

第二章　后勤信息化系统的建设

第4条　系统调研。

后勤部安排信息专员通过对公司后勤工作现行系统、管理方法及手续流程等有关情况进行调研，确定后勤信息化系统设计的目标以及实现的可能性。

第5条　系统逻辑设计。

在系统调研的基础上，系统开发人员要从整体上构造出公司后勤信息化系统的逻辑模型，由后勤信息专员对各种模型进行初步筛选，并由后勤部经理和总经理审定。

第6条　系统功能设计。

后勤信息专员组织系统开发人员以系统的逻辑模型为框架，利用各种编程方法，实现逻辑模型的各个功能模块。

第7条　系统调试。

后勤信息专员组织将信息化系统的各个功能模块进行单独调试和联合调试，并对其进行修改和完善，最终得到符合要求的后勤信息化系统软件。

第8条　系统完善。

在系统运行一段时间后，由后勤信息专员负责对后勤工作相关部门的反馈意见和建议进行收集与分析，并据此进行系统的改造与完善。

第三章　后勤信息化系统的运行

第9条　数据录入与处理。

1. 后勤信息化系统的使用人员在上岗前必须接受相关培训，了解不同后勤业务的操作规程和各种情况的处理办法。

2. 食堂、宿舍、动力、采购等相关部门工作人员通过自动识别和采集技术（如条形码技术、GPS技术等），对相关信息进行实时收集，用特定方式记录有关数据，并交后勤信息专员进行录入和校验。

（续）

3.后勤信息专员负责按照一定的规程进行数据处理，其主要内容包括数据更新、统计分析、报表生成及数据保存等。

第10条　系统硬件的运行维护。

1.后勤信息化系统使用人员必须按照使用规定，做好电源及工作环境的管理。

2.后勤信息专员负责定期进行系统检修。

第四章　后勤信息化系统的运行情况分析

第11条　工作效率记录。

后勤信息专员每月定期对后勤信息化系统的运行结果进行综合分析，检查数据和信息的准确性以及系统的运行效率和稳定性。

第12条　后勤服务质量记录。

由后勤信息专员定期对后勤工作相关部门进行调查，了解信息化系统的使用情况以及系统的服务质量。

第13条　系统故障记录。

当后勤信息化系统在运行过程中发生故障时，使用部门应立即通知后勤部，由后勤信息专员先排查基础故障，无法解决的情况由后勤经理负责组织专人对信息化系统进行故障排除，同时填写"故障检测单"。

第五章　后勤信息化系统的维护

第14条　数据维护。

1.后勤信息专员应按照规定对使用系统的部门和人员进行严格的身份审核，定义操作权限并负责监督各项操作。

2.后勤信息专员应对各项后勤工作的信息数据增减情况进行维护并及时通知相关人员。

3.后勤信息专员负责数据库的完整性和安全维护，并对其进行并发性控制。

第15条　硬件维护。

后勤信息专员应定期对后勤信息化系统的硬件设备进行保养性维护，并及时处理突发性故障。

第六章　后勤信息化系统的安全管理

第16条　身份识别。

公司的后勤信息化系统应采用指纹身份识别技术，每位登录系统的人员必须使用指纹识别身份方可进入。

第17条　防火墙。

1.所有连接到后勤信息化系统的计算机必须统一安装防火墙，以保证系统不受外来病毒的攻击。

2.后勤部应定期对信息化系统状态进行检查，确保公司信息数据的安全性。

第七章　附则

第18条　本制度由后勤部负责制定，呈总经理核准后颁布实施，修改时亦同。

第19条　本制度自公布之日起实施。

编制日期		审核日期		批准日期	
修改标记		修改处数		修改日期	

第 15 章

财务管理

15.1 费用预算管理

15.1.1 费用预算管理流程

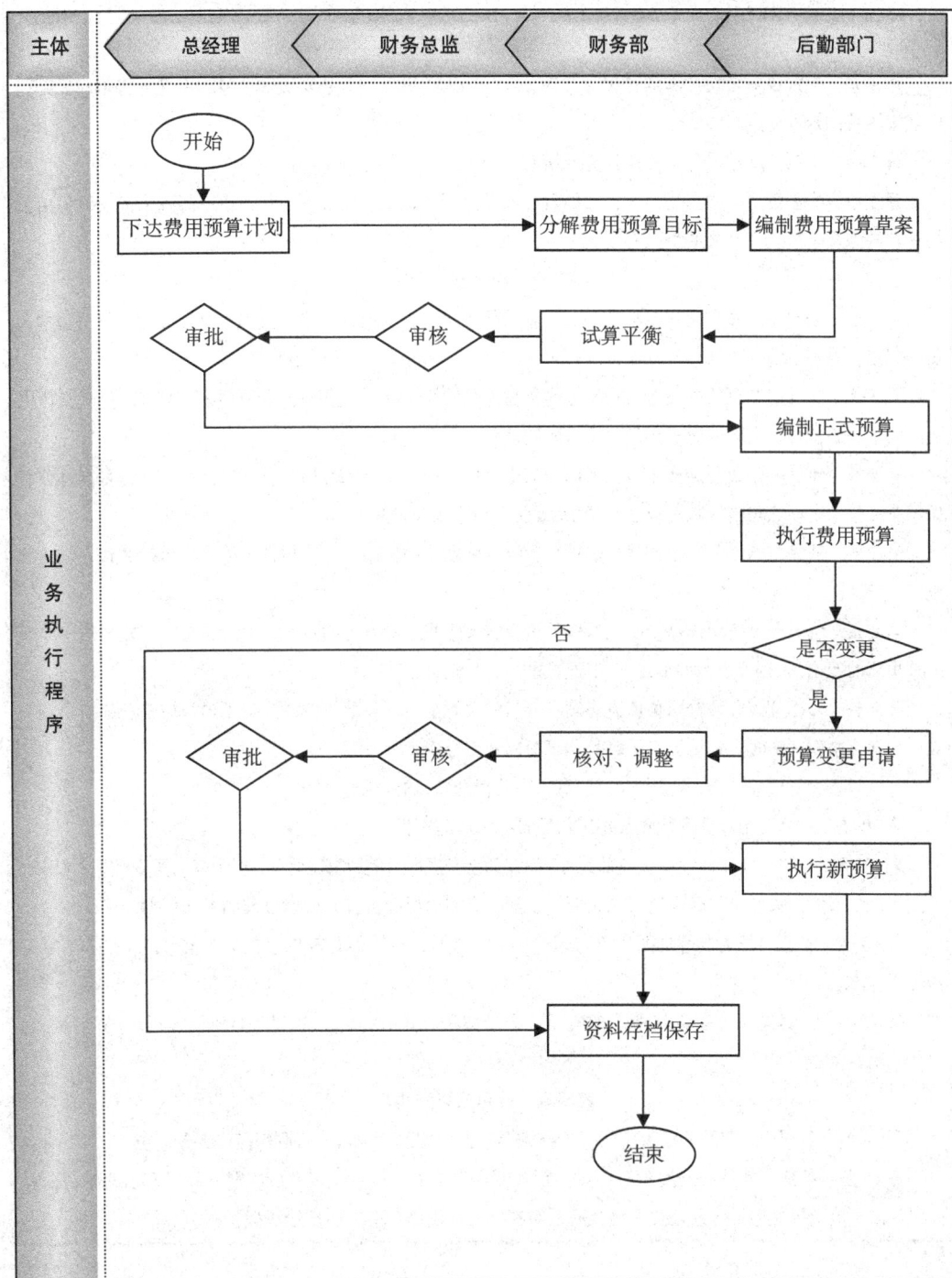

主体	总经理	财务总监	财务部	后勤部门

业务执行程序

开始

下达费用预算计划 → 分解费用预算目标 → 编制费用预算草案

审批 ← 审核 ← 试算平衡

编制正式预算

执行费用预算

是否变更 —否—

—是—

审批 ← 审核 ← 核对、调整 ← 预算变更申请

执行新预算

资料存档保存

结束

15.1.2 费用预算管理制度

制度名称	费用预算管理制度	编号	
		版本	

第一章　总则

第 1 条　为加强对公司预算的管理，合理分配公司人、财、物等战略资源，减少浪费，降低后勤部门的成本，特制定本制度。

第 2 条　本制度适用于公司费用预算的所有事项。

第 3 条　本制度中的费用是指在公司的日常经营过程中，由公司统一支付或由部门及个人支付但由公司承担的涉及公司正常办公的相关费用。

第二章　费用预算的制定

第 4 条　公司整体办公预算与临时办公预算由行政部负责制定，部门办公预算由各部门的部门负责人负责制定。

第 5 条　各部门制定的办公费用预算分为年度办公费用预算与月度办公费用预算，其表现形式分为电子版与书面版两种，书面版应有部门负责人的签名。

第 6 条　年度办公费用预算（包括书面版与电子版）应在上年 12 月 25 日前交到行政部，月度办公费用预算（包括书面版与电子版）应于上月 25 日前交到行政部。

第 7 条　所制定的办公费用预算中的项目应与实际发生的费用种类或报销单据名称保持一致，以便于审核、校对。

第 8 条　临时办公费用预算中的项目应尽量符合实际中可能发生的费用种类，其总额不能超过上年或上月预算的 5%，否则要由预算制定人做出合理的书面解释。

第 9 条　公司整体办公费用预算应明确各部门的预算金额，各部门的办公费用预算应明确部门中每个成员的预算金额，临时办公预算应明确每个事项的花费金额。

第三章　办公费用预算的审批

第 10 条　办公费用预算由行政经理审核后转呈总经理审批。

第 11 条　行政经理应仔细审核各部门办公费用的合理性，用各部门办公费用预算的历史数据作比较，若发现差距过大，将部门预算表退回相关部门重新制定或由部门负责人做出合理的书面解释。

第 12 条　各部门修改预算的时间不得超过两个工作日，预算的总审批应在上年 12 月 29 日或上月的 29 日前完成。

第 13 条　经过总经理审批后所形成的正式办公费用预算表由财务部门保存原件、行政部门保存复印件。

第四章　费用预算的执行

第 14 条　各部门所使用的所有费用应严格按照办公费用预算执行，否则财务部拒绝拨款。

第 15 条　各部门使用办公费用时，可向行政部提出申请，行政部统筹后向财务部提交用款申请，财务部在核对申请用款项目与办公费用预算后，对在办公费用预算中的项目给予拨款。

（续）

第 16 条　行政部应设立用款项目的实际支出表并存档备查。					
第五章　附则					
第 17 条　本制度由财务部负责制定，其解释权与修改权归总经理办公室。					
第 18 条　本制度自总经理审批后实施。					
编制日期		审核日期		批准日期	
修改标记		修改处数		修改日期	

15.2 费用控制管理

15.2.1 费用控制管理流程

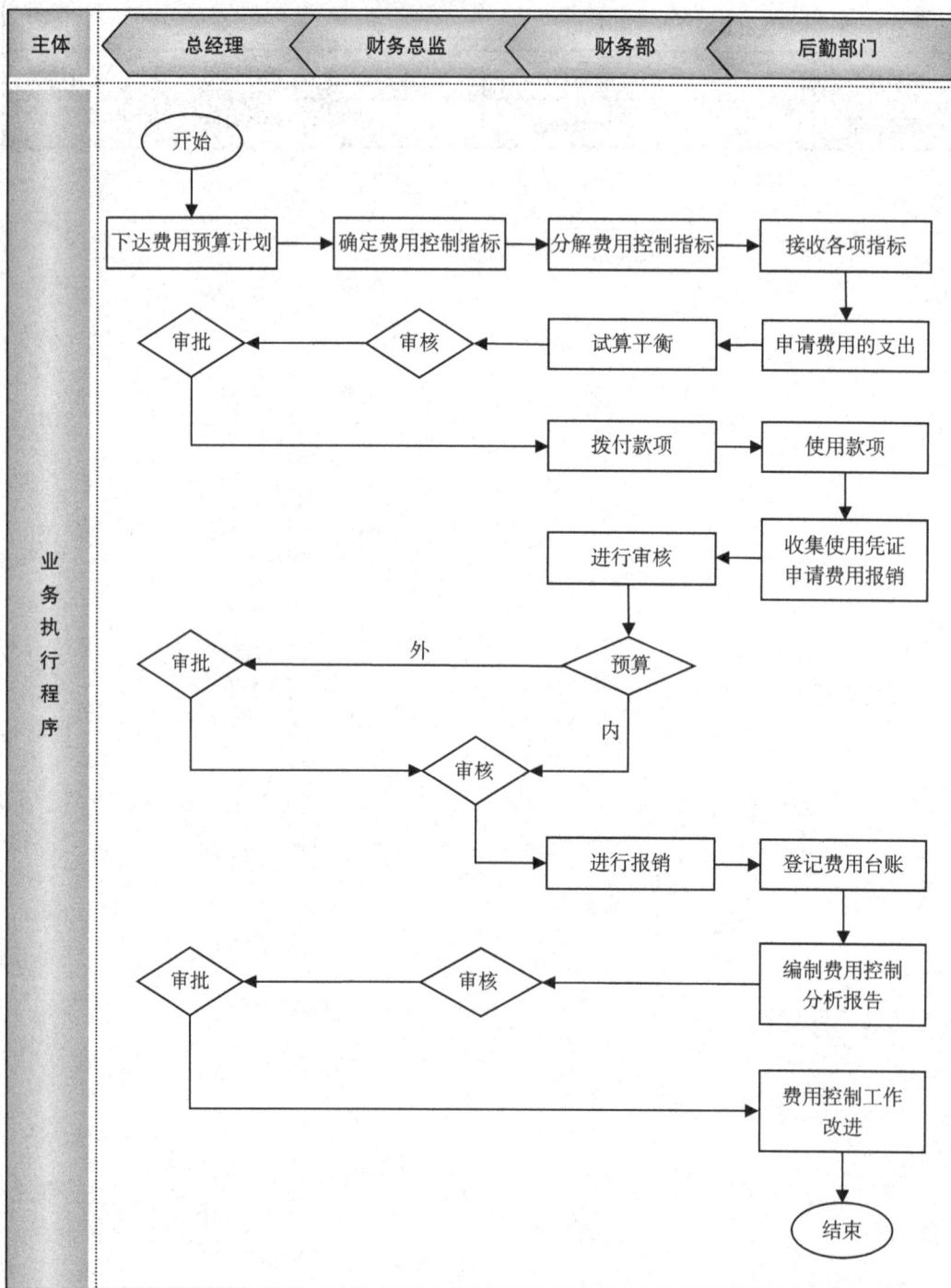

主体	总经理	财务总监	财务部	后勤部门

业务执行程序

开始

下达费用预算计划 → 确定费用控制指标 → 分解费用控制指标 → 接收各项指标

审批 ← 审核 ← 试算平衡 ← 申请费用的支出

拨付款项 → 使用款项

进行审核 ← 收集使用凭证申请费用报销

审批 ←（外）预算

审核 ←（内）

进行报销 → 登记费用台账

审批 ← 审核 ← 编制费用控制分析报告

费用控制工作改进

结束

15.2.2 费用控制管理制度

制度名称	费用控制管理制度	编号	
		版本	

第一章 总则

第 1 条 目的。

为降低后勤管理费用支出,提高后勤管理费用使用效率,加强公司后勤管理费用的管理水平,特制定本制度。

第 2 条 适用范围。

本制度适用于对公司后勤管理费用的控制。

第二章 费用的拨付

第 3 条 费用的拨付原则。

1. 实行"先发生、后拨付"原则。

2. 实行"点对点"的拨付原则,即"本人花钱,本人报销"。

第 4 条 费用的拨付时间。

1. 后勤部门的费用实行月度拨付,但固定费用根据费用支出的频次,可实施每周拨付一次。

2. 针对其他专项后勤费用支出,根据费用发生的时间,在费用支出一周内给予拨付。

3. 后勤部门费用报销的时间为每周的____。

第 5 条 费用拨付的条件。

1. 遵循申请、审批流程。

公司所有后勤部门费用的拨付必须遵循公司相关的申请、审批流程,不按照流程进行审核审批或审核审批流程不完善的,公司拒绝拨付。

2. 费用支出凭证健全。

公司在向后勤部门拨付费用时,必须确保有健全、完善、符合国家和公司相关规定的凭证,如发票和其他费用发生凭证等。

3. 费用支出主体符合公司规定。

后勤部门费用的发生必须符合公司对相关部门和人员费用支出权力和责任的规定,严禁产生不具备资格的部门或个人的违规费用。

第三章 费用的审批

第 6 条 预算内费用的审批。

后勤部门费用的使用按照公司年初通过的费用预算,由各后勤部门经理或专项费用管理人员进行审批。

第 7 条 预算外管理费用的审批。

不在预算范围内的费用支出,必须实行专项审批,并报公司总经理审批后方可执行。

（续）

第四章　费用的控制

第8条　修理费、折旧费和财产保险费的控制。

1. 严格控制修理费，应先上报修理计划、预算，后进行修理。

2. 折旧率按有关制度，结合实际情况，制定提取比率，原则上按国家规定的最长年限提取。

3. 财产保险费按照公司统保招投标费率计缴。

第9条　低值易耗品、物料消耗、办公用品费用的控制。

1. 实行集中采购，统一管理。

（1）行政部负责低值易耗品、物料、办公用品的统一采购，行政部指定专人负责管理，包括收发、领用、更换等。

（2）计划外的特殊或急需办公用品，经公司行政经理同意后方可由行政部进行采购和管理。

2. 建立针对较大额度办公用品的使用台账，便于统计费用支出情况。

第10条　其他后勤管理费用的控制。

其他后勤管理费用须由各后勤部门主要负责人履行主要审核、审查责任，预算外支出项目和超额支出必须经公司总经理审批后方可执行。

第五章　费用的考核

第11条　公司实行各项后勤管理费用支出同相关部门和人员绩效相关联的考核办法。

第12条　不按照审核审批程序和其他违规使用后勤管理费用款项的行为都将反映到部门或个人的绩效考核结果上，具体实施办法由公司人力资源部另行规定。

第六章　附则

第13条　本制度由财务部负责制定，其解释权与修改权归总经理办公室。

第14条　本制度自总经理审批后实施。

编制日期		审核日期		批准日期	
修改标记		修改处数		修改日期	

15.3 费用报销管理

15.3.1 费用报销管理流程

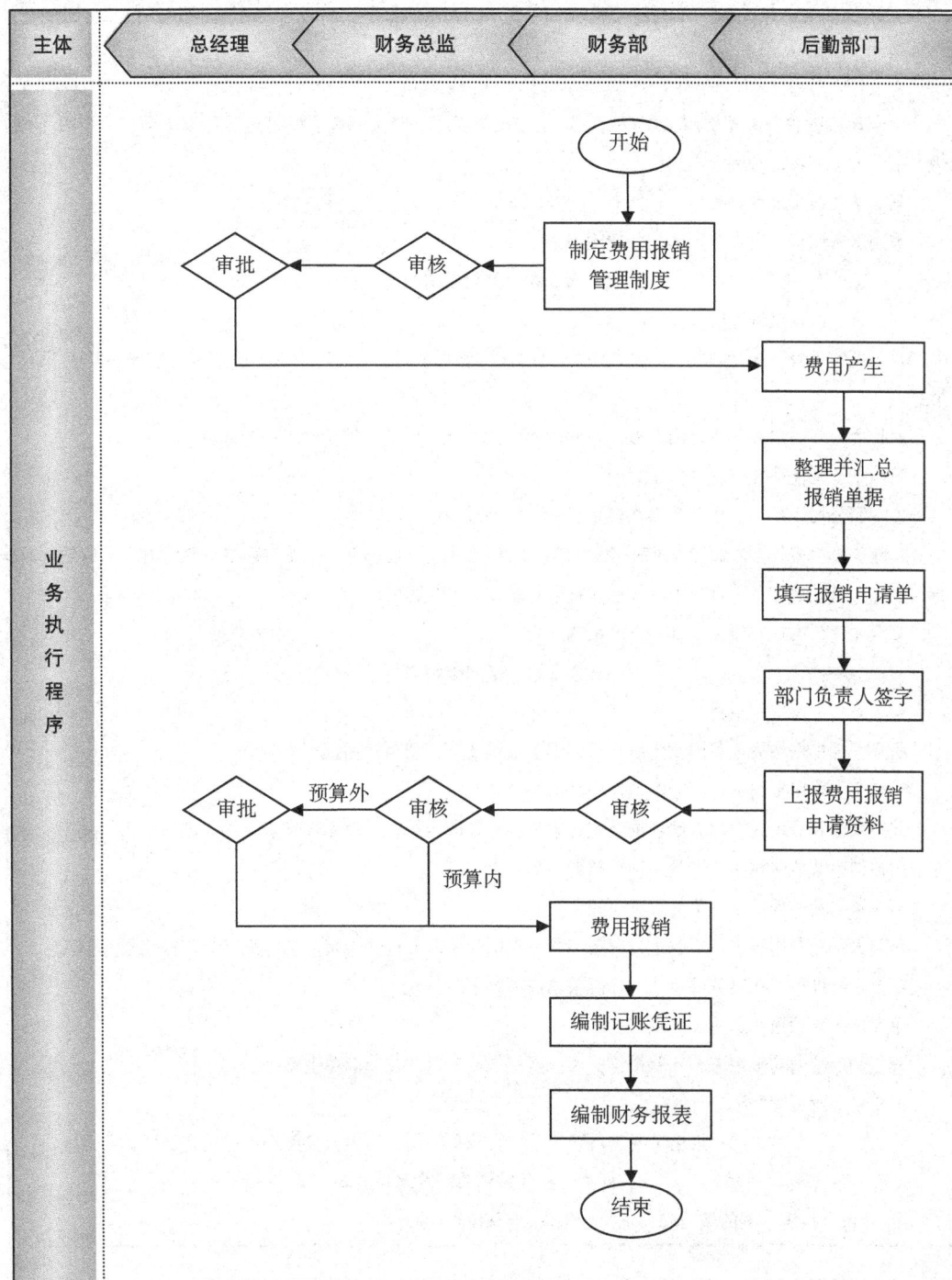

主体	总经理	财务总监	财务部	后勤部门

业务执行程序

```
                                        开始
                                         │
                                         ▼
                                   ┌──────────┐
    审批 ◄──── 审核 ◄────           │制定费用报销│
                                   │ 管理制度  │
                                   └──────────┘
     │                                           费用产生
     │                                              │
     └──────────────────────────────────────►      ▼
                                              ┌──────────┐
                                              │整理并汇总 │
                                              │ 报销单据  │
                                              └──────────┘
                                                    │
                                                    ▼
                                              ┌──────────┐
                                              │填写报销申请单│
                                              └──────────┘
                                                    │
                                                    ▼
                                              ┌──────────┐
                                              │部门负责人签字│
                                              └──────────┘
                                                    │
                                                    ▼
            预算外                              ┌──────────┐
  审批 ◄──── 审核 ◄──── 审核 ◄────              │上报费用报销│
                                              │ 申请资料  │
     │        预算内                            └──────────┘
     │          │
     └──────►  ┌──────────┐
               │ 费用报销  │
               └──────────┘
                    │
                    ▼
               ┌──────────┐
               │编制记账凭证│
               └──────────┘
                    │
                    ▼
               ┌──────────┐
               │编制财务报表│
               └──────────┘
                    │
                    ▼
                  结束
```

15.3.2 费用报销管理制度

制度名称	费用报销管理制度	编号	
		版本	

第一章 总则

第 1 条 目的。

为合理控制后勤管理费用，规范费用审批及报销程序，确保所有后勤管理费用支出合理、合法、合规，结合公司实际，特制定本制度。

第 2 条 适用范围。

本制度适用于公司各后勤部门的费用报销管理。

第二章 费用报销时间

第 3 条 例行报销的时间。

1. 公司采用集中报销制度，每月 10~20 日为报销时间，遇节假日顺延，过期未报销部分当月不再报销。

2. 每周一下午财务部进行内部核算，此段时间内不办理请款、报销、查账等业务。

第 4 条 其他特殊情况的报销时间。

1. 按照公司规定，借领支票需在发生后一周内办理报销。

2. 差旅发生费用需在回公司后一周内办理报销，最长不超过 15 天，需延期报销的应有书面申请并有部门领导和行政部经理审批，否则按照应报金额的 5% 予以处罚。

3. 限额支票需在发生后 3 日内办理报销。

第三章 费用报销流程

第 5 条 填写费用报销申请单。

所有报销单据均需在费用发生后 5 天内提出报销要求，填写费用报销申请单。

第 6 条 费用报销申请单的内部审核。

部门主管和经理对费用报销申请单进行审核，审核的内容包括费用类别、费用额度、费用期限等，并在费用报销申请单的相关位置签字，审核期限为 1 天。

第 7 条 费用报销申请单的财务审核。

1. 财务部对费用报销申请单进行财务审核，包括费用的合理性、费用的标准等，审核期限为 1 天。

2. 对于特批单，在财务部审核后，需报总经理签字方有效。

第 8 条 支领报销费用。

财务部出纳通知报销人员领取报销费用，费用领取人员需在领取单上签字。

第 9 条 对报销费用进行登记。

财务部出纳要对费用的报销情况进行登记，填写费用报销登记表，费用报销登记表的样式见附表。

第四章 费用报销单据的填写说明

第 10 条 报销单据的填写应力求整洁美观，不得随意涂改。

（续）

第 11 条　报销单封面与封面后的托纸必须大小一致，各票据不得突出于封面和托纸之外（票据过大时应按封面大小折叠好）。

第 12 条　各票据应均匀贴在报销单封面后的托纸上，整份报销单各部分厚度应尽量保持一致。

第 13 条　若报销票据的面积大小相同或相似，需有层次地序列进行粘贴。

第 14 条　报销单据金额、类型相同的，应尽量粘贴在一块，并按金额大小排列。

第 15 条　报销票据在粘贴时，应确保审核人能够完全清晰地审阅报销金额。

第 16 条　报销单据一律用黑色钢笔或签字笔填写。

第 17 条　报销单各项目应填写完整，大小写金额一致，并经部门领导有效批准。

第 18 条　有实物的报销单据须由验收人验收后在发票背面签名确认，需入库的实物单据应附入库单。

第五章　附则

第 19 条　本制度由财务部制定，解释权和修改权归财务部。

第 20 条　本制度由公司总经理审批通过后，自发布之日起执行。

附表：费用报销登记表

附表：
费用报销登记表

报销日期	报销人	费用种类	其他	合计金额	领款人签名
备注					

编制日期		审核日期		批准日期	
修改标记		修改处数		修改日期	